本书由暨南大学“211 工程”项目“传媒产业与新闻传播研究”暨“教育部特色专业新闻学”重点资助出版

新闻传播学精品文库

成舍我新闻学术论集

下

刘家林 王明亮 陈龙 李时新 编著

暨南大学出版社
JINAN UNIVERSITY PRESS
中国·广州

图书在版编目（CIP）数据

成舍我新闻学术论集（下册）/ 刘家林，王明亮，陈龙，李时新编著. —广州：暨南大学出版社，2012. 5
（新闻传播学精品文库）
ISBN 978-7-5668-0163-0

Ⅰ. ①成…　Ⅱ. ①刘…②王…③陈…④李…　Ⅲ. ①新闻学—文集　Ⅳ. ①G210-53

中国版本图书馆 CIP 数据核字（2012）第 056022 号

…………………………………………………………………………

成舍我新闻学术论集（下册）
刘家林 王明亮 陈　龙 李时新　编著

出　版　人：徐义雄
策 划 编 辑：杜小陆　史学英
责 任 编 辑：史学英　梅　兰
责 任 校 对：何　力

地　　　址：中国广州暨南大学
电　　　话：总编室（8620）85221601
营销部（8620）85225284　85228291　85228292（邮购）
传　　　真：（8620）85221583（办公室）　85223774（营销部）
邮　　　编：510630
网　　　址：http://www.jnupress.com　http://press.jnu.edu.cn
排　　　版：广州市广海照排设计中心
印　　　刷：佛山市浩文彩色印刷有限公司
开　　　本：787mm × 960mm　1/16
印　　　张：41.5
字　　　数：608 千
版　　　次：2012 年 5 月第 1 版
印　　　次：2012 年 5 月第 1 次
上下册总定价：98.00 元

总序

关于构建中国风格中国气派的新闻传播学理论的圆桌对话

在2012年度国家社科基金项目评审工作会议上，中共中央宣传部部长刘云山同志强调要着力建设具有中国特色、中国风格、中国气派的哲学社会科学，这为全国社科界的理论创造工作描绘了一种新的可能性。那么，新闻传播学是否可以建构立足本土的具有自主创新色彩的新理论和新知识？又该如何进行学术上的突破？围绕这一话题，暨南大学新闻与传播学院的蔡铭泽教授、申启武教授、支庭荣教授展开了一场圆桌讨论。

中国的新闻传播学理论有待新突破

支庭荣：我们今天关注的是，有没有可能产生带有鲜明中国特色，又能被国际学术界所重视的新闻传播学理论？

申启武：关于中国特色的新闻传播学理论创新问题，可以用媒介生态研究作为例证。事实上，正如许多学者指出的，国内的媒介生态学研究与西方的媒介生态学（Media Ecology）有很大的区别。有人将西方的此类研究改称为媒介环境学，这是有一定道理的。因为他们的研究主要关注环境、文化和技术方面的媒介命题，称之为媒介生态学，显得十分牵强。反过来，从交叉学科的角度看，国内的媒介生态学研究关注生态因子、生态关系，才更符合生态学的本意，才是扎根于生态学的。因此，媒介生态研究，是很有中国特色的一个领域，这方面的研究，可以说正走在正确的道路上。

蔡铭泽：中国新闻史不用说，自然具有中国特色。从新闻学理论来讲，这方面的研究确实没有好好地、认真地做起来。我们现代报业的源头、我们新闻和传播理论的源头，来自国外的东西太多了，甚至是照抄照搬西方的东西。举例来说，中国新闻学最早受美国的影响，也许是间接通过日本人的介绍和引进。19 世纪 90 年代松本君平的《新闻学》，专门讲到了欧美的新闻事业，1903 年被译介到中国。从 1917 年开始，美国密苏里大学新闻学院就参与到中国的新闻教育中来，与燕京大学有很多合作。我们中国共产党的新闻事业受苏联模式的影响一度很深，新中国成立后，向《真理报》学习成为热潮。总之，我国在学习整理国外的新闻学理论方面，做了很多工作。改革开放后，通过反思和引进西方的传播学，在理论上有所进步。但是，我们取得了多大的突破，实在很难评价，基本上处于收集、介绍、整理的阶段，仍然缺乏非常好的非常深入的研究。

传统文化和价值观值得深入开掘

蔡铭泽：其实，办报作为人类传播信息的一种方式，中国人很早就开始了。古老的《易经》，本质上是通过信息的传递来考察如何作出正确的决策，它包含了很多数理传播的内容。当然《易经》里面还有很多关于矛盾的思想、势的思想，遗憾的是，后来的研究要么装神弄鬼，要么一味批判，没有很好地传承下去。我们中国的道家、儒家、程朱理学，恰恰是很有分量的精神遗产，中国文化是新闻传播学的源头活水，但是目前我们的工作做得还不够。

申启武：讲到中西文化，在本质上确实有很多差异，比如接受媒介的习惯；像数字电视的普及，就遇到消费习惯的瓶颈问题。

蔡铭泽：在中国人的办报传统中，还有很多舆论管理的思想。宋代的官报和小报，涉及消息来源、发行渠道等舆论管理的种种举措。现代的舆论控制和舆论引导，其实古代也非常讲究。言论自由、互相监督等，在历朝历代都有不同程度的体现，比如谏议大夫这个角色，就是言官，起监督作用。

联系到我们改革开放这三十多年新闻传播的实践，或者说从媒介生态来看，与以前相比不可同日而语。如果我们沉下去认真总结，可能出现非常有价值的理论成果。

申启武：说到当下的媒介生态，不能忽视的是生态恶化的一面。有一小部分节目和栏目，在不健康地经营着。媒体作为党和政府的喉舌，不能影响到自身的公信力。

蔡铭泽：现在"忽悠"一词相当流行。从积极的方面来看，社会在逐步法治化，政府的执政理念不断地与时俱进，国家各项事业蓬勃发展。从消极的方面来看，问题也不少，存在着一切向钱看的不良社会风气，人际关系变得紧张、淡漠，职业规范和伦理也受到了冲击。媒体不仅要考虑舆论的引导，也要考虑价值的传承，不能一手硬、一手软。

申启武：其实，这也是中国社会发展必须经历、必须跨越的一个阶段。

破除西方新闻传播理论的"霸权"才能掌握话语主动权

支庭荣：从广东传媒界的实践来看，有没有在理论上值得总结的地方？

蔡铭泽：广东的开放，尤其是观念的开放，走在全国的前面。广东的媒体，总的来说表现出色，既要满足意识形态的要求，获得各级政府的支持，又要让受众满意，还要走市场化道路，在新闻操作上不推波助澜，但是能够反映民众的疾苦。这种游刃有余，没有一套行之有效的成功经验，是很难持久的。最为高明的是，媒体让领导满意，不仅仅是听命于领导，还得取得领导的认同。这里需要去总结概括。

支庭荣：具体到广播的"珠江模式"，是否具有特别的理论意义？

申启武：“珠江模式”对中国广播业具有里程碑的意义。它首要的一条是按广播的规律办广播，改变了传统的单向的我播你听的宣传模式，开创了专业台、类型台的先河。它在制度上也有创新，实行自收自支的运行机制。“珠江模式”其实就是在市场化过程中，广东广播业的一种自我救赎，因为1986年之前，香港广播在广东市场上占据70%的份额，本地广播严重倒挂，形势逼人，不得不然，所谓“师夷长技以制夷”。“珠江模式”一出，大板块、主持人、大直播很快风靡全国，起到了一种思想解放的作用。

在今天看来，广播电视学术界还有一个非常突出的倾向，“言必称西方”，往往用西方的理论、案例来解释、指导中国的实践。这其实是一柄双刃剑，有值得商榷之处。中国的改革开放，当然吸收了包括西方国家在内的人类文明的许多优秀成果，在很多领域与国际惯例接了轨，但有一点不太可取，即如果纯粹按照西方的模式，不考虑中国本土的根基，那就是一种削足适履的做法。比如广播电视的集团化问题，一方面，集团化是必要的，在西方也是相当成功的，但拿到中国来就未必很合适。西方的广播电视集团，其基础是“自由恋爱”，中国的集团化，很多是“父母之命，媒妁之言”。所以集团化也好，垂直管理也好，官办分离也好，要考虑中国的实际情况。中国媒体与西方媒体相比，性质不一样，使命不一样，自不能一概而论。中国实行的是“事业单位，企业化管理”，如何能照搬西方的模式而获成功？单靠西方的各种“主义”，是解决不了中国的真问题的。因此，在借鉴西方理论的过程中，要考虑西方理论提出来的背景，看看与中国的情形是否有差距，这种差距是否足以颠覆对照抄照搬的质疑。

本土实践是学术创新鲜活的源泉

蔡铭泽：有人误以为西方的新闻传播理论非常系统和成熟，其实大谬不然，其很多理论是零散的。另外，西方人研究传播学理论，通常有各自的专业、各自的学术背景。比如心理学的、符号学的、管理学的、经济学的，等等。不能把这种背景截然割裂开来。

申启武：做学术研究，要特别注意深入业界第一线，认真做调研，真正了解媒体的运作。比如研究全媒体，就需要深入业界的最前沿。有的媒体网站，甚至远远不如姚晨的微博的影响力。不深入媒体，就很难理解这一切背后的原因。

蔡铭泽：理论要与实践相结合。关注和深入实践，应该成为高校新闻传播学教学研究者的必修课。改革开放三十多年，国内媒体有大量的创新实践。比如湖南卫视的娱乐和新闻，都有创新。全国各地的媒体，大多数也在体制内尽可能地创新。在师资培养上需要特别注意这一点。

另外，学术腐败现象不仅有学术不端问题，也有学术泡沫问题。要做真正的大学问，必须“疯、迷、精”，扎扎实实做下去。举个例子，现在研究生的论文，都要技术查重，设想一下，如果学术著作也进行查重，会出现什么情景？从百年大计着眼，不宜提倡过度迎合不良的社会风气。一篇文章、一本书，至少要有20%以上的独家观点或创见，从长远来看，这才能真正立得住脚。

（本文由支庭荣、胡甜甜于2012年5月11日记录整理）

目　录

“报纸大众化”与“大众化报纸”

——成舍我办报理念与新闻思想初探（代序）

刘家林

成舍我先生逝世整整二十年了。他是中国现当代著名的一代报人、私营报业企业家和新闻教育家，同时也是一位著名的新闻学者。

在从事新闻事业方面，他是我国现当代新闻史上参与或主持创办新闻媒体最多的人。他一生参与或主持创办了“近20家新闻媒体，包括报纸、期刊、通讯社和广播电台。其中，由他直接创办的达12家”①。如最著名的有北平“世界报系”（《世界晚报》、《世界日报》、《世界画报》）、南京《民生报》、上海《立报》及《香港立报》，有人用“世界、民生、立报成舍我”②概括他一生的事功和成就，至为恰当。他也是中外新闻史上从业时间最久、“工龄”最长的新闻记者。他从1912年夏（14岁读初中时）开始撰文向报馆投稿，到1991年4月病逝，前后从事新闻工作长达78年之久，是新闻战线上名副其实的“老兵”。他还是中国新闻史上产量最高的记者之一。早在1955年，成舍我在“盘点”自己的工作成绩时就说：“从我十四岁做‘职业记者’那时起，已经过四十年继续不断的工作。为了工作，虽然每天平均至少要写一千字，每年三百六十五天，四十年总（共）写了一千四百多万

---

① 见方汉奇：《一代报人成舍我》，载方汉奇：《新闻史上的奇情壮彩》，华文出版社2000年版，第232页。

② 宋小岚（卜少夫）：《世界·民生·立报·成舍我》，载《新闻天地》（重庆）1945年1月20日出版的第1期。

（字），但我从没有出版过一本‘文集’。”①

在报学及新闻学研究方面，成舍我也有卓越的成就。他正式从事报学及新闻学的研究是从20世纪30年代初开始的。1930年初，成舍我在李石曾的赞助下于当年4月16日离开北平由上海乘法国邮船出国考察。他与程沧波（中行）先到法国考察新闻事业，后到瑞士日内瓦参加万国报界公会；旋到比利时布鲁塞尔报界公会发表演说，再到法国、英国等地考察报业，并到伦敦大学政治经济学院听课；最后由欧赴美国考察，并应密苏里大学新闻学院院长威廉博士之邀，到该院进行学术交流，于1931年2月19日回到上海。考察期间，成舍我撰写了两篇通讯：《英法报纸之比较——我所见之巴黎各报》和《在伦敦所见——英国报界之新活动》。回国以后，为了培养新闻专业人才、研究新闻学术，1932年成舍我在北平石驸马大街甲90号《世界日报》旧址筹办“北平新闻专科学校”（简称“北平新专”，后迁西长安街）。1933年4月8日，“北平新专”正式成立。② 1933年12月14日，《世界日报》在当天第13版开辟新闻学研究专刊——《新闻学周刊》（后改为《报学半月刊》），每周出版。创刊号上首载成舍我《我们的两个目的》和张友渔《由消息的真伪谈到一个报纸的失败》。北平《世界日报》的《新闻学周刊》与北平《晨报》的《晨报特刊·新闻纸问题号》专刊（在《晨报》1922年6月4日星期日第6、7版刊出）、天津《大公报》的《新闻教育特刊》（在《大公报》1936年5月9日第12版创刊）、天津《益世报》的《报学半月刊》（在《益世报》1937年5月16日第14版创刊）等是在我国报纸上最早开辟的一批新闻学研究专刊（版）。以后，成舍我在《世界日报·新闻学周刊》、《新闻学研究》（燕京大学新闻系编）、《报学季刊》、《新闻学季刊》、《东方杂志》、上海《立报》、重庆《大公报》、香港《新闻天地》杂志及台北《联合报》

---

① 见成舍我：《报学杂著·自序》，载成舍我：《报学杂著》，台北中央文物供应社1956年版，第1页。

② 成舍我：《我所理想的新闻教育》记载“民国二十二年四月十二日新闻学校成立”，载《报学季刊》1935年第1卷第3期，第105页。

(1954 年 6 月 14 日起)等报刊上发表了大量有关新闻学的研究文章及他在燕京大学新闻系、复旦大学新闻系的学术演讲稿。笔者经过广泛搜罗，共得 60 余篇。这些研究文章所涉及的范围非常广泛，观点新颖、眼光独到，充分反映出他的办报理念和新闻思想。这些观点及理论是我国新闻思想史上的一笔宝贵遗产和财富。它历久弥新，给我们以宝贵的启示。归纳起来，有如下数端。

一、对报纸性质、职责及功能的探讨，以及对新闻工作者社会责任感、历史使命感的强调

成舍我认为，“新时代的报纸”不是“一派一系”的代言工具，而是“一种最重要的社会公器”①，报纸是社会的“公共事业”，应“以维护公众利益”为自己的神圣职责。他说：“新时代的报纸，他的基础，应完全真确建筑于大众‘公共福利’上面。新闻记者虽然不是真接受了大众的委任，但他在心中应时时刻刻将自己当做一个大众的公仆。”“他只知有大众的利益，不知有某派、某系或某一阶级的利益，更不知有所谓个人政治或营业的利益。所以报纸上的言论、记载，一字、一句，均应以增进‘公共福利’为出发点。”报馆编辑、记者“当时时刻刻了解报纸对于大众利益影响之重大。一篇不纯正的批评、一条不真确的消息，他的贻害社会，就数量言，可以有无量数的男女读众，就时间言，可以延长至几十百年以后。至于关系个人私德的事，尤当谨慎，稍一疏忽，小之可使当事者饮恨终身，大之可迫其羞愧自戕”。因此之故，“编辑室中的每一编辑，在挥舞他自己的工具——笔——的时候，当设想：在这个工具的下面，有整个民族的命运待他决定；有无数个人的生死祸福，听其转移”。新闻工作者必须以“拥（维）护公众利益”为自己的职责，“打倒那些漠视公众利益，轻率狂悖，对社会不负责（任）的传统谬见”。②

① 成舍我：《中国报纸之将来》，原载燕京大学新闻学系编辑的《新闻学研究》演讲及论文集，1932 年 6 月初版；又见 1932 年 5 月 6 日至 12 日《世界日报》教育副刊。

② 成舍我：《我们的两个目的》，载 1933 年 12 月 14 日《世界日报》第十三版《新闻学周刊》创刊号。

二、“报纸大众化”与“大众化报纸”

成舍我是我国报业史上最早提倡并身体力行“报纸大众化”与“大众化报纸”的报业企业家。“报纸大众化”是他一生的办报理念和办报情结，也是他一生的事业追求。1935 年 9 月 20 日，成舍我在上海创刊了日后享有盛誉的“大众化报纸”——四开小型报《立报》。他在《立报》发刊词《我们的宣言》、《中国报纸之将来》、《“报纸救国”》、《如何使报纸向民间去》等文章中，详细申论了“报纸大众化”与“大众化报纸”的内涵、特征，以及“大众化报纸”的重要功能。

《立报》一创刊，就在发刊词中揭橥两大口号：一是“报纸大众化”，二是“以日销百万为目的（标）”。成舍我探讨的“报纸大众化”和“大众化报纸”的内涵及特征，主要包括四个方面。一是“大众化报纸”在报价上必须“低廉”，要让“劳苦大众”“买得起”每天必须的“精神食粮”。[①] 成舍我认为，将来中国的“大众化报纸”应带有“公共事业”的性质，“报纸的价钱，固应该注意到一般社会的经济状况，然而报纸是一种最重要的社会公器，他实在兼有公园、图书馆两种不同的性质。一方面给人愉快，一方面给人知识。公园、图书馆，即在资本主义的国家，也多半一律公开，不收分文。那么，报纸纵不能完全免费，（但收费）也要收到极可能的少”。“也就因为报纸要民众化，自不应该多收报费。他是社会上最重要的公器，他实在应该尽可能像公园、图书馆一样，给民众以公开欣赏阅读的机会。至于报价方面的损失，就中国而言，在将来工商业发达以后，自可向广告方面去取偿。”[②] 二是“大众化报纸”要普及，发行量要大，要“向民间推广报纸”，要“使报纸向民间去”[③]。成舍我宣称，《立报》要“以日销百万份为目的（标）”，要成为“侵入”千家万户的“家庭报”。三是在内容上要反映人民群众的生活状况，“且与大多数国民，痛痒相关”。大众生活、民生新闻应是“大众化

---

① 成舍我：《我们的宣言》，载上海《立报》1935 年 9 月 20 日创刊号第一版。

② 成舍我：《中国报纸之将来》，原载燕京大学新闻学系编辑的《新闻学研究》演讲及论文集，1932 年 6 月初版；又见 1932 年 5 月 6 日至 12 日《世界日报》教育副刊。

③ 成舍我：《如何使报纸向民间去》，载《报学季刊》第 1 卷第 3 期（1935 年 3 月 29 日出版）。

报纸"的主打内容。四是在文字表达上，"大众化报纸"必须通俗易懂，文章必须短小精悍，精练、生动、传神、"有趣"。总而言之，"中国多数报纸，定价高、篇幅多、文字深"，"内容艰涩"，"所载材料，又恒与最大多数国民，痛痒无关"，"以致现有报纸，只能供少数人阅读，最大多数国民，无法与报纸接近"。而"大众化报纸"，是让占最大多数的"劳苦大众"读得起、看得懂的报纸，"使全国国民，对于报纸，皆能读、爱读、必读，使他们觉到读报真和吃饭一样的需要，看戏一样的有趣，然后，国家的观念，才能打入最大多数国民的心中，国家的根基才能树立坚固"，才能"达到'立己'、'立人'和'立国'"的目的。① 为此，成舍我还在《立报》发刊词中阐明了该报的营业和编辑方针，声明了今后办报的"四原则"：①"凭良心说话"；②"用真凭实据报告新闻"；③"永远保持'一元钱看三个月'廉价报纸的最低价格，绝不另加丝毫，以增重读众的负担"；④"终年为读者服务，无论任何节日，概不许有一天的休刊"。在《三种报纸的出路》一文中，成舍我概括了"大众化报纸"的三个"条件"，即"第一是要人人买得起，第二是要人人看得懂，第三是雅俗共赏"。②

三、"大众化报纸"是向民众灌输"国家意识"、"民主政治"的利器，是促进"国民精神养成"的温床，也是加强公民教育、提高国民整体素质的教材

成舍我在《"报纸救国"》一文中讲了一个生动的小故事，说的是1930年初他出国考察报业时和几位朋友住在"巴黎都来福街一所小房子里"。房东是一个铁厂工人，家里的一切家务，都由他家一个60多岁的老太婆管理。平时，这位60多岁的老太婆天天都要到所有住客的房间铺床扫地，打扫卫生，总是"满面春风，欢喜和客人谈些小故事"。忽然有一天，"意大利和法国，为着一些零星问题"，"形势严重起来，两国各陈兵边界，大有一触即发

① 成舍我：《我们的宣言》，载上海《立报》1935年9月20日创刊号第一版。
② 成舍我：《三种报纸的出路》，载复旦大学新闻系编《报展》纪念刊1936年版，第45页。

之势。报纸上天天登着惊人的大字，并鼓励人民准备一切，作政府后援”。这时，房东老太婆一反常态，“神情大变，老是哭丧着脸，一言不发的低头做事”。“我们为着好奇心驱使，问她有什么不快乐的事情”，“不料她竟滔滔不绝的将真心话告诉我们。”她说：“因为这几天，意大利太欺负我们法国了，看这情形，假使意大利不让步，我们的政府是会不惜一战的。”“我有三个儿子，老大、老二都在欧战中牺牲了，现在只剩老三了。当年老三还没到服兵役的年龄，现在已达到了，一旦打起仗来，免不了被征入伍。现在飞机大炮比以前更加凶猛……我一想到老大老二的牺牲，就替我这‘硕果仅存’的老三担心，所以这几天几乎连饭都吃不下。”“我们安慰她，说：‘你不可以想法子，叫你儿子，早些躲避么?’她把脸一沉：‘这是什么话，国家荣辱所关，我怎能做这样无心肝的事，况且我就要做，我儿子也不会答应的。’我们问她，这些意法交恶的消息从何听来。她于是指着我们桌上放着的一份小日报（Petit Journal）说：‘我天天看这个报，一切都是他告诉我的。’”平时每天早上，总能看到老太婆从菜市回来，手里挽一个菜篮，篮子里装起面包小菜，“而盖在篮子上面的总是一份人人可以买得起、看得懂的大众化报纸”。由此，成舍我发出感慨：“在咱们中国呢？广大的乡村，固不必说，即以重要都市而论，有几个被目为下层社会的人，能买得起、看得懂一份报。因为买不起，他们也就索性不买了，因为看不懂，他们也就索性不看了，再加以国民教育的不发达，所以最大多数国民，对于国家，总觉得那是另外一些人的私有物，与他们不生关系。他们的脑筋，没有什么国家存亡荣辱的观念，大清帝国也好，中华民国也好，甚至再换一个招牌，似乎也无所谓。”“人家几千万国民，就有几千万国民和国家共存亡，我们号称四万万五千万的大民族，但是遇到敌国外患，恐怕至少就会有五分之四，天天在那里想挂洋旗。‘民为邦本，本固邦宁。’试问这样的国民思想，如何可以撑得起几百万方里一个世界上偌大的国家?”因此之故，“我们必须借着报纸的力量，使每一个中国人，都知道国家和个人，是一而二、二而一。贪官污吏，侵吞了国家一个小钱，大家心痛，就等于自己家里辛苦喂成的鸡鸭，被扒手偷去一样，纵然不能请求警察作有效追捕，但是假若知道了这个贼的所在，一定要去和他拼个你死我活。至于国家领土，若是遇到异族的侵略，那么，占去了国家的一寸土，就等于各人自己的一间屋、一亩田被人霸占了一样，只要有一份力量，子子孙孙，总不肯善罢甘休。人人如果都有这样国事等于家事的精神，岂但目前的内忧外患不成问题，就是中华民国，整个被人家征服了，我们也自有光复旧物，还我河山的一日”①。

四、“精编主义”

纵观成舍我的一生，他对小型报情有独钟，大力提倡，并形成了系统的小型报办报理论。他说：“小型报纸（即我国所谓四开报）……因为篇幅小，便于携带，且甚美观，在公共汽车及旅行中，均较大张的报纸容易阅读。妇女界尤特别欢迎。”在编排方面，小型报对“新闻的选择，也必须更趋谨严，一切力取‘精编主义’，量减而质增”②。

在办小型报方面，《立报》是成舍我一生的事业，也是“大众化报纸”的典范。《立报》创刊于1935年9月20日。它一创刊就表现出大众化小型报的鲜明特色。一是报价低廉，通俗易懂。创刊当天，《立报》就刊登广告词云：“直接订阅，三月只收报费一元”（见《立报》创刊号三版左侧）；“只要少吸一枝烟，你准看得起；只要略识几百字，你准看得懂”（见四版右侧）；“永远不增价，终年不休刊；凭良心说话，拿真凭实据报告新闻”（见二版右侧）。二是在版面及内容上贯彻、实行“精编主义”。

在具体实施“精编主义”的过程中，《立报》在版面、内容上有以下两大特色：

一是在新闻报道方面，实行“精编”原则，以“新闻精”自诩。该报编辑包天笑在《新闻精》一文中云：

---

① 成舍我：《“报纸救国”》，载北平《世界日报》1935年11月14日第十三版《新闻学周刊》第98期。

② 成舍我：《中国报纸之将来》，载燕京大学新闻学系编《新闻学研究》（燕京大学、良友公司、撷华印书局，1932年6月初版）。

前几天，我在某报写了一点小评论。我说现在中国新闻，所载的都是些新闻渣。什么是新闻渣呢？便是一件紧要的新闻，要等待国内的英文报、日本报登出以后，然后再登出，这不成为新闻渣了吗？”“可是我们现在所提倡的不是新闻渣，而是新闻精。这意思是要集其精华而去其糟粕。在现代的世界里，不能多所耗费。从物质上观，不是香有香精，糖有糖精，味有味精，酒有酒精，一切物质各有其精吗？譬如药物，不是已经把成捆的植物、成堆的动物，变成几西西的注射剂了吗？”“小型报纸的出世，它的使命是什么呀？不在量而在质，这是人人知道的。我们是注射剂，我们不是药渣。古人说得好：‘取精用宏’。在嚼厌了新闻渣的当儿，恰巧有几个狮子搏兔的小型报纸的《立报》出世，敢献三字，曰：‘新闻精’。①

二是特别重视办好副刊、专刊及言论时评版，对副刊、专刊、言论时评版也贯彻实行“精编主义”。《立报》创刊伊始，就在第二版设置了小言论及时评专刊《言林》、在第三版设置了文艺性副刊《花果山》、在第四版设置了综合性副刊《点心》（1935 年 11 月 1 日起，原《点心》栏改为《小茶馆》）。这些副刊、专刊刊登的文章，篇幅短小精悍，文字精炼、传神，隽永耐读。如谢六逸为《言林》所写发刊词《开场白》云：

本报的标语有一句是“五分钟能知天下事”，因此我们的开场白只能花费阅者五秒钟。小型报跟短文章，现在很流行，这是因为大众需要它们的缘故。现代人过着穷苦挣扎的生活，只能够看看小型报跟短文章。

报纸不愁小，小中可以见大；文章不怕短，短中可以见长，篇幅虽然紧缩，品质却已增高，这是我们的希望。

这块草地，从今天起开放，凡对于人生社会，百般问题喜欢开口的人，都请到这里来谈天。

这种短小精悍与精炼、生动、传神的文字风格，日后形成了所谓的“言

---

① 包天笑：《新闻精》，载 1935 年 9 月 22 日《立报》第三版副刊《花果山》。

林体"[①]。

再如《点心》副刊的内容及文字也以"小"而丰富多彩见长，如秋尘在《"点心"一览表》中指出：

有不少的读者来函，问我们这家小小的点心店，出售的点心共有几种，开单如次：

（一）小言：站在民众的立场上，说几句应说的话。

（二）小统计：把大家应该知道而又常忽略的事，用数字表示出来。

（三）小见闻：多登一点有趣而又有益的各种事情。

（四）常识：供给些大家应备的常识。

（五）名人访问：写出他们的生活，作大家的标准。

（六）团体生活：使大家多注意一些正当的团体的生活。

（七）家庭与妇女：谈谈家庭、妇女、儿童的一切。

（八）书报推荐：替大家选择读物，提起读书的兴趣。

（九）娱乐：每日刊载些娱乐的小消息，供大家参考。

（十）小说与图画：用来增加读者的趣味。

此外，我们想到什么，再添。

五、对"小型报"与"小报"的科学界定

上海《立报》是成舍我事业的巅峰，也是他一生的得意之作。他在回忆《立报》时说，"当淞沪抗战最紧张时，《立报》发行数字每日都超过二十万份，曾打破我国自有日报以来之最高纪录"；"这张报纸的言论、编排，尤其他所倡导的'大报小型化'的作风"，给许许多多的读者"留下了不可磨灭的深刻印象"。[②]

---

① 详见陈子展：《论"言林体"》，载上海《立报》1935年10月14日第二版副刊《言林》。

② 成舍我：《"小型报"的远景——想起十年前手创的〈立报〉（上）》，载《新闻天地》（周刊）总第228期，第10页（1952年6月28日出版）。

成舍我曾将“小型报”与“小报”作了严格、科学的区分，从而廓清了“小报与小型报的界说”。这是他有关“小报及小型报”理论的精华。成舍我认为，《立报》是中国现代“小型报”的翘楚，“曾获得伟大成就”。当有人称《立报》为“小报”、称他为“现在上海销行最广的一家蚊子报主人”时，成舍我是非常反感的。他深刻地阐述了小型报和小报的特色、特征及其区别：

“让我先行说明‘小型报’与‘小报’的区别，及‘小型报’在新闻事业中的展望。我不仅认为‘小型报’在中国新闻事业中，将有无限前途，即就全世界新闻事业的动向看来，也早已显露了美丽远景。不过我们必须将两个名词弄清楚，即‘小型报’和‘小报’，意义绝不相同。‘小型报’是‘Tabloid’，他的主要原则是要将一切材料，去其糟粕，存其精华。换一句话说，小型报乃‘大报’的缩影，他每一篇文章每一条新闻，最好都不超过五百字。举凡一般大报所刊载冗长而又沉闷，特别像我们中国若干又长又臭要人们不知所云的演说，是绝对不容许在小型报内全文照登的。”“‘小型报’重视言论，竞争消息，广用图片。总之，除量的方面以外，质的方面，只有比大型报更优胜，更精美，亦即中国所谓‘以少许胜多许’。他的工作重心，在改写与精编。至于人才的储备、新闻网的布置，绝没有任何一点可以较最进步、最完善的‘大报’减色。”“至于‘小报’，通常了解的意义，正即西方所指的‘蚊子报’（Mosquito Paper），不竞争新闻，不重视言论，只以乱造无稽谣言、揭发个人阴私为其首要任务，正如夏夜之蚊，到处嗡嗡，扰人清梦，惹人厌恶。这种报，当然不能与‘小型报’相提并论。不幸在中国，绝大多数读者，却很容易混为一事。他们在习惯上，往往把改写精编的小型报，也喊作小报。”①

这一段精彩的论述不仅将小型报与小报作了科学的区分，而且为如

① 成舍我：《“小型报”的远景——想起十年前手创的〈立报〉（上）》，载《新闻天地》（周刊）总第228期，第10页（1952年6月28日出版）。

何办好一张小型报竖立了一根标杆。

六、不断开拓创新，发挥"动"的精神

新闻传播业是"苟日新，日日新"的事业。永不停滞、不断开拓创新是新闻传播业可持续发展的不竭动力。成舍我在谈到当年《立报》获得成功的一个重要原因时说：

"《立报》获得相当成功的另一个原因，即《立报》全体同仁，无论担任哪一项工作，大家都以极大限度，发挥'动'的精神。换一句话说，每一分子，在工作岗位上，皆能认真奋斗，自强不息。整个版面，都是这种'动'的精神的充分表现。""报纸要动不要静，也就是说，报纸不仅不能后退，而且不能停滞，唯一去路，只有前进。读者对于一张报纸，我们绝不应使他们任何一天，会起沉闷之感。沉闷是报纸的毒瘤。要读者不沉闷，最好的办法，正如游客观水，在'逝者如斯，不舍昼夜'之下，更投进几块巨石，让他波澜壮阔，水花四射，动人心目，否则死水一湾，自将毫无兴趣，望望而去。这一'动'的原则，在《立报》出版的两年中，可算任何一人，都已尽到最大最好的努力。"①

七、"手脑并用，德智兼修"的新闻教育理念

1931 年 7 月间，成舍我自欧美考察新闻事业归国后，踌躇满志，雄心勃勃，谋划筹办了两件大事：一是他根据自己的办报实践，借鉴外国的先进经验，对报业实行科学化的经营管理。同时构想成立"中国新闻公司"，拟设总部于南京，在全国各大城市各办一份日报，以组成一个庞大的、兼具影响力的报业集团。二是他受威廉创办密苏里大学新闻学院的启发，于 1932 年在北平石驸马大街甲 90 号《世界日报》旧址创办"北平新闻专科学校"（简称"北平新专"，后迁西长安大街）。成自任校长，副校长吴范寰，校董还有李

---

① 成舍我：《"小型报"的远景——想起十年前手创的〈立报〉（下）》，载《新闻天地》（周刊）总第 229 期，第 18 页（1952 年 7 月 5 日出版）。

石曾、李书华等人。①

1933 年 2 月间，学校正式开始招生，报名踊跃。据当时报道云：“该校现招职业班新生，原定只取 40 名，结果报名者达 600 人，盖以该校不收学费，且可担保异日有事可作也。其招考年龄，限制极严，最高不得过十八岁，竟有两鬓花白，仍称只十八岁而来投考者。至于程度，原只希望初中资格，但竟有高中、大学生亦来投考。……足证其号召力之大矣。”②

1933 年 4 月 8 日，“北平新专”正式成立，并举行开学典礼。成舍我在开学第一天发表了《如何使报纸向民间去》的讲话，谈到了他的办学理念及办学模式和构想。他首先提出了“手脑并用、德智兼修”的校训。③ 以后，他多次重申：“说到新闻教育，高深的研究和普通技术的训练，两者都不可偏废。”④ 同时，他还反复强调：“记者最重要的是品德、技能、知识，这三者又以品德为首，品德不好的人，永远不能成为好记者。”⑤

成舍我是我国私营新闻教育事业的开拓者，他对新闻教育进行了大胆的尝试。他计划将“北平新专”分为“初级职业班”、“高级职业班”和“本科班”三个层次。这三种类型的“班”循序渐进。“初级职业班，是打算造成一般新闻事业中的基本社员，就是一个报馆中的最重要也是最神圣的印刷工人。以一半时间实地练习排字、铸字、制版、（操作）机器等工作，以一半的时间讲授中国文、外国文、自然科学大纲、社会学大纲、新闻学等”，“务使在两年里，技术和知识同时并进。毕业后愿意做事的当然可以做事”。若家庭“环境好，不愿即刻做事，还愿意深造的，则可以升入高级职业班”。“高级职业班是以训练外勤记者、助理编辑，及事务方面、发行广告、会计等职员为目的的。一面有实习工作，一面也有学科讲授。毕业以后，愿意做

① 陈寿：《成舍我及其事业》（中），载《人人周报》1947 年第 3 期。

② 引自《成舍我新闻专科学校》，载《北洋画报》1933 年 3 月 4 日出版的第 902 期第二版。

③ 成舍我：《如何使报纸向民间去》，载《报学季刊》第 1 卷第 3 期（1935 年 3 月 29 日出版）。

④ 成舍我：《当前报纸的几个问题》，引自 1947 年 12 月 25 日出版的《新闻学季刊》第 3 卷第 2 期。

⑤ 引自《老报人成舍我病逝》，载台北《中央日报》1991 年 4 月 2 日第五版。

事的做事，愿再深造的，可以入本科。""本科的目的，则在造就主笔、总编辑，及事业方面的指（领）导人才。它的课程，则专注意于法律、政治、经济和若干主要的社会科学，其程度，将与一个完全法科大学相当。""这三班的期限，总共七年。假使一个人，能从初级职业班，进到本科毕业。那么，他的能力，一方面可以做社长、当主笔，一方面也可以排字、管账。这样，才可以算一个完全的新闻记者，而脑力劳动和筋肉（体力）劳动也都可以合而为一了。"①

"北平新专"起初只有初级班，到1935年又办高级班，1937年开办本科班。"七七"事变后，北平沦陷，学校遂于当年8月10日停办。

八、铁骨铮铮，独立报人的典型风范

人有人格，报有报格，一个独立、正直的报人，必定富贵不淫、贫贱不移、威武不屈，必定独立不倚、铁骨铮铮，秉持应有的高尚的价值取向。他们监督政府、监督权贵，揭露贪腐，坚持批判精神；他们热爱新闻工作，九死不悔，终身以之。这些都是独立报人的职业操守和新闻道德。在这方面，成舍我为当代新闻工作者树立了一个典型。20世纪80年代初，成舍我在一篇文章中曾引用程沧波的话说："新闻记者在东方是有骨气有作为的士，'士可杀不可辱'，这是东方的士气，代表士风的新闻记者，要明辨是非，扶持正义，为天下国家辟邪说、阻乱源。新闻记者的荣誉，是力抗强暴，拨乱反正。反之，新闻记者的耻辱，莫过于但见现实的利害，对现实的利害屈膝低头，把是非邪正，一脚踢开。"成舍我评价这段话说："这一段话，真可作每一记者的座右铭。"② 实际上，这段话也是对成舍我人格风范的真实写照。他一生办报历经磨难艰险，走过了一条漫长的、富于传奇色彩的报人之路。他一生历尽艰险而不馁、百折不挠，一身正气而不屈。他一生中好几次险遭不

---

① 引自成舍我：《如何使报纸向民间去》，又见成舍我《我所理想的新闻教育》，两文俱载《报学季刊》1935年第1卷第3期，第105页。

② 成舍我：《如何塑造一个独立记者的典型——从〈沧波文存〉中可获得三项珍贵启示》，载台北《传记文学》第43卷第1期，第75页。

测，可说是多次与死神擦肩而过；一身正气而不屈，铁骨铮铮，独立不倚，尽显出中国独立报人的本色。他曾在北京《世界日报》复刊词《我们这一时代的报人》中说："单就我自己说，三十多年的报人生活，本身坐牢不下二十次，报馆封门也不下十余次。"① 特别是1926年，因在《世界日报》上揭露军阀，成舍我险些被奉系军阀枪毙。1934年5月，因成舍我办的《民生报》实施舆论监督，揭发汪精卫的部下、行政院政务处长彭学沛的贪腐行为，遭彭报复，成舍我被抓入牢中。当时有人劝成说，只要低头向汪精卫认个错，则一切问题不难解决，如果"新闻记者和行政院长碰，结果总要头破血流的"。成舍我却执拗地回答说："我的看法，与你恰恰相反，我相信我和汪碰，最后胜利必属于我。因为我可以做一辈子新闻记者，汪不能做一辈子行政院长。"②

按：本文为作者在"中国新闻史国际学术研讨会（2011·北京）：成舍我与民国新闻史"会议上的主题发言。

① 成舍我：《我们这一时代的报人》，载1945年11月20日北平《世界日报》复刊号。

② 成舍我：《我有过三次值得追忆的"笑"》，载成舍我：《报学杂著》，台北中央文物供应社1956年版，第145页。

成舍我早期作品选辑

（小说、时评、政论、通讯、
译作、诗作等）

先考行状

民国十九年，平出国，诣欧美，将研考报业，备异日革进所营各报，预定归期甚促。即抵英伦，爱其读书环境良好，欲变计久居。且就读英京伦敦大学。时与上海《时事新报》主撰程中行先生偕。伦敦气候，冬最劣，日雾而夜雨，一夕，平与程先生拥炉坐，北风呜咽如泣，急雨袭户，远怀故国，不胜游子万里之感。程先生忽语平：吾辈此际，已感怆痛，然高堂白发，倚闾而望者，其哀伤恐尤百倍于吾辈此时也。

先考讳璧，字心白，清咸丰十年八月二十四日生。其先籍江西吉安，宋末迁湖南湘乡，遂家焉，距今盖数十世矣。湖南民风素肫挚，吾邑尤甚，居民十九力田自给，仕宦有显声于时者盖寡。自太平天国之役，曾国藩以湘军转战东南，湘子弟弃耕耒从者数十万众，而吾邑豪杰之士，起自田间，立大功官至封圻者，乃多至不可胜数。先大父春池公，亦以此弃故业，佐国藩弟国荃幕，历官江浙，此为吾家百余年来有仕宦之始。顾先大父性廉正，俸禄不支所出，则鬻产以足之，浸假产尽，先大父寻于清光绪二十二年卒。易箦之日，室无寸储。自先大父卒以迄焘（成焘系成舍我之二兄——编者注）等之成立，先考几无日不为衣食所役，穷厄颠沛，殆非文字言语所能形似。先考居常语焘等曰，使汝大父不欲立功名于时，则吾及汝辈，固可耕耨自存，不如今日有饥寒骏奔之苦。然汝大父以廉宦倾家，苟天相善人，吾必信汝辈异日之能有自立，此尤善于贪吏遗厚产以祸子孙也。焘等常谨识此言，弥自刻励。

先考居先大父丧三年，服阕，环堵萧然。时母氏欧阳夫人已先二十年来归，育希谟、焘、希周、平及女二。希谟及女一早夭，尚余子女四，绕膝索食，先考常累日彷徨。计所以谋生者，以戚友助，入京纳赀，得从九品衔，掣分安徽。三十二年，始得署舒城县典史。位卑禄薄，月俸银二两九钱，合县署津助，仅勉支口腹。虽亦能非法致赀财，顾先考悫直，有大父风，安贫守分，以得免饥寒为已足。清典史，即今之典狱，秩虽微而负责恭重。先考每中夜起，环狱巡视。平时遇囚犯至有恩，除一切虐遇苛刑。且时入狱，讲授书史，勉以悛改。

三十四年，有枭盗数人，新逮狱，将立决。盗杰惊，夜半突破狱出。先考闻警驰捕，抱两囚，卧地血。先考负重伤，囚终未得脱。其余旧囚，感先考恩，狱虽破，多坐守不去。清制，司狱之责，县令为有狱官，典史为典狱官。狱囚以武力破狱出者，有狱责重；由穴隙或窬垣逃者，典狱责重。时县令某，值秋漕岁旺，预计可赢数万金，若众以反狱上闻，漕未毕，必褫官，乃商之先考，欲匿实而以越狱上闻。如此，则县令可末减，许先考八千金。并介亲信语先考：为典史十年，八千金尚不可致，今一旦有此，即免官亦温饱无虞矣。先考以饰词纳贿，有亏士行，坚不可。据实陈大吏，县令劾革去。先考因捕囚功，仅撤任。然穷困益甚，每不能举炊，驯至衣被日用所需，亦胥付典质。适清末，举新政，广开学校。先考年近五十，慨然曰，吾虽老，然尚欲读书以致用也，先后入安徽官立法政学校，及高等警官学校，苦攻法律政治之学，不以头白自馁。既卒业，得历任宿县凤台县警务长，在职勤勉，夙夜匪懈。时皖抚朱家宝，闻其能，欲擢任之，曾数度召见，垂询甚殷。宣统三年，补桐城县练潭巡检，未莅任而清鼎革。先考仓猝自安徽凤台县警务长任所，驰归省垣。民国初建，万流竞进，青年当要路，凡无功于革命或特有巨援者，自不易厕列仕途，以是先考遇益窘。幸先考长文学，又曾入学校读新籍，簿书告令，最所娴习。因得数参县幕，任县承审，或县典狱，断续相间，以下吏勉维生活者，约八年。时焘、希周、平及女剑霞，次第成立，顾均以家贫失学。平最幼，先考最所钟爱。

当先考官舒城，平甫八岁。常示平曰：汝两兄以长，读书不易求进，然吾殊不忍再使汝不读书也。顾无力延师，先考乃亲自训读。事冗，常外出，则授平检字书，令自读毕籍。有不识者，依字检寻，先考归，再就正之。先考知旧籍无裨实用，则更购各种小学新籍，如格致、史地、算术之类，令平诵习。十岁先考自舒城解官归省垣，令平就旅皖第四公学读。不一年，自初小高小，拔升至中学。顾家愈贫，境愈困。书值百钱者亦不能致，须昏夜借写。不能具校服，有操演或集会，均摈不得与。又积欠学金过巨，则不许与试。卒至辍学。

民国元年，平年十四，泰、希周均奔走四方。平亦艰苦求自立。时南北和议未定，国人愤清廷反复，多主战。党人韩衍，以大义勖皖青年，组青年军，韩为军监，势甚盛。平亦慷慨请入伍。顾太幼弱，习野战，身长逾步枪仅寸尔。统一告成，韩遇刺，青年军解散。寥落无所依，乃浪游国中，遍为各种非所好尚之职役。先考见平喜读报，好议论，一夕，询平所志，以欲终身操记者业对，先考甚喜。始试撰文投各报。癸丑之役，坐党籍，为皖督倪嗣冲购捕，间关走辽沈，任报社校对编撰者约一年。四年赴沪，任上海《民国日报》及他报编撰者又二年。然先考每有训示，辄无不以平年少失学为虑。七年，以亡友某君介，之北平，主北平《益世报》编撰。报馆夜作而日息，则就读于北京大学。以书告先考，大悦。时薪给较前裕，差能自支，而先考亦垂老，因坚乞先考休退，半以所入供菽水。

民国八年，先考始不再劳役于外。十年，平卒业。十三年，出所积金二百，就北平创刊《世界晚报》。不期年，大起。十四年，更增创《世界日报》，并迎养先考及母氏欧阳夫人于北平寓次。当是时，军阀柄国，变乱相寻，两报以指陈时政，无忌惮，迭为当局者禁闭，然愈禁闭，而两报声焰愈张。十五年，张宗昌捕杀北平新闻界先进邵飘萍、林白水。更于杀白水次夕，遣缇卒数十，捕平。已宣示死刑矣，以故国务总理孙慕韩先生急救得免。在狱之日，惟日以震惊先考及母氏为虑。及出狱见先考夷然，心大安。先考徐语平：吾先人虽无大功德，然吾不信及吾之身，将见汝有非命之惨。且直言纵可贾祸，然士君子读书所应尔也。不然，又何贵汝司言职耶。当系狱时，平追念十余年中之忧危恐怖，辄思一旦得释，必弃此他图，及闻先考训，夙志益坚。然张氏终以不能得平为憾。时国民革命军已据武汉，顺流东向，乃南走沪，抵沪而南京已克，乃更与同志创《民生报》于新都。先考及母氏欧阳夫人仍留平。其间因南北相持，不及承色养者约二年。迨统一底定，辄往返于新旧两京之间。时希周遘疾先卒，女剑霞已嫁，侍甘旨者，仅焘及平。先考年虽就衰，然见平创业稍成，及家人集侍，意颇欢怡。精神健旺，不殊四五十许人，常独步游衢市，每饭尽三盂。焘等方窃喜先考天赋深厚，期颐可享，初不意惨变之来，有非焘等始料可及也。

民国十九年，平出国，诣欧美，将研考报业，备异日革进所营各报，预定归期甚促。及抵英伦，爱其读书环境良好，欲变计久居。且就读英京伦敦大学。时与上海《时事新报》主撰程中行先生偕。伦敦气候，冬最劣，日雾而夜雨，一夕，平与程先生拥炉坐，北风呜咽如泣，急雨袭户，远怀故国，不胜游子万里之感。程先生忽语平：吾辈此际，已感怆痛，然高堂白发，倚闾而望者，其哀伤恐尤百倍于吾辈此时也。当吾出国，吾父执吾手泣，恐不得再相见，吾每一念及，辄为泫然。平遂惊起曰：父母在，不远游，吾辈未来之岁月方长，而侍父母之日则已短，吾辈忍为一己不可必得之学业，以远侍去日苦多之父母欤？先是，程先生与平，迭接故旧书，以事促归，均婉谢。至此，乃决治装以今年春归。自美国旧金山，至日本东京，舟中遇日本九州大学教授宫崎彪之助，恂恂儒者，与程先生及平至相得。互约抵日后，当导游日本各名胜。及抵东京，已商定游览日程矣。忽宫崎深夜排户入，色惨白，语程先生及平曰：吾有父，以卒于吾舟过檀香山之日，余奔丧急，不及侍两君游矣。遂仓皇掩涕去。程先生及平，均为黯然。既哀宫崎所遇之酷，而程先生及平，自欧涉美，经数万里，水陆历两月，以转徙仓猝，与国中音问隔绝。闻宫崎事，不胜惴惧。舟抵沪，两家亲属来迎，均首讯父母安否？曰安，乃大喜。又孰知一转瞬间，平竟独蹈宫崎之覆，而为无父之儿耶。平既归国，抵新都，奉先考谕，谓健旺如昔，倘南中有事，不妨稍留。乃未几，突接焘电，谓父病速归，比驰抵北平，则病已就減。先考见平归，甚喜，询海外异闻，辄为轩笑。每晨夕与家人同席食。读日晚两报，一切如平日。易箦前一日，犹含笑语平：汝业报垂念载，士当忠其所职，信其所守，望汝异日勿弃此而他骛也。自十四年，先考奉养留平，暑寒六更易，每当政局递嬗之际，则以此见勉。故虽国民政府定都南京，平或为大义公益所迫，或感于师友爱好之殷，偶为所业以外之役事，然终不忍一日离去，固由天性习好，而感于先考训戒者实泰半也。

焘等正私喜先考康复可待，乃翌晚而症骤变，仅三小时，即弃焘等而长逝。呜呼痛哉！先考以民国二十年六月二十四日卒，年七十二。子焘、平，女剑霞，及婿、媳、孙男女等均侍侧。焘等谨遵慈命，以同月二十八日，移灵北平宣武门外长椿寺。将俟时局稍定，道路无阻，再扶榇归葬于湖南湘乡祖茔，盖遗命，欲与先人之灵长相依望也。夫先考以逊清末秩，无大功劳于国家。子孙庸碌，又不能拾青紫以煊赫当世。则为其后者，欲其不与草木同化，盖亦难矣。顾所贵垂不朽者，非所以荣死者，抑亦昭示来世耳。使其人之至德笃行，有足矜式，虽引车卖浆，可传也。文学隐逸，山林耆旧之士，所得与帝王卿相，同见称于古之史官者，惟此而已。先考至性过人，生平无败德，垂死犹不解狭邪博塞为何事。官虽卑，未尝一日溺所职，境虽厄，未尝一日丧所守。其所以教迪子孙者，皆中国数千年来精神所寄倚，殆亦中山先生所谓忠孝仁爱信义和平已耳。而忠其所职，信其所守两语，尤先考生平所反复垂示。吾家自宋末移湘乡，子孙世以力田为业，家给人足，无逸荡失业之人，更无一不肖子弟，流为盗贼者。

自曾国藩以湘军中兴满清，立大功。吾家弃祖业，取仕宦。或从兵戎者，乃渐众。流风所扇，今焘等同族兄弟百余人，从兵役者逾三分一，余亦竞集都市，多朝夕易所业。土地尽芜，产易主，而流离饥寒，至不得已为不忍言之败行者，固比比然也。是知先考忠职信守之训，不仅所以宁一家，今日之举国汹汹，人无恒业，使能尽如先考之言，国富庶而社会辑安，其扰攘或不至此。谨略次其生平言行，以俟世之博文君子焉。季子平泣述。

（署名“舍我”，原载1931年9月4日、5日《世界日报》）

安福与强盗

北京城里，强盗的窟宅非常的多，这几年来，又发生了一个最大的窟宅，弄得兵戈扰攘，鸡犬不宁，诸君知道这个窟宅在哪里呢？就是太平湖的安福俱乐部。

安福俱乐部成立以来，试问他们替人民安了什么，福了什么？他们所做所为，哪一件不是鬼鬼祟祟祸国殃民的勾当？他们眼中只有金钱，只有饭碗，只要自己那一窝子有金钱、有饭碗，他们便不问国亡也好、种灭也好，这种行动，简直是强盗的行动，所以我说他是强盗窟宅。

他们得意的时候，便是我们痛哭的时候，我想他们若是到了生平最大得意的时候，那么便是我们宣告死刑的时候了。我现在且把他们得意的事情写出请大家看看。

军事协约成功，他们有了参战借款，每人都分了若干卖国钱，这是他们第一件得意事。新国会成功造就了几百个饭碗，他们可以帮着政府为所欲为，这是他们第二件得意事。现在他们又有了两件得意的事。一是南北合约快要决裂，他们在那里拼命运动。从前眼巴巴的在那里盼望决裂，如今快达目的了，从此南北还是打仗，他们还是可以多吃饭、抢钱、卖国。二就是这一次学生爱国运动，政府不但不能发现半点儿天良，也去爱下子国，却反把一班有名望的志士一网打尽，他们安福部都趁着这个机会，要去把那从前没有插入的地方去极力钻营占据。你看这几天外间所盛传的什么教育总长哩！大学校长哩！他们安福部都在那里打主意，想把这二把交椅抢夺过来，做成他们完全的强盗政治。

我可怜的国民呀！安福部最大得意的时候快要到了。我们便听他得意么？我们若果不叫他得意，我们便应该大家起来，扫除这极大的强盗窟宅，我们就有了光明同幸福。若是大家放弃扫除的责任，叫他们大肆活动，那么，恐怕宣告我们死刑的日子就在目前了。

（原载 1919 年 5 月 23 日北京《益世报》）

车　夫

去年冬天，有一天，我在顺治门外，雇了一乘人力车，回马神庙大学。这路途是很远的，大约有十几里。当我雇车的时候天已黑了，纷纷的大雪落个不止，路上的行人很少，停在路旁的人力车，仅仅有此一辆。那车夫坐在车箱下边，看见了我，便发出那种颤动的声音道："先生要车么，我情愿少要几个子。"我回头正要和他说价，他赶快把那破碎的帽子，往下一拉，遮住了脸。我以为他是怕风吹，当时便雇妥了，车价是很廉的。哪晓得坐上了车，他走路的速度，反不及我的快。我叫他快跑，他拼命地走了几步，又歇住了。我疑心他是个打吗啡针的朋友，没过足瘾，所以走不快。在车上不住地骂他没用，但是我听见他那种喘息的声音，却又实在不忍。约略走了半里路，到了绒线胡同的西口，远远看见一个年约十二三岁的小孩，悄悄地走到车的旁边，轻轻地用力往前推去。前面的车夫借着这种力，似乎也走得快一点。他起初不知道后面有人帮着他推送，后来觉得奇怪了，回头一看，登时又发出那种颤动的声音道："大顺儿听，你还不回去，这样冷的天，你跑来干甚。我今天还没有拉着一个钱，没有回去。你们在家里，想还没有吃饭哩，你赶快回去……你赶快回去……"我听了车夫这种话，看看车后面的小孩只是低着头，往前推。那车夫急了，便说："大顺啦，你肚皮想也饿坏了，快些回去睡觉，我等一会把这位先生送到了，得了钱便买米回来。"车夫说的很恳切，那大顺总不答应，只低着头，往前推。

又走了一里多路，那车夫只管催那小孩回去，后来那小孩哭着说："我并不饿，我现在帮着爸爸把客送到了，一路回去那不好么。我现在把路走熟了，将来便可替爸爸拉车了。”我这才明白，他们是父子。我当时看见这种凄惨的景象，很为动心，却并不疑他是打吗啡针的朋友了。我也不骂他无用，也不逼他快跑了。

大顺带哭带说，那车夫似乎也哭了。车夫说：“你怎么能拉车哩，你年纪太小，虽然现在的警察，不当真的不准小孩拉车，但是你决拉不动的。你记得你的哥哥么，他十三岁便去拉车，没有两个月便吐血死了。现在我虽然拉不动了，还勉强可以慢慢地走几步哩。”大顺哭着道：“难道我便坐在家里不做事么?”车夫道：“你不必着急，天若可怜我，等我多拉几笔好生意，聚蓄个十千八千，给你和隔壁小五子一样，去提个花生篮儿，那不比拉车强么。”大顺说：“话虽这样说，但是爸爸哪天才可以聚蓄到十千八千哩。”车夫叹了口气，便没有往下说了。

车到了马神庙，下车的时候，车夫把他先放下的破帽毡儿，取下了。我这才正式看见他的面貌。原来他是一个老头儿，年纪大约有六十岁了，头发是和帽子上的雪一样的白，脸上的皱纹，也不知有多少，并且瘦的和博物馆的蜡人似的。我当时太感动了，我身上还剩了四五十个铜子，也没有数，一起给他了。他那时候接着我的钱，他几乎没有法子表示他的感谢。

我进了学堂的门，还隐隐听见他对他儿子说：“这位先生，真是好人，你明天可以买花生了。但是他雇车的时候，我若不是把帽子蒙着脸，使他看不见是个老人，他一定不会雇我的车。大顺哩，你要知道，雇车的人都要车夫跑得快，年纪老的，便没有人过问，我近来整天拿不住客，就是这个缘故啦。”

（署名“舍我”，原载1919年4月6日北京《晨报》第七版《小说》栏）

吾 友

我十三四岁的时候，住在故乡。当时到一个朋友家里去闲谈，这朋友的父亲，是以官为业的。辛亥革命，这朋友父亲的官，也革去了。他家里人口很多，忽然失了生活的根据，那家庭生活，便顿时艰难起来。还亏我这朋友，他能写几笔馆阁体的字，那时有一个机关，招考书记，他居然考取了，每月有二三十元薪水，藉此支持了家庭的生命。但是我这朋友，不但一天要去做那写字的苦工，并且每天回家，还要料理家庭间一切的事情。我觉得他过于劳苦，他总说他所受的劳苦，不仅是这几样，还有百倍于这几样的劳苦，是别人不能知道的。我当时曾追问他，是什么事情。他总不肯说，问急了，他反落了几滴眼泪，我也就只得不问。不过我总觉得他这话说得很奇怪，虽然那时我的思想很幼稚，不能推测出究竟的原因，但是到了后来，我知道他家庭的状况也就慢慢的明白了。

我同这朋友，感情是很厚的，来往也很密切，所以他家庭的状况，我是渐渐地非常清楚。他父亲那时差不多有六十岁了，除了我朋友的母亲以外，还有二位姨太，都是做官时候娶的。现在穷了下来，二位姨太，没有一天不在家里或嚷或闹。我朋友还有两位哥哥，都是抽大烟的健将，并且还好赌好嫖。据我朋友说，他父亲做了十几年的官，应该很有点积蓄，就是被这两位哥哥断送得不少，其余便都是两位姨娘“消耗”的。所以官一脱手，便是和平常穷人一般似的。我朋友对我说这话的时候，似乎很为悲叹。当时我也觉得这种家庭的组织，实在太坏。

有一天，我正和这朋友，谈的高兴，忽然听到他家里有人争闹。起初声音还不很大，听不清楚，后来声音大了，是一干男子和女子争闹，但是男子的声音愈高，那女子的声音便愈低。当时我的朋友，口里虽还和我应答，脸上却已变了白色。没有许久，便听见“砰”然一声，女子便哭起来了。我朋友正待起身进内，忽然一种很粗的脚步声音走了出来，一看见我那朋友，便大声嚷道：“老三，你那妇人，实在没有良心，她眼见我三天没有过瘾，我刚才问她借一块钱，她却一文不与。我气急了，失手打了她一下。现在我只得问你，你有钱么？快看兄弟的情面，借点给我，我真要等着救命了。”我认得这男子，便是我那朋友的哥哥之一。当时我那朋友，听了他哥哥的这番话，也没说什么，便从身上取出一个钱夹，尽力一倒，有四五角小洋，落了出来。他哥哥也不等他说话，登时便伸手在桌上抢过来，如飞的出门去了。我朋友看了这种情状，几乎晕厥过去。我也觉得这样无品行的哥哥，真是少见的很，当时便劝慰一番。我因为他有这种变故，便也不便多谈，便告辞回来。但是我出他家的时候，还听见他家的内室，有嘤嘤啜泣的女子声音。

我同这朋友相处，差不多有六七年。他家庭入了厄运之后，过了两年，我因事离了故乡。方才和他告别，别后我还时常和他通信。我自从看见他哥哥向他索钱以后，我便深知道他家庭的组织太坏，并且也就明白了他从前所说别人不能知道他的那种痛苦，就是为家庭不良的缘故。我是很为痛心，但是也没有方法可以解脱他的痛苦。只有时常在信里劝他，不必过于迷信孝悌的古训，赶紧筹一个完善的办法。

前年的春天，这朋友曾寄过一封信给我，说他的书记差使也被裁撤了，一时没有他事可觅，家庭的生活，简直没有办法，自己急想他往，但是又没有可靠的地方。他的意思，是想我替他设法。无如我那时自己的能力很是薄弱，并且就我那朋友的才能而论，除了能写几笔当书记的字以外，便没有一点可以自活的技艺。在这谋生困难的时代，却甚不易觅得一种可靠的职业，所以我当时一面回信拒绝，一面还是替他图谋相当的职业。没有多久，我有一个朋友，在故乡办报，便介绍他去做了一个校对，勉强可以生活，他也就担任了。

我这朋友，为什么除了写几笔书记字以外，便没有别的技艺哩。他的脑筋，是很聪明，他的求学心，是很迫切，只是因为年幼的时代生活于家庭之下，他想进学校，他父亲总说学校不好，不如在家里说说五经四书，写写字，比那什么爱皮西底的夷狄话、声光电化的空谈，较为有益。他那时也没有方法可以同他父亲抗辩，并且因为家庭顽固的空气，围罩得太浓，久而久之，也觉得读诗云子曰，写蝇头小楷，是真算世间最好的学问了。及至自己有了觉悟，却无奈从前生活于家庭之下的，现在却要来生活家庭。日间既要做工，回来又要料理家事，满目的景象，无非是令人感受痛苦。就是想用力于学问，也没有时间可以用力了。所以他到了二十多岁，却是除了写几笔书记字以外，别无所长。这种无技艺的人，很难和这谋生困难的时代奋斗，他也知道的，但是现在也没法可说了。虽然还偷空补习一点，也很难有成功的希望。他和我同在故乡的时候，一谈起这个问题，他便追悔得很，并且还恐慌得很。

他的身体是很弱的，自从入了这种家庭的厄运，劳苦太过，在他就报馆校对以后的半年，便得了肺病。内地寻不着什么好医生，因为他咳嗽的很，总说他是伤风，从没有说他是肺病的。他自己虽然有点觉得，但是一想到肺病要安静养的话，他自己知道，他总不能有一点钟的静养，也就只得听其自然了。到肺病入了第三期，他才写信告诉我。我当时便写信要他从速医治，并且替他向报馆告假，他已是病入膏肓，无可挽回了。

他死的前几天，我曾接着他一封信。就是他自己知道他快要和这世界告别，所以先和我告别，他那封信写得很凄惨，现在还夹在我的一部书内。我就把它照录下来：

我的好朋友哩，我已经病了半年，现在就要从这病的一条路走到死的这条路去了。但是我从得病的那天便自己晓得必死，并且我自己已处了这种不幸的家庭，也就天天望死。这样看来我对于死的这条路并不恐怕，但是我写信给你的前两点钟，我妻以药饮我的时候，我兄忽然来，向我索供给他吸鸦片的钱，我妻手颤，几乎把药汁覆了。我兄去了，她已经落了许多眼泪。我父母又扶着杖走到我的床前，握我的手哭了许久。这都是我最痛心的事，我这几月不能做事，家里几乎断炊。还亏馆中因为我友之故照旧付我的薪资，所以支持到现在。但是我死，家庭的生计却怎样呢？我家庭的人太多，却是专倚靠我一个人去支持生命。若是我自己生命都不能支持，那我全家的生命也都危险了。我虽然承你劝过不必过于迷信孝悌的二个字，但是我到了今日还是不忍心抛去一切，所以，我很愿你帮助我，支持我家庭的生命。

这是他临死写给我的信，虽然我没有十分负他的付托，但是他死了之后，他的两个哥哥因为生计断绝便流为盗贼，不晓得到么地方去了。他的妻子没有多久也死了，他的两位姨母是下堂去了，现在单只剩他的老父老母天天在那荒村破屋之中，过他们日薄西山、气息奄奄的生活。

（署名“舍我”，原载1919年4月4日、5日北京《晨报》第七版《小说》栏）

以科学眼光解剖时局

作者在今日与国内任何政党不生关系；便是将来，恐怕作者的姓名也永不至与任何政党联为一词。因为这篇文章乃讨论中国时局，故在这里登一个不纳费的广告：预先声明，免滋误会。

北伐军占领阳夏，不但惊动全国，简直远震全世界。这一场恶狠的大战斗，其结果虽尚难预言，但其意义深沉，关系重大，乃常识所可判断。关于此次大战，有人说是“赤”“白”之争。然而此种观察，却因个人所戴眼镜颜色不同而异其断案。（在此附带说几句话：即使承认为“赤”“白”之争，然“赤”“白”至多不过此次大战的一个原因，当然不是唯一的原因，也不是根本的原因。“赤”非偶然，“白”亦非偶然。这其间尚有必然的因果关系。层层紬绎所谓“赤”“白”乃果而非因。）又有人说：此次大战乃光明与黑暗之争。但这又因观察者所立的背景不同而异其观察。所以把“赤白”“明暗”作为这场恶战的形容词，皆不免皮相之谈、门户之见，不算批郤导窍，洞中肯綮。

如果必要把这番战争加个形容词，我以为只好名之曰“新旧大战争”。这原也不十分贴切，然而勉强可以袭用。一面是所谓革命政府，一面是所谓中央政府（注意，这所指是机关而非人）；一面是新练或新结的国民革命军，一面是百变不离其宗的老北洋系。就招牌说：一面是“本店新张，物美货精”；一面是“五世祖传，只此一家，并无分号”。质言之，此次战争是新起的与旧有的两大势力的剧烈冲突。

这两大势力何以形成？何以冲突？其将来的变化消长如何？这三个问题，

在此短文中要略加剖析。我愿以纯科学眼光，为冷静的陈述。至于寓褒贬、别善恶，则双方皆有其新闻记者和宣传员，自可各告奋勇，摇笔弄舌，恕小人不敢僭越。

这两大势力看来迥不相同，但若考其实际，层层勘察，如剥蕉然。剥至终层，将见两大势力同出一源。具体言之，两大势力所以形成，所以冲突，皆非偶然，而是不得不然。两大势力乃一桩事物的两方面，一棵树结的两个果实。换句话说，即同出于一个原因。

人类的行为，不只是物质的动机。纯以经济史观（Economic Interpertation of History）解释人类事迹，当然不免错误。因为人类事迹的要素是繁杂的，势力是多元的，其不容一元论或抽象的玄妙论的解释，当然无庸置疑。但在人类还不能完全支配自然（Nature）的时代，人类为满足物质要求的活动占生命重要部分的时代，历史上的经济方面当然甚为重要。经济状况，社会组织，政治制度，宗教势力，在人类历史上各有一部分势力。各种势力的消长，又因时代而不同。譬如在欧洲，宗教曾有过绝大的权威。在最近几十年来，经济方面乃又占了顶高的势力。解释中国几十年来各方面的变迁，经济当然是最重要的元素。但是上文已说过：人类的行为不只是出于物质的动机。人类事迹除物质的原因外尚有心理的原因。这就是承认思想学说的势力。自然思想学说当初发生的时候也许是物质所产生的结果。但发生以后，他本身又变作因，而开花结果了。

现在说明新旧两大势力的形成，即分为经济的原因和心理的原因而约略述之。

先就经济方面说。现在两大势力何以能成立？因为他们各有得力的武器。他们如何能斯杀起来？便是利用这种武器。他们何以能够而且必要斯杀？因为除了他们几个头目想利用这武器以达其特殊目的与欲望外，还有一班攀龙附凤的人帮助他们使用这种武器，以满足自己生活上的必要。他们的武器便是军队，帮助他们使用武器的便是高级游民、政客和议员之类。中国的军队，据调查民国十一年已有一百八十八师。经过这五年间的增加扩充，克己一点说，现在军队也有二百四五十万。这二百几十万架机器，对待洋鬼子自然不敢劳驾；但对内却是取得财产（Property）和权力（Power）的最有效的武器。那么龙骧虎跃的人，想藉此以满足其欲望，或保持其所有，自是势有必至，理有固然。南北两造既各挟此武器，则其决斗于疆场以成今日对垒的局面，也是当然的结果。

但是这种武器自何而来？帮助他们使用这种武器的人何以能如此济济多士？他们既没有如说部中所说“撒豆成兵”的奇术，则所谓兵也者也都是中国人，而且是与常人一样避苦就乐、好生恶死的人。中国人原是反对当兵的，就普通眼光看，兵士的生活即较之一般劳动者也不见得更为舒服。而十五年来的混战不已，兵士也自知时时须冒绝大的危险。所以一个常人只要安居乐业、维持其最低度的生活，似乎都未必愿当兵。入伍兵士可以说几乎都是没有相当的职业不能乐其生的。现在中国虽然兵已甚多，但如有人要于三月内再添编五百万军队，只要有钱，我敢断言此非难事。因为各省的土匪、无业的饥民，以及有业而不能自给的人，其数何止千万？而这些人便都可做后备军。

至于高级游民自然不能背枪杆，然可为军阀筹款或划策，为军阀的助手。其所以甘心为此，约亦莫非为生活问题所迫。就议员说，自国会初次解散后，试问哪次变乱没有议员老爷纵横捭阖于其间？这便是一个例证。

总之，一切变乱与战争的所以发生，当时当地的人的生存（Existence）困难、生活（Life）不安，换言之就是民无恒产，实为一个重要原因。古今中外历史上的事实已明白告诉我们。今日的中国此点尤显然可以看出。

（署名“百忧”，原载1926年10月5日《晨报副镌》第1页《社会》栏）

资本主义与中国

自资本主义之输入吾国，实开中华旷古未有之变局。其影响于政治若社会若经济者何如，亦当世学士大夫所宜潜心研讨者也。仆五年以来，窃自发愤，妄欲于此大业，稍尽绵薄。

凡载籍所流传，朋侪所讲论，莫不默识于心。细绎探讨，排比推演，期于贯通。间有所得，即著于册。日积月累，稿乃盈尺。条理脉分，俟诸异日。兹篇所录，盖其发端云尔。

言及资本主义之内容，则二十年来泰西学者极深研几，踵事增华，专家如林，著作充栋。如德国大儒臧巴特马克斯皆毕生敝精于资本主义之研究者也。马氏号称社会主义者之大成至圣先师。然其终身精力所萃之《资本论》一书，讨索资本主义者乃居其泰半。盖欲知社会主义当先知资本主义，近世社会主义缘资本主义而产生者也。

资本主义之特质为何？吾侪所急宜探究者也。当资本主义产生之前，人民之生活与其经济生活盖判而为二。所谓经济生活者，求遂其生活之一种方法也。今吾国横目蚩蚩之氓，如是以终其生者，殆十而七八。农夫何为而戮力南亩？曰将求以充口腹也；织女何为而不去机杼？曰将求以蔽肢体也。所谓“一夫不耕或受之饥，一女不织或受之寒”者是也。即行商坐贾，负贩走卒，贸迁有无，列肆待价，熙熙攘攘，终岁不息者，其志亦所以求终身无饥寒之困而已。盖生活者其目的，而经济生活者其手段也。迨资本主义兴，举凡所谓经济行为者，乃始以经济为其唯一目的。质言之，即一切以营利为目的，而不复知其余。盖何所为而营利，已非复吾人所宜问矣！

所谓资本主义者，乃运用资本举办一种事业。而此事业必有赢余，苟无赢余，朝举而夕废矣！盖是种事业，唯以营利为职志。浸假而脱离所谓“人的关系”，而唯有“物的活动”。观夫今一家公司，其与一件机器，果有以异乎？无以异乎？列廛于五都之市，孳孳而为利，然果为谁而生利耶？必曰为股东欤？然公司股票，朝夕流转，而所谓股东者殆莫知其为何许人也。盖至是而公司乃与人相离，而营利为独立事业矣。

有资本者果何为而能获利耶？商贾以低价买，以高价售，货物一转移间，利在其中矣。工厂购原料、置机器、赁人工，迨原料变而为物品，利亦在其中矣。商贾所以有赢，在善用时间与空间。采满蒙之羊毛，售诸津沪；贩江浙之茧丝，运往欧美；一度懋迁，利市三倍：此以空间获利者也。夏日购炭，冬日售出；冬日积冰，夏日发卖：此以时间而获利者也。晚近商贾分业，有专利用空间者，有专利用时间者，交易所及金融市场之投机家盖即善用时间以牟大利。如所谓“卖空买空”，公债“倒把”，公债“期货”，其尤彰明较著之例也。至制造家则于善用时间空间外，尤须以技术变易货物之形质。

前文所陈，皆是就经济方面而言。然经济之流转果无所待而然耶？曰，不然。生产者与消费者必有商贾为之居间贩卖储积。商贾又必有赖于船户若车夫，若货栈，若运夫走卒。盖货物之出制造厂，而达于消费者之手，介其间者盖不知其若干人也。而其间关系，如原料之定购也，货物之售品也，莫不有合同契约于其间。盖资本主义所以能使其资本流转灵活而无阻遏者，有法律以盾其后也。吾人研究法律，须超然于迹象之外，而的然彻知其精神。今世之民法，若商法，若票据法，吾人试探讨其内容，几尽保障所谓经济流转者。资本主义之得存于今日，恃有现行法律之固其藩也。

会计学又尝明诏吾人矣：举凡“人的关系”皆钱的关系也。观夫银行公司之簿记，物可化人，人亦可化物，二者于簿记中，可谓了无轩轾。盖各有其“账户”，平等而对立也。而其中所谓人与人的关系，皆不外“借”与“贷”之关系而已。钱固可以登簿矣，浸假劳力亦可以登簿矣。今夫某建筑公司欠某工程师薪俸三月，月三百元，是则在簿记中公司与工程师毫无关系，而惟有九百元之关系而已。人岂特可化为物哉？直可化为“以数目字表出之钱币”矣！又如 Good Will 于人会计学中亦可以登簿，而以钱币数目表出之矣！此皆资本主义时代之怪现象也。

资本主义时代之心理，一反常之心理状态也。当资本主义发达之初，投机家居奇计赢，一举而暴富，则穷极奢侈，恣其耳目口体之奉祀耳。至资本主义发达以后，乃为营利而营利，其余盖非所知。如美国之所谓钢铁大王，煤油大王，铁路大王，汽车大王者，拥资以万万计。银行也，转运公司也，铁路也，保险公司也，归其掌握者盖不知其凡几矣。是非特养生送死可以无憾，即于孙玄曾亦可以安坐终身，度其奢靡生活矣。然彼辈犹早作而夜思，孳孳而为利，见原料则收买，见独立营业则吞并者，岂为口体及觊续之享乐计哉？其反常之心理有以使其然也！

凡前所敷陈，皆资本主义之特质，继今以往，吾将略述资本主义输入与吾国之关系。惟举其荦荦大端，其细目不具论。

吾国资本主义非自内兴起，乃自外袭来。六七十年以还，资本主义携雷霆万钧之力以来，举凡政治若经济若社会，其基础莫不因以动摇。其较显然易见者，即外国制造品输入，而吾国旧工业乃孱然不能自存也。吾国自昔为小农国，生长于斯者盖犹未脱“自足经济时代”，自耕而食，自织而衣。乃至凡百器用，皆出于一家之自造。即偶有买诸市者，亦不出周围村镇之外。自资本主义侵入，以滨江通海之十数都会为中心点（即所谓通商口岸）而分布其势力于腹地。于是机器造品袭来，而吾国手工业制造品寖寖衰矣！

自是依旧工业为生者遂相继失业，而与新势力为缘或相近者，乃骤至大富。故通商口岸，富室云起。曾日月之几何，而拥资数百万者有之。昔日致富之术虽亦多端，然未有如是其速者也。此等现象，其影响于社会之心理若思想者极大。盖一家一人之暴富，众人必羡而忌之。此羡而忌之之心理即足使众人于物质生活之观念起一变化也。

且商业必有流动资本，通商口岸为流动资本所萃，故腹地金融遂不免为通商口岸所操纵。中外通商，吾国原立于被动之地位，尔时叩关互市者，其足迹所至，不过通商口岸。因言语习惯之互异，不得不有所谓买办者介乎其间。盖欲知腹地需要何等货物，出产何种原料，须经买办之手而后交易始成也。今外商势虽达腹地，吾国习外国语者亦日多，买办之制似可废矣。然外商终斤斤于买办居间之担保，而买办乃得因缘为奸，藉牟大利。盖数十年来，以市侩买胡买办起家拥资至数十百万，其势力驯至于左右社会若政治者，殆不可以偻指数。而贫富阶级乃于短时期旷然而大变。至于今日政府举外债，犹多借重于买办，其甚焉者以一买办乃可以制政府之死命矣！

在昔吾国为天然经济，交易不必皆以钱也。农家奴仆盖有仅供衣食而不给佣者矣。迨资本主义侵入，于是由天然经济而全变为钱币经济。且工厂日增，工佣制度亦随而兴起。在昔虽有工佣制，然与今日相较，盖不免名同实异矣。而银行交易所等流通资本之机关亦相继而起，盖此皆与资本主义为缘者也。

是篇所陈，昔曾与梦渔先生扬榷再三，篇中胜义犹多梦渔先生所发，而嘱余为蒐辑材料证据者。劳人草草，盖未遑也，谨于此识其由来。

（署名“百忧”，原载1926年11月16日《晨报副镌》第12页）

大学毕业生的生活问题

此文所论，似小问题，实是大问题；似局部问题，实是与全中国前途有关的问题。此文并无何种结论，乃提出这个问题，请国人注意。

无论你会见什么人，自高级官吏以至洋车夫；无论你走进什么家庭，自朱门洋楼以至陋室蓬户；无论你到什么地方，自大都会以至穷乡僻壤：你差不多（注意是差不多）都可听见一种呼声，就是“生活困难”。虽然各大都会的甲第连云，马龙车水，豪丝哀竹，纸醉金迷，依稀太平景象。但这是特殊的社会，非一般的社会；是社会的表皮层，非社会的核心。

这几年来，一般社会的穷苦，取譬正不在远，就北京而论，回想民国元年的气象，已如唐虞三代隆时盛事。你只看看旅馆公寓满坑满谷赋闲或候差人的狼狈，你再看看当铺里衣冠楚楚的人整日络绎往来，你便可以略见现今社会的一斑。一般社会生活如此困难，大学毕业生自然不是例外。

我曾在大学读书六年，前后得识大学生不下五六百人。其中已在社会服务而我可得其消息的也不下二百人（里面南北各省及公私立大学的学生都有）。今即以此二百人，及平日由报章杂志所得的材料，并北京一二个大学不完备的调查录，作为这篇文章的资料与论据。材料虽然不备，但文中所述，皆一再详考审思，不敢掉以轻心，随意出入。我以为就此推断全国大学生，可以说“虽不中不远矣”。

大学毕业生有百分之三往外国读书去，百分之七得不到职业，百分之五无固定职业，百分之六十在教育界，百分之二十五散布于军政警实业各界。留学与无职业者不论，专就社会上服务的说：其中约有百分之二十除自奉外尚有余裕；百分之五十仅能自奉；百分之三十直然不能自给，而赖借贷典质及家庭补助度日。但这里须有三层注意：（一）有职业的不免有时失业；（二）所得足以自奉的，但以所服务的机关欠薪太多，实际不能自给；（三）大学生中有百分之四十，其家庭（包括大家庭或小家庭）须待其养赡。有这三个原因，所以大学生的生活更为困难了。

据我所接触的大学生，见面后几无一人不叹生活困难。大学毕业生的生活何以如此困难呢？我们可以分为两方面说。第一，大学生的出产额增加太速，而销场的扩大，不能与之相应。供给（supply）既多于需求（demand），其结果为出产过剩，成所谓人浮于事的现象。于是大学生便得不着职业，或得不着相当的职业。原来在这样教育、实业俱不发达而仕途又极拥挤的中国，每年准有一大批毕业生出来，其谋生的道路已极可虑。而且四五年来，竟有人以设立大学为投机生意，加工赶造大学毕业生。这又何怪乎大学生在社会上的地位一落千丈，而其谋生也加倍困难？而况历年来内战继续不断，教育或实业机关停顿不知多少。大学生的销场，反日见其狭。即如今年，因北方战事范围太大，许多学校不能开学，遂使本期毕业生寻得工作的机会更加艰难。而无工作可做的学生，便较往年为多。第二，大学生的生活程度日高。这自然由于物价腾贵，一般生活费日高，而大学生日趋奢侈，也实一个重要原因。就我所知，六七年前大学生中最俭朴者年用一百五十元已足，而现在所谓最俭朴者每年也非三百元不可。从前平常学生每年二百元已足，现在却至少要四百元。其中对于衣食住行交际等稍微讲究一点的（不必有特别嗜好），每年至少即须六七百元。总之，如果说大学生的生活程度比前六七年增高一倍，这话大约无多少差误。其中有属于生活必需品的，如在公寓里包饭，六七年前每月六元的包饭已可下咽；而现在每月至少八元至九元。从前每月两元即可租得一间普通房屋，现在至少非四五元不办。此外衣服百物的腾贵，都可视此为准。而其关于奢侈品生活费之增加，则尤为可惊。几年来有学生居则饭店（自然是二三等的），出则包车，衣则轻暖的呢绒，食则精洁的馔席，帽则上等呢货，履则漂亮皮靴，计时有精表，适口有烟！其阔绰盖拟于小政客，而驾过小官僚。即就普通学生说，前六七年有时表的不过十之三四，现在可说人手一表了。从前冬季有大氅的不过十之四五，现在可说人穿一件了。而女学生生活程度的增高，更为可惊。布衣布裙从前随时可见，现在已绝无而仅有了。你想，学生在学校内日用仰诸家庭而生活程度已如此，一旦毕业出校，自己可以挣钱了，正如十年寒窗，一科登第，其骤趋奢靡，亦何足怪。所以大多数大学毕业生竞尚奢侈。凡宴飧馈送，衣服、车马以及冶游纵博，其程度虽有不同，然奢侈二字总可以概括之。我们生活在这种家境国运艰难困顿、两臻其极的社会，谋生之路，狭如针孔，而嗜欲之大乃过于骆驼。请问如何度过这生活的难关？

大学生所以日趋奢侈，当然是环境的关系。欧美物质文明，挟雷霆万钧之力以东来，全社会莫不受其影响。奢靡之风日长，大学生站在所谓时代潮流之前，自然首当其冲。第二，从前大学生是官僚养成所。现在除养成官僚外，兼为小政客小名流小伟人的制造厂。这班具体而微的政客名流伟人，居移气，养移体，且多有特别进款的门路，其日用阔绰自不必说。但这风气不免要传染于一般学生。第三，俭德的信条不足维系大多数的人心。节俭当然非人生终极的目的。有消费然后有生产。所以社会文明的进步，转在人类有欲望。欲望与节俭适成反比例，所以人类如专以节俭相尚，则今日可依然不脱草昧未开的时代。中国历来以俭为美德，物质文明进步的迟缓，此或不失为一个原因。但中国今日的生产力并未增加，而节俭信条一破，势必仰给外来的生产。而中国前途的大危机，亦即在此（此层不能详论，来月当有专文请教）。第四，中国事事不入轨道，人有侥幸的心思，非分的希望。今日是苦学生，明日可荣升国务院秘书；今日是穷教员，明日可接任某师、某军总执法长。因为如此，学生便以为即使今日挥霍，也许明日便可偿补。于是奢侈的风尚，成了所谓在贱不移了。

我虽非极端主张职业教育的人，但使被教育者经济方面做一个生产的人（就是不专分利的人），这当然是教育上的通义。然中国大学生，因所受教育上的结果和社会的环境，很少能做生产的事业。于是除一部分投入教育外，大多数只好归入军政界。从事教育，自广义言之，亦可谓生产的事业（但现在大学生因谋生无路，乱挂学校招牌，误人子弟，以骗学费敲竹杠为目的，也算是分利的人了）。而现在仕途，除极少数人外，大抵均可算做不生利的人。教育的结果如此，已大足令人寒心，已大足亡国而有余。如果分利之人，又以奢靡相尚，请问中国的前途更如何？

而且奢侈的生活，一面使大学生化为寡廉鲜耻之人，一面又使其出于行险侥幸之途。“俭以养廉”是至理名言。一般大学生其平均收入每月不过七十元，此在俭朴自持者尤感其不宽裕。如稍涉奢侈，则此区区收入，断不敷用。于是乃至举债以资弥缝；于是乃至债台高筑而借贷无门。人到这种地步，还能顾节操廉耻吗？而且人们的欲望，乃系继长增高的，所谓“由俭入奢易，由奢入俭难”。即已至此，骑虎不下。于是有能力的则依附军人，献媚官僚，供人指挥利用，希望得觅枝栖，以便偿债，且继续维持其奢侈生活。或则供名流伟人政客驱遣，钻营津贴，见钱便抢。其无能力者，则终日营营仅得一饱，怨天尤人，呻吟憔悴。而大学生中之尤有能力者，即铤而走险，别开生面。于是某主义也，某党团也，皆缘此而大多数学生活动于其间。这未必纯为津贴以解决生活问题；而多因生活问题不得正当解决，其郁闷悲愤之气无所发泄，所以走险巇之途而不悔。而大乱之道，亦即潜伏其中了。

唉！牢郁之气充于黉舍，愁叹之声闻诸道途。许多大学毕业生不北走俄则南走粤，谁实为之，孰令致之？月晕知风，础润知雨，期不在远乎！期不在远乎！

（署名“百忧”，原载 1926 年 9 月 28 日《晨报副镌》第 14 页）

牛马生活的小学教员

这个题目好像大不敬。小学教员诸公见了或者以为我侮辱贤者，但是我决不敢。此文乃为教员诸公诉苦。而所谓牛马生活也者，并非教员自贻伊戚，而是社会实逼处此。若说罪过，罪在社会。

这个题目好像是故甚其词、加重一层的说法。但是我决不敢。倘若您是局外人，看了也许不相信；即使相信，自然也搔不着您的痒处。然而倘使您是小学教员，读了此文也许还以为说得太不痛切。您以为这题目夸张吗？请看下文分解。

丁此乱世，中国知识阶级可谓困苦极了。而其中以教育界为尤苦。不待说，小学教员更是苦中的苦者。什么左手按肚皮、右手画黑板呀，什么典质度日、借贷为活呀，什么形色憔悴、若有重忧啊，什么“梦中犹呼快发薪”呀。看了这些话，北京小学教员的生活也便够瞧了。然而地狱十八层，苦者之中尚有最苦者，这就是乡村小学教员了。若问：“此辈苦到什么地步？”我便答道：“此辈觉得京师小学教员犹是神仙生活。”谓余不信，请征事实。

本文以下所举事实，乃由直隶省深县调查所得。深县在直隶为头等县。据我询问所得，直隶省内各县与此略相仿佛。即北方几省情形，亦颇不相远。那么说以下材料认为代表中国北部的小学教员，也许无大错误（其中独有山西却是例外）。

直隶教育乃前清光绪季年袁世凯督直时代兴办，其后杨士骧继之。至光绪三十年后，各县乡小学校始相继成立。其时各县学款虽系地方自筹，但因当道颁有定章，所以各县学校教员薪俸无大差别。即公立高等小学教员薪水每月十五元至三十元；初等小学教员薪水每年京钱八十串至百二十串（每串合大钱五百文，铜元五十枚）。这在当时，教员如节俭自持，除自奉外，未始没有余裕。而教员生活的特别困难，乃近十几年来事。

先说高等小学教员。自最初以至今日，二十年中，其薪俸完全没有增加（虽然三五年来各县教员屡有增薪运动）。而二十年来物价的增加（就乡间调查）已由一倍至三四倍不等。即举伙食为例：十年前，教员每月饭费二元已足；而现在非五六元不办。那么高等小学教员生活的困难，可想而知了。

然最苦的乃系初等小学教员。二十年前，他们每年薪俸平均约京钱一百串，现在薪俸平均每年得七十元（各乡村因学款盈绌不同，薪俸颇有差别。最高者一百元，最低者约四五十元）。兹将从一九零六年（光绪三十二年）至一九二五年（民国十四年）间教员每年薪俸按制钱计算列表如下：

年份	1906	1908	1910	1912	1915	1918	1920	1922	1924	1925
薪俸/串	100	120	140	150	160	180	200	220	$ 60	$ 70

上表系从深县三个中等乡村公议局里的旧账调查所得，而取其平均数目。十串以下数目采四舍五入法。其他乡村与此不无出入，然所差无几。

薪俸增加的原因为物价的腾贵和制钱价值的跌落。据上表看来，好像二十年来薪俸有增无减。而且一九二二年较一九零六年已增加一倍有余。但这是因为按制钱计算。如把制钱折合银元，便可看出二十年来薪俸所增甚微。而且还有降低的年份。兹先将二十年间每银元兑换铜元的平均枚数列表如下：

年份	1906	1908	1910	1912	1915	1918	1920	1922	1924	1925
铜元	98	120	131	135	135	134	141	193	235	286

上表系照北京行情制成。直隶各县铜元价值与此几无出入。我们先将教员薪俸由制钱折成铜钱（制钱一串合铜元五十枚），再由铜元依照上表折成银元，则二十年来小学教员薪俸的升降可列表如下：

年份	1906	1908	1910	1912	1915	1918	1920	1922	1924	1925
薪俸/银元	51.02	50.00	53.43	55.55	59.26	67.16	70.92	56.90	60.00	70.00

（署名“百忧”，原载1926年9月28日《晨报副镌》第15页）

文化运动的意义与今后大规模的文化运动

我对于这几年来中国的文化运动，虽然有许多不能满意的地方，但是无论如何，总算在沉寂的旧社会中，起了一种新运动。这种新运动，并且很有了许多影响。我们只可以把那些不能满意的地方，指摘出来，设法改良，却不必深恶痛绝，对这种萌芽的新运动，严厉攻击。在攻击者的意思，固未必是有意摧残，或者还可说是一种批评。不过稍一不慎，就会使文化运动受摧残的影响，这是我们应当注意的。

上面的话，不过是对于一般斥责新文化运动过甚的人而说，并不是我们因保持新文化运动的萌芽，便无论他怎样不好，都不管他，只拼命的“怪声呼好”。那么，文化运动，也不会有进步的，其结果或者与拼命斥责的人，受同一不好的影响；因为拼命斥责的人，固可以摧残文化运动，若是一味恭维，使那些文化运动者，心满意得，以为我们的文化运动，无以至矣，大功告成矣，自己的坏处，一点不知道。诸位想想，这不是一件很危险的事么？所以我的意思，对于今日的文化运动，既不必去严厉斥责他不好，也不必作无意识的恭维，我们只取一种纯正的友谊的批评。那么，或者可以促进中国文化运动的进步。

以我浅陋的知识，来批评今日的文化运动，怎敢说纯正不谬哩。不过我很希望，不蹈上述两种的弊病。以我个人的意见，觉得今日的文化运动，并不是十分令人不满意，只一般文化运动者，大多数都没有明了文化运动的意义。以为这种运动，不过两个目的。第一是和从前同盟会的机关报一样：挂着一块鼓吹革命的招牌，对于满清总是胡奴豚贼，对于袁世凯总是袁贼袁逆，称自己总是义军。此外为什么要革命，革命的宗旨如何，革命的计划如何，革命后的建设如何，他们却绝少谈及。就是有谈及的，也看得比骂人不紧要得多。所以满清和袁世凯的命，虽然革了，中国的运命，还是和从前一样的糟。因为他们只知道满清、袁世凯不好，要革命，革命成功，中国就到了极乐世界，革命的事业便算完了。你想这种解释革命的意义，不是太简单么？现在一般新文化运动者，也是这样。凡是民国五六年以前的印刷品，不管他经史百家，是好是坏，都加他一种“陈死腐败”的头衔；凡是民国五六年以后，用白话做的，或是说了几句新话的出版物，也不管内容怎么样，都赞不绝口，说这是中国起死回生的新文化。这种不问是非、感情用事的文化运动，试问和那班革命机关报有什么分别呢？其实几千年前的旧文化，或者还有适用于新时代的东西，现在用白话打新思潮招牌的东西，或者还有几千年前真正陈死腐败的旧思想在内。若是不加辨别，只问外质的新旧，不问内容的新旧，那未免太笼统了。第二是一般新文化运动者，他们把这件事，当做一种买卖。译书著书，不管自己对于那书的研究如何，遇着一本外国书，只要他的题目和新思潮有关，便拿来就译，左文法而右字典，遇着不懂的地方，也就给他一个不懂的译法——就是现在一般令人看不懂的直译法。只要有人肯买他这本稿子，他就目的达到了。译书如此，著书更不必说，所以新文化运动，闹了好几年，到现在寻遍上海滩上的大书局，要找本好一点的出版物，虽不敢说一本没有，却总也有限的很。有这以上的两个原因，就是文化运动前途的障碍。总而言之，是一般文化运动者没有明了文化运动的意义，以为文化运动在大处说来是和运动一党派的政治革命一样，在小处说来，是和洋场才子出卖小说的办法一样——五百字一千字三元两元，称斤播两的计算。其实文化运动的真意义，何尝是这样呢！

文化运动的真意义，我不愿意在这很短的时间，作详细的说明，有几句很简单的解释，就是：

新文化运动，决不是几个新文化先进者的专利品，更不是因为要附和几个先进者的学说，就想出种种方法，去逢迎他们，说“这是新文化运动”。

我们的新文化运动，是增进全世界文化的运动：就纵的方面说起来，是融合固有的文化和现在的文化；就横的方面说起来，是融合东方的文化和西方的文化。我们不问新旧中外，只问能适合于现在的人类和能增进现在人类的文化不能，是合古今中外而为一的运动。人人都应该为运动中的一份子，不是少数人自私自利的东西。

新文化的意义，假使能如我所说，新文化运动者，也都能依着这话，适力合作的做去，那么，此前所说的两种弊病——就是拿同盟会革命和洋场才子卖小说的方法做文化运动的方法——都可以完全免除了！

以上不过是解释新文化的意义。意义既能明了，但是我们当怎样去运动呢？我想如果要在一个短促的时期，收文化运动的大效，决不是因陋就简所能做到的。所以我极主张，现在中国的文化运动，非有各种大规模的组织不可。这种大规模的组织，我且聊举所知，分列在下面：

（1）报馆。中国现在若是严格的说起来，简直可以说一个报馆也没有。为什么呢？因为现在的报馆太简陋了。就以全国所称为最大报馆在上海的某某两报，试一观其内容，他们的国外新闻，除了英国半官式的机关通信社路透电而外——并且他们还不肯花钱直接买路透社的稿子，每天从英文报上转译下来，作为他们唯一的国外新闻——还有什么消息？国内新闻，除了在内地拿五块八块钱薪水一个月的流氓访员，每天造几条敲竹杠的新闻和那边远地方，三个月才寄到的交换报以外，还有什么消息？这种简陋的报馆，固不必去比那伦敦《泰晤士报》、《纽约时报》，恐怕连英美的小报馆还比不上呢！以这种地大物博的中国，竟至没有一个完备的报馆、健全的舆论，那不是件最缺憾的事吗？我以为文化运动最大的武器，就是报馆。并且以中国现在形势看起来，各方面均很需要大报馆发生。所以要使中国文化运动有效，办大报馆最为紧要。至于这种大报馆的组织方法，我很有点意见，且待将来另外做篇文章说明罢！

写到这里，我又想起一些话来。就是现在文化运动的中心点，大半都以为在学生方面。自从五四以后，所谓舆论界者，对于学生运动，固然有许多表示同情的，然而他们所表示的同情，都有些不大诚意，不过为迎合人心，扩张销路起见。到了后来，居然有起来反对学生的。假使他们所反对的有理由，那当然是学生界的好友，我们应该接受他直谅的批评，无奈他们却大都把一时的成败，做判断学生运动好否的标准。学生运动，偶然受了黑暗势力的压迫，他们便赶快转过论调，好一点的还带着规勉惋惜的意思，不然，便老实不客气，什么“轻举妄动”、“年少气浮”的字样，都向学生身上轻轻放下。

这种报纸，我们还可以相信他们能做我们文化运动的先驱么？有一两家报馆，他们因党派关系，想来利用学生运动。因为近来别的报馆，不肯十分赞助学生，学生方面的言论行动，无从发表，于是他们趁机兜揽，大为鼓吹。学生方面，虽明知他们别有用意，但也落得有人帮忙，便不妨联合起来。于是社会的眼光，便以为某处的学生是属于某系，某次的学生运动是某系的指使。其实学生种种合理的运动，何尝和那班形同盗贼的党派有关系哩！社会上不去辨别，便混为一谈，那未免太冤枉学生了！不幸今年全国大罢课案，上海和北京的学生，起初不能一致，两方面生出意见，于是那些利用学生的党派报，都乘机拨弄起来。在上海的某报，便说北京不罢课，是受了安福系的贿赂，在北京的某报，便说上海的罢课，是受了国民党的津贴。彼此胡乱的攻击，几乎使团结一气的全国学生会，破裂无余。凡此种种，都是没有真正做文化运动机关的大报馆，所以弄出这许多不良的现象来。若使全国真正有一个文化运动的机关报，我想总决不会至此。这样看来，组织大报馆，还不是文化运动的当务之急吗?

（2）书局。现在出版界，虽然稍有生气，但是那一两家号称大书局的，他们出点新书，何尝有增进文化的目的，不过为发财主义起见，不得不顺应潮流。他们一方面还正在那里编那种不中不西、不新不旧、非驴非马的书哩！并且他们在现在书局里，表面比较的说很大，他们的内容，仍是简陋得很。我记得前两年，有一位教育家说过，以这样广大的中国，像商务印书馆那样的书局，最少需要四百个。现在却只有一两家，那不是还缺乏得很吗？我以为现在应该有一个比他们组织完满、主张彻底，真能为文化运动先驱的大书局，立时发生。比那种号称大书局的某某，受着发财主义的驱使，找些读书未成、穷极可怜的学生，拿着张三卖肉的方法，称斤播两收些稿子去胡乱出版的，不要收效得多么？

（3）大学校。大学校是一个文化运动的中心点。有健全的人才，才可以做健全的文化运动。来造就这种人才的地方，就是大学校。中国的大学很少，并且内容的简陋，也和报馆书局一样，不能顺应我们的要求。虽然北京大学，这几年来，很有惊人的进步；他们的文化运动，也很在国内，发生好多的影响，但是因限于经济和“国立”两个字的关系，总不能充量发展。经济困难，设备就不能完全；有了“国立”的招牌，就须受官僚或教育部的支配，也就不免要带些官僚式的臭味。所以北京大学的地位，要就目前说起来，想做文化运动的中心点，还差得远哩！我以为国内应该有一个规模宏大的私立大学。教员要严格选举，不要像北京大学有大多数饭桶教员在内。学生也要严格管理，不要像北京大学的学生，终年有不必上课的在内。此外图书馆呢，大学院呢，都是急需设备的。那么，总可以达到做文化运动中心点的目的了！

以上三项，不过就我个人的感想，拉杂写来。我对于三项的详细办法，也略为有点意见，将来再另行写出发表罢！

最后一句话就是：“要使中国的文化运动，得最大的发展，第一须人人明了文化运动的意义，第二须有彻底的大规模文化运动。”

我这篇文章，是在百忙之中做的，中间有许多不完全的地方，还要请《新人》社同仁和一般读者教正。

民国九年八月三日，北京

（署名“成平”，原载《新人》1920 年第 1 卷第 5 期）

广义派与世界和平（序）

舍我　译

资本主义之发达，足使生产势力，超过民族与国家之范围。各国民主义之国家，其政治形式，已为生产势力所限制。吾人经济组织之自然趋向，因此遂当设法破除国界。全地球——陆与海——之表里，将成一经济工场。工场各部分，均当互相联结，不可分离。此种工场，固为资本主义所造成。惟一般资本家所组织之国家，方努力迎合中产阶级之利益，而欲克服世界经济之组织。此即霸国主义是也。考此种霸国主义之由来，其事至为显明。盖即一七八九至一八一五、一八四八至一八五九、一八六四至一八六六，及为时最长之一八七零年屡次之战争革命，因以造成旧的国民主义的国家。今此种国家，已变成霸国主义，且足为经济发展之阻碍。此次大战，其反面即系一种生产势力的革命，反对现有各国民主义之国家，力图推覆，以造成一种 Independent Economic Unit。

民族界限，仍须继续存在，以供思想心理进化之研究。惟其经济基础，则已从其足下，为人曳引而出。一般人常谓此次流血之大战，纯为民族之战。是言也，如非伪言，即属盲谈。盖此次大战之真正要旨，厥为破坏国民主义的经济制度，而代以世界的经济组织。彼国民主义之政府，欲发展其霸国主义，不注意一切人类生产者灵敏的、有组织的协力经营，而推求资产阶级所战胜之国家的世界经济制度之实现。此种国家，经过今次大战，其形势必大变，即由一 Great Power 易成 World Power 也。

此次大战，彼国民主义之国家，当立告分崩；即资本家的经济制度，亦将立即破灭。以国家资本主义，改革世界之一切经济组织。此种国家资本主义，可以使许多强权的寡头政治，完全分裂；强权的寡头政治之四周，有若干小国，生活于两大竞争之间，今急宜加以扶植，使其独立。将来世界经济之发展，与资本家必有重大奋斗，因资本家所占有之土地，纯当归诸公有也。在武力主义旗帜以下，经济之竞争，是为劫掠强暴所造成；彼辈对于人类经济的本能，常加暴力以摧残之。世界生产的革命，不仅是反抗由民族与国家分离所生之扰乱，且又反抗资本家之经济组织，盖资本家之经济组织，已变成世界经济扰乱之元素也。此一九一四年大战所由来。在经济制度的历史上，是加一最重大之改革，盖由其自相牴牾，致招此冲突灭裂之祸也。

以前之经济制度，其内容实际，乃指导中产阶级，以发展中产阶级之事业。此种制度，行见其必为此次大战所毁灭。此种制度之设，专为保护资本主义，以期成一人类文明的组织；而不知祸乱之生，即生于此种制度之中。其最初事件之波浪，即高举各民族政府与军队，以达得一未曾有之高度。顷刻间，各民族即起以环绕其政府之四周，当各国民主义之政府，互相冲击之际，各民族为炮声所震醒；恐怖之念既生，遂不得不起而实现其理想中之经济制度。群众革命，愈扩愈大，将如洪水横流，泛滥而不可或遏耳！

资本主义，已创造一新社会党经济制度之物质的地位，而霸国主义，则实导引资本家的政府，以成历史之扰乱，一九一四年之战，即所以证明上二说之实现，且证明由资本主义霸国主义之强暴，将促无产阶级以趋于革命之一途。

此次战事，实引导欧洲经济发达较迟之国，发生一历史上根本问题。此问题为何？即民治主义，与民族自决主义。在此问题内，实有若干民族与有关系，如俄罗斯、奥匈联邦、巴尔干、皮林、苏纳是。惟是历史上经济迟滞之问题，实由过去之历史，承继以至现代，其中重要之性质，并未更变。塞尔巴（Serb）、波尔（Pale）、罗墨林（Ronmanians）或芬林（Finns）等民族，于此次大战，曾被征赴战者，计二十五万人。置彼等于战场中，并非彼等民族所自愿，只以持霸国主义者，为保存中产阶级之势力，而驱彼等于死耳！

虽然，在现时代，由彼等小国自由以处理上述之问题，尚不可能，盖彼等完全缺乏独立之性质。若俄罗斯帝国及奥匈帝国，仍旧保存，则巴尔干、皮林、苏纳各民族之生命，与夫经济之发展，皆属空想。然俄帝国之所以盛储军备，实为扶助财政的霸国主义之法兰西，及殖民遍全球之英吉利，至于奥匈则亦德国霸国主义之桅索耳。塞尔维与奥国帝室最初之争，其事犹如私人家庭之冲突，而大战遂蹶然以起。历年来彼此怀抱之阴私，因此乃宣示于天下。于是德英乃成一生死之战。彼一般愚人，与伪君子，莫不高谈民族自由、民族独立，而不知德英之战，实一方决吞并埃及印度之胜负，一方谋分割全地面之民族，以为己有也。

德国开始其资本的发展，于一八七零至一八七一年之间，摧毁法国在大陆之特权。以至今日，德国工业之扩大，实造成世界第一之资本国。所足与抗者，首惟英国。于是更进而为剧烈之竞争。德欲争此欧洲霸权，急思所以胜敌。其第一事为德人所书于其进行程序中者，厥为中欧各国之联盟——德意志、奥匈联邦、巴尔干、皮林、苏纳、土耳其、荷兰、斯考地、拿威列邦、瑞士、意大利，或更能牵入孱弱之法兰西、西班牙、葡萄牙，合此诸国，以造成一完全经济与军备之霸权，以统治于大德意志帝国之下。

此种进行程序，乃德意志持霸国主义者所合力造成者；经济学家、政治家、法学家、外交家，倡之于前，而武人实行之。以此种事实，足以证明资本主义之扩大，已越乎民族国家范围之外。彼盖觉范围以内，殊局促不足自容，于是主张以民族的殊势，更进一步，代以世界的霸国主义。

彼历史相传之劳动阶级——无产阶级——对此发达过甚与年龄过旧之祖国，并未加以注念，而谋所以防护之道，盖以此种祖国，实真为经济发展之阻力也。彼等劳动阶级，今日唯一之任务，厥在创造一最有势力之祖国，以与霸国主义相抵抗。此祖国为何？即以欧洲之民族联邦，而造就一世界的联邦也。

无产阶级，反对资本主义之唯一方法，盖即在此将来可成一社会党之世界经济组织。大战告终，彼资本主义，必可发现其受人反对之原因；而无产阶级，必须反抗到底，以成社会革命。

巴尔干问题，俄罗斯帝国主义问题，与未来之欧洲联邦问题，若提出于吾人之前，则解决之法，惟大革命耳。而俄罗斯社会民主党最急切之问题，即反对俄国帝室主义，而与此主义宣战者，著者即属此党之一人。以为俄国帝室主义之精神，盖即以奥匈巴尔干为市场，而供其劫掠与暴行耳。至俄国之中产阶级，则因近五年来资本主义之发达，其本来才智，几完全为所败坏，且彼牵入大战漩涡，而与俄国资本家同时瓜分由新地劫掠而来之赃物。

俄帝室攻击加里西亚，蹂躏其人民，毁灭其自由，究其极，不过为Hapsburgs所利用。继又支解不幸之坡西亚，复由波斯坡露之一角，而掷一活索，以束巴尔干人民之颈项，置自由主义于不顾，而犹欲隐蔽其强盗的行为，觍颜高谈，谓此等举动，盖为保护比利时与法兰西。夫一九一四年，可谓为俄国自由主义完全破产之年，然足以驱俄国无产阶级，以从事于解放之战，而俄国革命，乃或欧洲无产阶级的社会革命之一部。

我认反抗俄罗斯帝国主义之战，必无时可以休止，且绝不助Hapsburgs或Hobenzo Hern之武力主义，亦终当与此等主义宣战。吾人已明了扑灭Czarism，为败德国军阀唯一良策。盖Czarism有最相得之同盟，在其东部，因社会之构造，历史之目的，互相缔结，胶固而不可或离，吾人对此等武力同盟，尤应力加攻击，彼Hobenzo Hern决不足为吾人同盟也。

俄国革命之命运，实与欧洲社会党之运命，有不可离之关系。吾俄国社会党，必须坚持大同主义。对此主义，固非一时狂热之所致。吾侪决不能容纳此等国际上劫掠之行为，极当恢复比利时法兰西之自由。然则如何即可以败德乎？亦惟有以此种思想，种诸德奥无产阶级之脑中，而使其急起反抗其本国之武力主义耳。

吾人固与德国社会民主党，有极深厚之团结，曾经过彼党之学校，习闻其学说，及其成功与失败之历史。彼党对吾人之关系，非仅因万国劳动同盟会同党之关系而已，且尚有最显著之感情在。不仅德国社会民主党如此，即奥国社会民主党，吾人亦至有联结，且力保从来兄弟之友谊。凡此皆非吾侪夸大之词。今且将以实力，以促德奥劳动阶级之革命。其效力之大，殊有不可思议者在。此后道德与物质之帮助，对此最老之兄弟，绝不迟疑。吾知德奥革命之结果，必与吾俄等也。

以上所述，尚不过彼此过去之关系，此后尚有重大之关系在，即俄国劳动阶级，与德奥劳动阶级，互相联合是已。吾侪甚信德国劳动阶级，必将反抗其政府所伪许之劳动解放。盖此种解放伪言，仅为德帝国政府，藉此以骗其劳动阶级，为彼克虏伯厂，制造杀人利器而已。岂真有若何幸福，加庇于德国社会主义乎？今吾侪所最希望者，俄国社会革命之声浪，使其充满于柏林与维也纳耳。

Second International 之失败，实属可悲，彼盲人与懦夫，固漠然置之，法国社会党及英国大多数之社会主义者，其情状较德奥为佳。惟德国社会民主党在现时最为重要，此仅因德国社会民主党，极坚强有能，而为世界社会党中重要分子。然彼历史上对德奥帝国之降伏，实足以宣示 Second International 倾覆之原因。

一般人观察，或以为将来社会革命之情形，完全出于欺诈，旧社会党之失败，其危害本极显著，然则吾侪果为何而处信赖将来社会党之行动乎？如此之怀疑主义，虽属出于自然，然足引人趋于最错误之判断，弃其优美之历史置诸不论，惟幻想其悲惨之命运。彼社会党固亦自知其命运极恶，惟不如他人揣测之甚耳。

今日大战，所以区别国民主义的国家之谁应倾覆，今日社会党已断定为国民主义的社会党。其支派不同之组织，行动，心理，已深染入国民主义的国家中。彼辈会议之宣言，颇极庄严。当霸国主义生息最盛之时，将侵凌各民族固有之疆域，社会党即起以当保守国之防御，由其历史上失败以论，则国民主义的国家推倒，而国民主义的社会党，其推倒亦随之也。

此非社会主义之失败也，所失败者，仅暂时的、历史的、表面的形式耳。革命事业，开始其再新之活动，俨若抛弃其外表坚壳。此坚壳包括若干人类，及所有各种类之社会党。此辈社会党，其历来之行动、组织，曾招若干政治上之反抗，而彼辈不能始终坚持，竟趋于顽固软化之一途。且坠入政府漩涡，大染投机主义、可能主义之习惯与观念，欲以外交方法，互相让步，奠Second International 于磐石之上，宁非妄想。此种社会党，吾辈殊不能表示同情。今历史上之陈迹，已掘一甚佳之坦途，无人能阻止其进行，此吾人所急需进行者也。

因国民主义之国家，已变成生产发达之障碍，故旧社会党，亦即变为劳动阶级革命行动之障碍。今必证明旧社会党缓进政策之不当，不信任其空泛的、狭隘的方法，致使无产阶级，受民族冲突之耻辱。如此则劳动阶级，始得真正解放其自己，虽经过若干恐怖时间，然最后胜利，在历史上，必大书曰：革命的阶级，乃反对暴力也。

Second International，即不存在，亦无所碍，彼已制成一甚大之工作，为有史以前所未有，彼已教导并聚集被压迫之阶级。今无产阶级之革命运动，非仅在开始时代，实已深入其革新之途，且不仅徒尚空谈也。过去之时代，遗传一甚丰富之武库，内储若干观念，以至于今。更遗传若干兵器，即评论是也。此崭新之时代，将授无产阶级联合旧评论之武器，与新评论之武器。

本书著时，极为匆促。其中大部分，多为已失败之 International 说法。然全书自始至终，纯持 New International 之观念。此 New International 必获最后之胜利，必为世界之洪水！

（原载《解放与改造》1919 年第 1 卷第 7 期）

无产阶级政治

(原题 Proletarian Policy)

Lenine 著　成舍我 译

一千八百四十八年法国革命，法国社会党鲁意扑兰[1]，由阶级战争的地位，去变作小中产阶级幻景的地位。那些小中产阶级幻景，也一样打着社会主义名号，毫无差别，实际上他却尽力的去增大中产阶级的势力。鲁意扑兰，希望从中产阶级，得些帮助。他这种希望，又引起许多别人同样的希望，好像中产阶级，真能够帮助劳工组合似的——这种不鲜明的说话，人家竟以为是一社会党倾向的表示。

俄国现在的鲁意扑兰政策，恰正与社会民主右党[2]——即门西威克党[3]——相合。齐德斯[4]泰塞雪德立[5]和别的许多人，现在都做了彼得格勒劳兵委员会[6]的领袖，他们却恰恰取了鲁意扑兰的地位。这班领袖，承认了鲁意扑兰小中产阶级的幻景，于是凡俄国一切重要问题，他们就都来随意处置，

① Louis Blanc，当一千八百四十八年巴黎市民将王政推翻组成临时政府的时候，他和与他主张相同的市民代表，均被选在内。此时劳工革命已成，而中产阶级掌握新政府的政权，扑兰和他的同党，就极力帮助他们小中产阶级政策的成就。扑兰的大计划，是要建设一国家工厂，安置失业的人。这个计划，当被新政府所采用，但新政府要使扑兰失信、使市民失败，终将此项计划打消。这种情形，和俄国第一第二次革命的经过，大致相同，而在俄国新政府的社会党代表的提议，也曾同样的被中产阶级代表所压倒。

② Social Democracy of the Right Wing。

③ Menshcvik Party。

④ Cheidse 反对多数派者。

⑤ Tseretelli 少数派。

⑥ Petrograd Soviet of Workers' and Soldiers' Delegates。

扰乱了我们现代的政治生命。

无产阶级的立脚点，是由一确定的阶级战争的特性和认定霸国主义的战争，与我们不可融洽的仇敌，两方面组织而成。霸国主义的战争，换一句话说，他们两个霸国主义的国家，发誓宣战，无论其为帝国，为民国，总都是为资本家掠夺的一部分而战。

中产阶级的立脚点，在他们自己看起来，对于这次大战，以为有完全的正义，完全为保卫祖国而起，实在说起来，都简直是为保卫资本家的利益，和他们掠夺别人的土地而起。

小中产阶级的立脚点，却和他们不同。小中产阶级，反对土地的掠夺，以霸国主义为不当。他们自己，固不必由世界霸国主义的关系，或资本主义的社会组织，得来中产，且更向中产阶级要求其不再抱霸国主义。他们自己，发表这种清洁的、无害的、简单的宣言，实际上，他们却是很温和的，跟在中产阶级背后，有时也对无产阶级表示同情。但是简单一句话，他们却完全依赖中产阶级，他们不能够或不愿意取革命方法，去打破资本家束缚。他们却不知道要想从霸国主义的下面，措人类于磐石之安，除却革命，是没有别的方法。

小中产阶级，向中产阶级政府，要求他们发表一“神圣宣言”，废止吞并别人的土地，在中产阶级看来，似乎这种要求，无礼已极，并且认定他们是一种反霸国主义的行动。既然如此，小中产阶级鲁意扑兰政策的失败，我们就当然不难看见。试举一例，通常如讨论吞并的事情，有权能的中产阶级政治家，说到很激烈和大声反对吞并的话——实在是说的很小，并且也从没有什么人来束缚他们的说话——总没有感着什么困难，但是事机一至，却常常不顾公理，自相矛盾起来，一如中产阶级《弗兰奇报》最近所为。实在说起来，这个《弗兰奇报》[1]，最近曾厚着脸皮说：“‘高兰特[2]’——新近被德国中产阶级持霸国主义的强盗所吞并——‘不属于俄国’。”这真是世界上最

---

① *Rech*。

② Conrlland。

会制造无耻诡计的第一等工人，这种不可复忍的污蔑话，无论什么人，只要受过初级政治教育的，就都必能认定高兰特是常常附属俄国的一块领土。

中产阶级的行政部长，当他们要保守资本主义，并确有抛弃吞并别人土地必要的时候，他们就相信公正和诚实的模型，隐含在否认吞并的可能性内，于是立刻之间，就实行鲁意扑兰政策。我们若因这一时的关系，便承认他们真正是公正和诚实的模范，那么，这便是一个问题。无论一个知识怎样充足的人，他能够对于别人的思想，不必拿别人的行动去证明，就可以判断其思想真伪么？在两种愿望中，说话的确实，财产的爱护，不辨别明白，他们以谁为重要，这能算一个马克思主义者么？这两个问题的答案，都是一个“不”字。

吞并土地，是受资本绳索所支配，财政，银行，霸国主义者的资本，换一句话说，就是现代经济上的基础，实有吞并别人土地的必要。从这一点观察，吞并土地，对于无数资本家投资于被吞并地方的无数事业，实含有政治上利益保护的意味。一般人要排斥吞并，而对于倾覆资本主义，却又不愿取确定的步骤，哼！这是不可能的。

社会革命党的《瑞波支亚报》①，扑勒克哈洛夫的亚丁斯托夫②，同俄国中产阶级中的鲁意扑兰，正在准备推测，并且可以说已经确定推测，就是推测我们对于资本主义的打破，不必取任何决定的步骤。我们现在，只须慢慢减少吞并土地的事情至于最小限度，这种推测，果然是确实么？不是。我们必须拿出全副力量，来打倒资本主义。一些必要的标准，必须善为引导，必须根据于无产阶级的自觉，组织大多数被压制的工人和最可怜的贫民的活动。这些步骤，是必不可少，在俄国劳工代表的苏维埃，现正准备从事于这些步骤。

在这个时代，我们和鲁意扑兰，齐总斯派，泰塞雪德立派，斯特古洛夫

---

① Social-Revolutionary Rabochaya Gazetta。

② Plekhanov’ s Yedinstov。

派[①]，门西威克，社会革命党等，必须有一种决定的、不可挽回的政策上之绝对不同。我们必须向群众指出，鲁意扑兰的政策，若任其发展，则对于革命成功的进行，必将受其摧残，实则目前就已经受了摧残不少。假使群众不能明了小中产阶级幻景的危险，不与已有自觉的工人联合，去采取他们的良谋美计，和要求社会主义实现确定的、决定的步骤，那么，最近得来的自由，就要被他们那班人断送干净了！

社会主义以外，想要从战争、饥荒和无数人类哀吟的下面，得来人类解放，是没有的！

（原载 1921 年 6 月 1 日《新青年》第 9 卷 2 号第 1 页）

① Stekloffs。

成舍我诗作

游历欧美诗作

之一：

美国东西南部，寒暑迥殊。自罗桑及尔以西，风物清丽，气候温煦，芳草绿杨，绝非严冬之象，车中口占，写寄国内诸友。

几日驱驰入幽胜，天教丰啬别西东。
昨经沙砾不毛地，今在河山如画中。
芳草乍疑湖上梦，绿杨自舞道旁风。
却怜故国寒犹劲，有客披裘拨火红。

之二：

太平洋舟中

崎岖历尽归平淡，地北天南自去留。
且喜半生逃百死，勉持残醉洗千愁。
夜寒侵枕听风吼，浪急敲窗见海流。
不信乾坤真浩荡，五洲未定一年游。

注：以上两首为1931年成舍我游历欧美时所作。原载左笑鸿文章，辑自邓云乡《世界日报》一文，载邓云乡：《文化古城旧事》，中华书局1995年版，第203页。

之三：

赠挚友程沧波先生

纵横万里半丘墟，痛惜中原付劫余；
报国愧言吾有笔，安贫敢叹出无车。
最难论事同新贵，只合幽居理故书；
群盗未夷双鬓白，闲搜恶草细锄除。

注：1956年11月27日作。选自《成舍我文集（港台篇1951—1988）》，台北世新大学舍我纪念馆暨新闻史研究中心2006年版，第163页。

之四：

六十自寿

谁言修短真前定，不寿居然到六旬；
垂暮天心怜旧照，思归乡梦忆秋莼。
半生苦辣酸甜味，万里东西南北人；
壮志早随烽火逝，王师何日靖胡尘。

注：1957年作。选自《成舍我文集（港台篇1951—1988）》，台北世新大学舍我纪念馆暨新闻史研究中心2006年版，第165页。

之五：

郊 居

十年流离此结庐，敢言大隐在名都；

江山信美吾思蜀，薪胆于今孰沼吴。
垂老喜闻儿辈健，无求自与贵人疏；
门前偶种先生柳，禽鸟时来慰索居。

八十自寿

八十到头终强项，敢持庭训报先亲；
生逢战乱伤离散，老盼菁英致太平。
壮志未随双鬓白，孤忠永共万山青；
隔洋此日劳垂念，顽健差堪告故人。

注：成舍我晚年（1982 年 4 月 25 日）在台北时作。辑自叶明勋《敬悼成舍我先生》一文，载台北《传记文学》第五十八卷第五辑，第 45 页。

附录：有关成舍我研究资料选辑

一、张友渔与《世界日报》

我与《世界日报》

张友渔

（一九八一年三月）

我开始给《世界日报》写稿时，是一个对现实不满、有些模糊的社会主义思想的穷学生。《世界日报》的创办人成舍我当时是野心勃勃，想效仿美国新闻大王霍斯特（William Randolph Hearst）在中国当一个新闻大王的人。他于一九二四年四月创办了《世界晚报》，于一九二五年二月十日又创办了《世界日报》，同年十月一日又创办了《世界画报》。蒋介石、汪精卫相继叛变革命后，他又到南京创办了《民生报》，到上海创办了《立报》。这几份报纸中，只有《世界日报》是一份大报，办的时间也最长。成舍我靠之起家的报纸，也就是《世界日报》。他为了适应社会潮流，抬高《世界日报》的威信，在报纸上比较大胆地刊登一些左倾的新闻和文章。这张报纸，虽然也登“剿匪戡乱”的东西，可是也登揭露国民党反动方针政策的东西。在当时的国民党统治区，能登揭露国民党的东西，就颇能赢得一些进步读者的好感。所以，《世界日报》在社会上，特别是在知识界很有影响，可以说是中间偏左的一张报，被称为“粉红色”的报纸。由于成舍我要使报纸呈现“粉红色”，在报馆的用人上，他也要用一些进步人士。我刚开始给《世界日报》、《世界晚报》投稿时，我稿中对现实的不满和模糊的社会主义思想，为《世界日报》、《世界晚报》所需。后来，我转变成为共产主义者，入了共产党。

成舍我明知我的政治主张，但是还要重用，请我主持社论，负责《社会科学副刊》，当总主笔，看报纸清样。这种合作，当然并非志同道合。在他，是利用我增加报纸左的色彩，以此吸引读者，目的在抬高身价。在我，开始投稿是为了糊口，后来是利用这张报纸，采取合法斗争的手段，揭露国民党反动派的罪恶，尽可能地宣传我们党的一些方针政策。由于上述原因，我和《世界日报》的关系长达十年，从一般投稿人到《世界日报》主笔，直到一九三四年七月，戏剧性地离开了《世界日报》。

从投稿到编辑

一九二三年夏，我在太原第一师范毕业了。这个学校有个制度：学生毕业后，由学校组织到各地参观，参观的费用由学生出生地的县政府出。有的县政府有钱或者对于此事比较慷慨，给每个学生一百来块钱。我的家在山西省灵石县。和我同年毕业的，全县有四五个师范毕业生，县政府给我们每人四十块钱。我们拿着这四十块钱来北平参观。当时是暑假，正值北平各大学招生。我决定留在北平考大学。结果考上了法政大学，我就在北平住下来。因为家境贫困，我上大学完全要自食其力才行。于是，我一面上大学，一面写杂文，给报馆投稿。当时，帝国主义继续支持各派军阀进行内战，民众生活穷困，知识分子寻求政治上的出路，精神上很苦闷。我给报馆写杂文，一来可以得稿费，解决我上大学的费用；二来我借此抒发一下自己的心绪，减轻一下心中的苦闷。我写了杂文投给两家报馆，一个是陆少游主编的《东方时报》中文版，差不多每周一二篇，每篇稿费五角。不久，我当了这家报馆的特约撰稿人，固定月工资十五元。我把杂文投给另一家报馆，便是一九二四年四月一日刚刚出版的《世界晚报》。我的杂文登在《世界晚报》的文艺版《夜光》上。文艺版是第四版，当时叫做“报屁股”。每篇稿费也是五六角。一九二五年二月，成舍我把《世界晚报》扩大成两个报：《世界日报》和《世界晚报》。《世界日报》的“报屁股”上登了条招考特约撰稿人的广告。投考的人不用去报馆考试，只要把自己写的稿件寄几篇去，请报馆审阅。和我同时被录用的有四人。其余三人是马彦祥、胡春冰、朱虚白。我们这几个特约撰稿人每月工资也是十五元。我一个月有三十块钱的工资收入，除了上学、吃饭、穿衣，还可以买些书籍了。比我初到北平的几年，每月只花几块钱的生活是大大改善了！《世界日报》文艺版《明珠》和《世界晚报》文艺版《夜光》的主编都是张恨水。我把稿子寄给张恨水，由他决定用于《世界日报》的《明珠》，或是《世界晚报》的《夜光》。这是我和《世界日报》开始接触的情况。

这个时期，我还站在国民党立场，虽然对社会的现状不满，但只有模糊的社会主义思想，没有明确的共产主义目标，在政治上是犹疑彷徨的，情感上是忧伤的。我通过给《世界日报》、《世界晚报》写杂文，来呼喊我对社会上的不平和愤怒，来抒发我心中的郁闷和忧愁。我常用的笔名之一就是“忧疑”。以“忧疑”为笔名写的杂文大都是为劳苦人民的贫困生活鸣不平的，如《车夫武大》。《车夫武大》的内容大意是，我从北平回山西老家，下了火车后坐上一辆人力车。一路上，我和车夫聊起天来，问他拉车能给家中寄多少钱。他凄惨地说，拉车只能自己糊口，顾不了妻子儿女。他哭了，说：“我一年多了，一个大子也寄不回去。”但劳动人民的出路在哪里？中国的出路在哪里？我当时是看不到的。因此，杂文表现出来的心情是悲伤、绝望的。有些杂文，简直是我悲愤绝望的哭泣，如《一封来信引起的伤感》。内容是叙述我接到友人的一封信，知道了一个年轻有为的朋友在贫病交加下死亡了。这样好的青年，为什么得到这样残酷的遭遇?！我便以杂文来当悼词，悼念我的好友，发泄我的悲痛与气愤，质问吃人的社会为何如此不公！后来，我把笔名“忧疑”改为“有疑”，在《世界日报》的《明珠》版，发表了《先打倒政治上的偶像》、《纸老虎禁不起一戳》等杂文。文内的“政治上的偶像”和“纸老虎”，都是指当时的中国政治制度和当权的大军阀。我认为社会所以如此黑暗腐朽，原因就在于中国的政治制度不行，在于大军阀的鱼肉人民，仅仅同情劳苦人民是不够的，必须从政治上抨击统治人民的反动势力。这反动势力是可以推倒的，民众必须在与反动势力的斗争中求生存。这在当时的《世界日报》是需要的。《世界日报》刊登了我这些东西，我对报纸工作也增加了兴趣。从此，我和《世界日报》的关系，也就更进一步稳定了，从一般的撰稿关系，变成为专职的编辑。白天到大学上课，挤出时间来写杂文，晚上到《世界日报》当编辑。我分工编教育新闻。在我去之前，《世界日报》已有个《教育界》专栏，在知识分子中是比较有影响的。我担任教育编辑后，负责编这个专栏，常常通过所谓“学潮”、教育经费等问题比较明确地反对段祺瑞，指名道姓地批评段祺瑞的教育部长章士钊。一九二六年“三一八”惨案发生时，正是我任教育编辑的时候。我是法政大学学生，也参加了游行请愿的行列，被挤倒在铁狮子胡同执政府对面的照壁前。我对成舍我叙述了亲身经历和目击的情况。我认为这类重大新闻，可以不安排在七版的《教育界》专栏内，而安排到头版头条去。成舍我同意这样做，而且亲自“跑”新闻、写评论、审编稿件。“三一八”惨案发生后，从三月十九日到三月二十三日，每天都以头版的全版刊登这个惨案的情况。第一天用大字标题标出《段政府果与国民宣战矣》，第二天的标题是《吊死扶伤，哀动九城》。报道内容强烈谴责段祺瑞军阀政府与人民为敌，但由于《世界日报》的立场和我当时的觉悟水平，报道的基调还只限于爱国主义，声援北平各团体在天安门举行国民大会。对中国共产党因辛丑条约签字国对大沽问题向我国提出横暴无理之最后通牒而领导各界人民开展的抵抗活动，不可能有深刻的报道，而且报道中还有“被害者并非共产党员，为什么惨遭杀害”等含糊和错误的论调。不过，当时对“三一八”惨案作了大规模的连续报道，并登载了刘和珍等烈士的遗体照片，在社会上还是有不小的影响。

一度脱离《世界日报》

《世界日报》林立于北平各大报之间。各报要发展自己，都要以自己的政治色彩向社会表态，并以此影响读者，争取读者，扩大自己的销路。各报彼此竞争是一方面，另一个更重要的方面是政局的动荡直接影响着各报的兴衰存亡。当时，北平有历史悠久、表现为改良主义色彩的《晨报》（原来叫《晨钟报》，是研究系的机关报），有著名记者邵飘萍主编的进步报纸《京报》。“三一八”惨案后，段祺瑞执政府垮台，张作霖取而代之，以“宣传赤化”的罪名，杀害了邵飘萍，《京报》被封闭。另一家倾向进步、敢于说话的报纸《社会日报》，主笔林白水也被扣上“通赤”罪名而被枪毙。成舍我也同时被捕，经孙宝琦保释，未被枪毙。在辛亥革命时很出名，当时已经衰落下来的《北京日报》，我们党想利用这张报纸为我党宣传，曾让当时的秘密党员、国会议员胡鄂公找我，商量如何活动来接办《北京日报》，后来没办成。天主教办的《益世报》，日本人办的《顺天时报》等，在当时也是大报。另外，《中华日报》（政治背景不清楚）、无政府主义的《国风报》、国民党办的《民国日报》、孔教会办的《经世报》等，在社会上作用不大，竞争力不强。《世界日报》在这些报纸中间，是中间倾向进步的一家大报，销路从四五千发展到上万份（当时报纸的销路上万就很不错了，有的报纸只销几百份）。当时北平的晚报，主要有三家。一家是成舍我办的这张《世界晚报》，一家是季乃时办的《北京晚报》。季乃时当时表现为中间派，北伐后接近国民党。《北京晚报》的政治色彩便随着季乃时的倾向变化而变化。还有一家晚报叫《大同晚报》。它的主编就是原来与成舍我合作办《世界晚报》、后因意见不合而退出的一个国家主义派人物，叫龚德柏。因为他敢于说话，外号“龚大炮”。他这个“大炮”，既向当时的政府放，也向共产党放。《大同晚报》文艺副刊的反共表现还不明显。龚德柏为了和《世界晚报》竞争，把我和胡春冰拉去编《大同晚报》的文艺副刊。北伐中，国民革命军占领南京后，龚德柏到南京去办《救国日报》，托一个姓罗的给他管着《大同晚报》。姓罗的另外办一个超然通信社，有他自己的活动，我们怎么编《大同晚报》，他也不管。我就按照我的意见来办《大同晚报》。《大同晚报》的立场、语言都左。《世界日报》的经理吴范寰对我开玩笑，说我“篡夺了《大同晚报》的权”。我笑着回答说：“一朝权在手，便把令来行。”龚德柏在南京，看到《大同晚报》改了模样，很不满意，很快就把《大同晚报》停办了。我们党自己办的晚报有两家，都没有公开党的面目，是以合法的面孔出现的。一家叫《新声晚报》，主编是彭芳草。这张报办了不久，就因为暴露而停刊了。还有一家是《国民晚报》。《国民晚报》本来是国民党的报，由国民党右派罗敦伟创办，后来移交给当时是国民党左派的黄少谷来办。一九二七年上半年，李大钊同志写了介绍信，介绍黄少谷去河南冯玉祥部队工作，黄走前，把《国民晚报》移交给我、张友鸾、左笑鸿三人。张、左两人都是平民大学新闻系的学生。当时，张友鸾已是《世界日报》主编，左笑鸿是《世界日报》采访部主任、社会版编辑，在政治上表现都是进步的。我们每人出一百块钱，交给黄少谷三百块钱，就把报馆顶下来了。张友鸾、左笑鸿两人都在《世界日报》上夜班，上午不能来《国民晚报》。我在《世界日报》担任教育编辑，比他俩下班早。因此，《国民晚报》的编辑工作主要由我负责。这样，在《大同晚报》停办之前，我同时为四家报纸工作：在《世界日报》当教育版编辑，给《世界晚报》文艺版写杂文，在《国民晚报》编报之后，立即赶到《大同晚报》去编报。

时局越来越坏。一九二七年蒋介石发动了“四一二”反革命政变，接着汪精卫叛变，轰轰烈烈的第一次国内革命战争失败了。这时候，报纸的政治态度又面临一次考验。成舍我到南京办《民生报》，到上海办《立报》，北平的《世界日报》、《世界晚报》，他让他老婆杨璠管理。杨璠是女子师范大学毕业生，虽然也可以办办报，但在那个紧张形势下，她害怕了。我们几个在《世界日报》工作的人员去办《国民晚报》。对这件事，她很害怕，怕得罪了国民党，祸及《世界日报》。她对我们提出了一个条件：“你们要在《世界日报》工作就不要办《国民晚报》；要办《国民晚报》就不要在《世界日报》工作。”张友鸾、左笑鸿因为在《世界日报》工作久了，并担任主要职务，接受了她的条件，离开了《国民晚报》；我没有接受她的条件，要把《国民晚报》办下去，离开了《世界日报》（包括《世界晚报》）。张友鸾、左笑鸿在《国民晚报》各有投资一百元，由我约另外两个人各出资一百元顶了他俩的股份。一个是陈显文（后叫陈高佣），当时是中共党员（三十年代在上海被捕），担任《中华日报》的编辑。还有一个人就是武新宇，当时叫武鉴，是师范大学学生，共产主义青年团员。这时期，我已经入了党。就是我们三个人办这张报，没有另外的记者、编辑，我是社长。这样，我便一度脱离了《世界日报》。

利用《世界日报》进行合法斗争

一九二七年十一月，我被国民党逮捕入狱，《国民晚报》也被封门了。一九二八年春，我被保释出狱，到天津接上组织关系，在北方局（后改顺直省委）军委领导下工作。一九三〇年底，因国民党天津市委要逮捕我，组织上让我暂去日本。一九三一年“九一八”事变后，我从日本回北平，正赶上《世界日报》主笔罗敦伟又南下。《世界日报》馆临时请了一个叫费巩的主笔。费巩是个博士，会写学术论文，但不会写社论，也不爱干报纸这一行。《世界日报》就请我去当主笔。《世界日报》每天要有一篇社论，都由我写。这时候，我在党内的组织关系属特科系统。我采取合法的斗争手段，利用《世界日报》这块阵地，为我党宣传。国民党的新闻检查机关要求各报宣传反共，否则便滥砍滥扣稿件。我要直截了当地作反宣传是不可能的。要揭露国民党反人民的实质，有时不得不借用他们的语言。比如，我写了一篇社论，题为《匪区善后与土地国有》，“匪区”是他们的语言，指我解放区。内容引了一个参加“剿匪”的国民党人的话来揭露“剿匪”的实质。这段话是：“共产党来了，农人都分了土地，从事耕作。剿赤匪获胜，共产党跑了，农民也跑了，于是地主得重返故乡。那么，我们国民党不变成了代表地主的党吗?”有时候，采取在社论题目中提问题的方式来揭露国民党积极“剿匪”、消极抗日的政策，如社论《日本侵华能防止中国赤化耶!?》。有时，拿出国民党一个口号来分析，从分析中对读者进行暗示。“彻底消灭赣匪”，这是国民党的一个口号。我写了一个社论，题目就叫《“彻底消灭赣匪!!!”》。这个

“匪”，指的是我红军。文内分析为什么消灭不了这个“匪”，说明共产党的存在，有经济、政治、社会的原因，含蓄地告诉读者：共产党、红军的产生、发展，是社会发展之必然，是消灭不了的。有些问题，则可以从正面直截了当地进行阶级的分析。如关于抗日问题，社论《认清敌军主帅——整个的日本统治阶级》、《我能持久，日必崩溃》、《必须“全国抵抗”、“长期奋斗”》等，就是从正面论述的。国民党把他们腐败统治造成的恶果，常常转嫁于共产党以欺骗人民。只要抓住机会，也可以从正面加以揭露与分析。国民党中央留平办事处举行了《农村经济恐慌及其补救办法》的报告，所举农村经济恐慌之原因，第一条就是“匪乱”。当天晚上，我就写了题为《农村经济恐慌之原因》的社论，第二天登出。社论指出：“盖在现代经济组织下，必然发生农村经济恐慌之现象。此其原因，在：①‘耕者无田’、‘有田者不耕’，致终岁勤劳之大众，竟不能饱食暖衣，而所谓地主者，则坐收租税，剥削人民，大多数农村民众，皆陷于窘境；②农业生产物……胥为少数地主、富农所占有；③土地既为私有，即不能实行农业合作化……”

因为是在国民党统治下进行斗争，利用《世界日报》社论为我宣传，总是有限制的。有些社论可以说对我们没有多大的直接用处。有的社论也不免说不到点上或不能具体地联系我国的具体情况。如写学生运动的社论，只能用含蓄的手段，限于民主、爱国的调子，不能点出学生运动是我们党领导的反法西斯斗争。社论《解散学校能消弭学潮耶?》就是含蓄地指出“惟是学潮之发生，实有其经济的、政治的、社会的原因”，对其具体原因，却只指出“教育制度之不完善，教育经费之不充足，以及办理教育者之措施失当”，没有进行一针见血的阶级分析。又如对世界工人运动，虽也介绍一些，但不能具体联系我国实际。像社论《劳动节之历史与意义》就是这样。当时，我要利用写《世界日报》社论的机会为我党宣传，还有其他一些原因，造成我思想上的不明确或实际工作中的困难。我只能按我认为正确的意思去写，我能做到的去做。“九一八”后，王明路线的口号是：“保卫苏联”，意思是日本侵略中国是为了进攻苏联。我在社论中从不强调这一点。我认为，日本打到中国来，我们不说保卫中国，先说保卫苏联，中国人自己也不好接受，并且给国民党以借口，说共产党要把中国卖给苏联，说苏联是赤色帝国主义。结果，因为我在社论中不强调这个口号，在党内受到批评。我从日本回来，在社论中有时谈日本问题，当时的日本共产党分成两派。一派是正统的共产党，外围组织叫劳农党。持正统派观点的学者认为，日本的社会性质是封建军事法西斯。这派便被称为“封建派”。另一派谓之“托派”，其外围组织叫新劳农党。该派认为，日本的社会性质是资本主义法西斯，不承认军事的、封建的说法。对这个问题，在我们国家也有分歧和争论。我在社论中讲到日本问题时，坚持了封建派的观点。社会上一些人和党内一些同志却认为我错了，说法西斯就不能是封建的、军事的，只能是资本主义的。

那时候，我是一面在燕京大学新闻系和民国大学新闻系教书，一面搞政治活动，晚上去《世界日报》写社论。和蚕一样，每天是三起三眠：早上起来去教书；中午回家，饭后睡一二小时；下午出去开会或写东西；晚饭后赶紧睡觉，十点多钟赶到报馆写社论，直到天亮回家，再睡一会儿，然后又去教书。每天紧张忙碌，有时不免出笑话。一天晚上，我坐包车去《世界日报》馆上班，一进门，大家对着我哄堂大笑。原来，我在匆忙中把左右脚的皮鞋穿反了。我每晚去报馆上班，起床时，穿鞋总是不用眼睛，把两脚伸到鞋里就算完事，一向不系鞋带，出了门口便坐到车上，只想着今晚写什么社论，哪去注意鞋子穿得如何。这次在匆忙中穿错了鞋也没发现。还有一次，笑话出在写社论上。社论是每天晚上写，其他稿子先发排，给社论留出一块位置。当时的社论还是文言的，用四号字，一般留一千二百或一千五百字的空位就够了。我每天上班前，在家就注意当天报纸，特别是晚报有什么消息，估计可能有什么发展，准备好资料，带到报馆去。十点多钟，考虑好社论内容，写一段发排一段，最后在小样上把全文整理一下。到凌晨一两点钟截稿，社论就不再改动了。有一天，不知是排字房没有把社论第一段打在小样上，还是没发排第一段。第二天报纸一出来，社论的开头突如其来，是从第二段开始的，使人啼笑皆非。成舍我很客气地问我：“你有意这样写的?”第二天登了补正，说明昨日社论漏排一段。

东京通讯

一九三二年七月间，张学良在一个宴会上，不记得是对成舍我还是对张恨水表示，说我是共产党。成舍我不敢得罪张学良，不能让我继续在《世界日报》当主笔，又想利用我迎合进步潮流。他就让《世界日报》经理吴范寰找我商量，让我离开北平，到日本去作《世界日报》驻东京记者，一两个星期给《世界日报》写一篇通讯。这样，我便又到了日本。在日本东京，我一面自己搞日本问题的研究，一面给《世界日报》写通讯。我以“本报东京特派员通讯”的形式，署名“忧虞”，不断往《世界日报》寄稿，大都是揭露和分析日本帝国主义性质的。如《日本帝国主义者最终目的》一文，内容是通过我调查研究的一些资料来说明日本帝国主义所以要侵略中国，是由于帝国主义本性所决定。文中指出：“日本帝国主义的最终目的是要实行世界全部再分割。帝国主义者不仅是中国人民的敌人，也是全世界人民的敌人。”《日本政府法西斯蒂化之反响》、《日本政变即将勃发》等文，运用我调查研究的资料，用阶级分析的方法，在文中明确指出：“现在的法西斯蒂化了的日本帝国主义，其内部决不是打成一片的。无产阶级之对于统治阶级的反抗，固不待说，连统治阶级的阵营内，也是因为争夺权利，互相明争暗斗着的。”在《日本右翼“无产党”对李顿报告书之批评》一文中，引日本人自己的话，向国内读者印证帝国主义侵略中国，而日本帝国主义更是要独吞中国之企图。李顿报告书，不是制裁日本武力侵略中国，而是建议由英、法、德、意、美等帝国主义来与日本帝国主义共管中国。这个建议破坏了日本帝国主义独占中国的打算。文中引了这样一段话：“室伏高信谓：其动机在刺激东方民族敌对精神；其意图在拆散东方民族的结合。”如此，可以使读者明白，这里的“东方民族的结合”是日本帝国主义对中国的全部占领。在《白色恐怖笼罩日本》一文中，指出“极左派准备武装暴动，警视厅忙于搜查逮捕”。

让国内读者明白日本内部的斗争也是十分尖锐的。总之，当时我是极力以尽可能的可以表达出去的方法，向国内读者介绍日本帝国主义的反动性和它的野心，以及它内部不可克服的矛盾。它在全世界树敌，在国内与人民为敌，它本身是外强中干的。以此帮助读者对民族的大敌有个粗浅的了解，鼓舞大家抗日必胜的信心。在这期间，张学良又曾对成舍我说，《世界日报》的东京通讯是共产党员写的。成舍我没有采取什么措施，我继续写下去。

在《世界日报》最忙碌的时期

一九三三年五月，由于原西北将领、共产党员吉鸿昌的奔走和冯玉祥、方振武等率领旧部揭起抗日救国军旗帜，成立了察哈尔民众抗日同盟军。同盟军通电全国，主张联合全国各党各派各军，动员全国一切力量，一致武装抗日，收复失地。我们党派了干部去冯玉祥军队工作，还发动了北平、天津、太原各地学生，成批地到张家口参加抗日同盟军。形势变了，左派，特别是知识分子左派活跃起来了。在这种形势下，成舍我又请我从日本回到北平，做《世界日报》总主笔。

成舍我明知我是共产党员，还把我安置到重要岗位，不但让我自己写社论，另外两个主笔雷季尚（雷嗣尚）、丁作韶写的社论，也要我审定，有决定取舍、修改之权，任凭我把一些左倾思想通过社论发表出去。此外，还让我担任《社会科学副刊》主编，并给成舍我自己主编的《新闻学周刊》写文章，让我把一些马克思主义的理论发表出去。报纸出版前的清样，每夜也都由我审查，给我以“大权”。因为在那个形势下，他更要增加《世界日报》的“粉红色”。我则有更多的机会使《世界日报》为我党所用，进行合法斗争。我主要的是联系当时政治上一些大事，强调思想民主、言论自由，并借德、日、意国家的问题，影射中国的对日政策，对蒋介石的法西斯统治，给予一定的揭露和批判。如写社论《日本外交政策有所转变耶?》，针对社会上对日本帝国主义抱有幻想而不积极抗日的思潮，指出日本帝国主义者侵华的企图，由于它的本性决定，是不会改变的。到一九三三年九月十八日，特地发了社论《待机欤抑待毙欤!?》，批评国民党政府的不抵抗与无能。文中叹息说："东北沦陷，今日整整二周年矣。""近百年来，中国由自尊自大之专制帝国，直落到半殖民地之地位，国耻国难，史不绝书。而遭敌之横，处境之艰，殆无逾此二年者。此二年中……就政府方面言，对于事变之来，不作防备，掉以轻心，忍受实祸。事变发生之后，倚人无效，自救无力，交涉无把握，抵抗不彻底，政策之遁词百出，实际效果未收，日复一日，难乃愈深。"示意读者不能对国民党抱任何希望。对国内各派政治势力，抓住一切可以利用的机会，支持一切民主力量和活动，揭露和批判蒋介石的法西斯主义。李济深等反蒋力量成立福建人民政府，我在社论中同情福建人民政府，支持一切反蒋的力量。这样的社论，在知识界很容易得到共鸣和支持，因此，成舍我对我这些做法是赞同的。但那个时候，党内王明路线的指导思想，却认为社会民主党有欺骗性，把社会民主党看得比蒋介石反动派还坏。福建人民政府派了一个姓尹的到苏区和我们党联系，我们竟把人家拒绝了，不和福建人民政府联合。结果，蒋介石消灭了福建人民政府，又回过头来"围剿"我们。我因为是通过《世界日报》的社论发表的同情福建人民政府的观点，社论又是不署名的，既在社会上起了一定作用，我在当时也没有受到党内处分。

除了联系当时政局为我所用外，平时在社论中也注意抓住一些可利用的机会，采取可以发表得出去的手段，对国际问题、国内社会制度及经济等问题，作一些马克思主义的粗浅分析。国民党把我们党的一切刊物书籍都诬蔑为"反动出版物"，加以查禁，并把散发和阅读这些书刊的人加以逮捕。我以《如何取缔"反动出版物"?》为社论标题，在文中指出："思想，无论为善为恶，莫不有其所以产生之社会的原因。即如世界所认为洪水猛兽之马克思主义，非在产业革命后之发展期的资本主义社会，决不能产生，即使产生亦决不能流传于世界，故欲消灭某种思想，必先消灭产生此种思想之社会的原因，否则徒劳无益也。"这样，从题目上看，好像是替国民党出谋划策，文字上也似乎是模棱两可，没有明确拥护马克思主义，但是向读者分析了马克思主义产生和发展的必然原因，暗示读者，马克思主义是不可战胜的，国民党要消灭共产党及共产主义思想是徒劳的。在旧社会，大学生毕业即失业是普遍的社会现象。胡适却胡说什么这不是社会问题，而是大学生个人学识和能力不够的问题，劝大学生不要责怪社会，要“努力训练自己”。我以《论大学生失业问题——并答胡适》为题发表社论，文中指出：“大学生失业问题，为社会问题，而非个人问题；故欲解决此问题，必着眼整个社会……必改革不合理的经济制度，”“胡适所谓‘努力训练自己’，亦等于凶年食肉糜矣！”对广大农民处于水深火热中的苦难状况，也在社论中进行一定的阶级分析。题为《再论解决土地问题》的社论中指出：“所谓根本变更所有关系者，即废除私有制度，实行土地国有也；所谓改进生产方法者，即改小规模耕耘，而为大规模经营也。”这段时期，还在报纸上介绍了俄国共产党十月革命后颁发的《土地法令》。又在《国人宜注意内地经济》一篇社论中指出：“抑中国之内地经济，不仅为资本主义支配下之都市所压迫与侵害，并为封建势力所剥削。因而农村破坏，农民困苦。”一九三三年六月六日至十六日，我曾于一篇连续刊登的长文《世界经济会议前途如何，果能救济世界经济恐慌乎?》中指出：“世界经济恐慌之根本原因，在资本主义经济组织之自身。资本主义经济组织一日存在，则世界经济恐慌，即不能消灭，不能救济。”在我主编的《社会科学副刊》和成舍我主编的《新闻学周刊》上，时常进行一些社会主义的宣传，如刊登《苏俄是怎样一个国家?》、《介绍苏联的〈真理报〉》等。在一九三三年十二月十四日的《新闻学周刊》的创刊号上，成舍我登了我写的《由消息的真伪谈到一个报纸的失败》（按：原题为《由消息的真伪谈到天津〈益世报〉的失败》）。这“消息的真伪”本来是指一九三三年十一月十三日北平市各报登载了一条传说的消息，说日本军用飞机六架及军舰两艘被苏俄军队击毁。莫斯科电通社自己的电报说：“此说来源，现尚不明。”这个假消息来自传说。这个传说反映了中国人民群众因为自己的国家抗日不力，希望得到苏联帮助的愿望。把道听途说的事情当成消息报道出去，当然是失败的。我在这篇文章中从这件事说起，发表了报纸是阶级斗争的工具这个观点。公开在报上发表这个观点，这在中国是第一个。当然，这个观点不是我的发明，而是我从苏联书刊中学到的，也是我从报纸工作的实践中领悟到的。从我上中学开始给报纸投稿，一直到那时任《世界日报》总主笔，十几年的报人生涯，使我对这个观点接受得很深。给我印象很深的一件事是，我在天津《泰晤士报》工作时，登了一条不利于大百货企业中原公司的消息。公司找了报馆负责人。报馆负责人急得不得了，惟恐得罪了大财主，断了中原公司在自己报上登广告这一有力财源。结果是，报馆向中原公司道歉赔礼，我也离开了报馆。这就是资产阶级报纸的性质决定的。现在看来，当时我写文章的认识基本正确，但还不够成熟和完善，对任何阶级没有具体的分析和区别，笼统地认为报纸是阶级意识的反映，这种反映必然不能真实地表达事情的真相。我在那篇文章中是这样说的："报纸本身是阶级社会中之一种阶级斗争的武器，在它的背后常站着一种阶级的势力，至少也站着党派的势力，因而它们所登载的消息，不能不渗透过这种阶级意识或党派意识的作用，隐蔽了或改变了它的真相。"在这之后，我又在一九三四年三月一日的《新闻学周刊》上发表了《论统制新闻》一文，对报纸是阶级斗争的工具的观点再加以明确的阐述。我在这篇文章中说："新闻是阶级斗争之武器，即支配阶级对于被支配阶级在暴力统制之外，又借新闻来实行一种思想的统制；同时，被支配阶级，也在暴力的反抗之外，常拿新闻来做一种反抗的工具。""'统制新闻'，便是一方面利用能够利用的新闻，另一方面，压迫不能够利用的新闻。"我的意思是说，报纸是阶级斗争的工具，所有的稿子都是为阶级斗争服务的，但不是所有稿子都标上了阶级斗争的字眼。我当时利用《世界日报》作为向反动统治阶级进行反抗的工具。以后我们成为统治阶级，报纸的阶级斗争工具的作用，尤表现为不是对大多数人专政，而是对少数的敌对分子专政；大量的正面报道，不是篇篇讲阶级斗争，可是都和无产阶级的统治有关，仍具有阶级斗争的性质。

当时，我想让《世界日报》为我所用，只能是有限度的。成舍我固然是利用我及我写的社论来表现《世界日报》的“进步”，争取进步的读者，扩大这张报纸的影响。但在国民党统治下，这张报纸几乎每天还登关于“剿匪”等类新闻。有时在社论中含沙射影地揭露和批判国民党，同一个版面上却又有吹捧国民党、标题有“剿共”字样的稿件，真是不伦不类。我所处的地位和环境，是不可能改变《世界日报》的整个面目的，我的任务也不在于改变《世界日报》的面目。否则，我早就暴露了。我只能采取合法斗争的手段，表现出来的姿态是社会民主主义的，没有明显的马克思主义，有时又像是主张和平过渡似的。党组织认为我这样做不错。国民党认为我写的社论是“粉红色”的，是接近共产党的，而且认为整个《世界日报》是“粉红色”的。社会上还有一种意见是不满意我写的社论的，这也许是真正的进步力量，也许是托派，我不大清楚。一个署名李秉衡的写信给我，批评我革命不彻底，不是无产阶级。他要求在报上公开他的信。我便在报上发表了他的信，并在报上给他公开复信。我在复信中当然不能承认我是共产党员，而自称是“小资产阶级，只能做到这一点”。我的共产党员身份在社会上公开，是离开《世界日报》十年之后，第二次到《新华日报》工作的时候了。

我除了自己利用《世界日报》进行合法斗争外，还介绍了不少人进《世界日报》，如斐丽生等。斐丽生当时叫斐孝明，是清华大学学生，共产党员。他来《世界日报》后当翻译，并编国际新闻。

《世界日报》以“粉红色”的面孔迎合了时代潮流，得到知识分子和青年的欢迎，成为当时有名的大报。在《世界日报》销路大开之时，成舍我想当“新闻大王”的欲望也抬头了。他除了去南京创办《民生报》，去上海办《立报》，还在北平办了一所新闻专科学校。我们几个在《世界日报》当主笔的及主要编辑都去新闻专科学校讲课。上海《立报》的编辑、记者，多是这个学校的学生。

最后离开《世界日报》

虽然我写的是“粉红色”的社论，国民党特务还是注意上我了。倒不是北平市的国民党特务盯上我。北平市党部委员鲁荡平是民国大学校长。我一面在《世界日报》工作，一面还在民国大学当教授，并任新闻系主任。鲁荡平因我写文章、讲课的调子只限于反对蒋介石法西斯，要民主，要自由，他不认为我是共产党员。要对我下手的，一是河北省的特务头子詹朝阳（国民党河北省委也设在北平），二是宪兵第三团的团长蒋孝先（西安事变时被张学良打死）、副团长丁昌。这两个系统在北平镇压进步力量很厉害。范文澜同志就是在这时期被捕的。我在民国大学新闻系举行一九三四年毕业典礼时和蒋孝先有过当面交锋。蒋孝先也去参加这个典礼，鲁荡平先请蒋孝先讲话。蒋孝先的讲话，完全是为蒋介石的法西斯统治辩护，强调当记者的必须拥护国民政府。我是新闻系主任，在毕业典礼上也要讲话。我的讲话，虽然是“超阶级”的调子，讲自由、平等、民主，实际上和蒋孝先的讲话是针锋相对的。会后，鲁荡平警告我：可能要出问题。果然，特务们打我的主意了。我还不知道，党和我联系的交通已经被捕，供出了我。我还和平常一样，每天按时去《世界日报》工作。我于七月二十一日的晚上，为二十二日出版的《世界日报》写了篇题为《黄郛于学忠进退问题》的社论，借于学忠被迫离去河北省主席的事，揭露国民党对日本的妥协投降政策。社论中说：“黄郛因其理想中之政策，不能实现，故态度消极；而于学忠则自谓并无辞职之意，中央当不至轻易更动。”我分析于学忠下台有两个原因：“或由日本要求，或因各方逐鹿。”然后借题发挥说：“故日人而果有此要求，我应毅然拒绝。否则河北省主席，既因日人要求而更迭，则河北省政治，亦必直接为日人所操纵与支配。更进一步言之，则河北省在事实上，亦变为日本帝国主义之殖民地矣！”我在报馆写完这篇社论后，没有按常例回家。因为我接受了组织临时交给我的一项紧急任务，从报馆直接去火车站，乘夜间火车去山西太原，做阎锡山的统战工作去了。没想到就在这天夜里，特务到我家去抓我。他们以为天亮以前我会从报馆回家，夜里就把我住的西城机织卫的房子团团围住，只等我回家便动手。事后我才知道，丁昌带着宪兵第三团的特务，詹朝阳带着河北省党部的特务，还有北平市公安局的特务一共好几十人围着我的家，还带去了一辆小汽车，停在附近，是准备抓住我后押送用的。一直等到大天亮，他们不见我回家，便进入家门去搜查。发现我根本没有回家，丁昌、詹朝阳等便留下几个特务蹲坑。他们蹲坑好多天。找我的人被抓去好几个，王思华同志、阮慕韩同志就是这时被捕的。我本来是向《世界日报》请假几天，准备同阎锡山谈话后就回来。因为很快知道了这个消息，就没有回来，幸免于难。原来，是和我有工作联系的《晨报》记者刘尊棋知道我去太原的事，而且知道我在太原的住处。他在特务去抓我而捕空的第二天，从国民党河北省党部得到了这个消息，立刻给我打了简短电报，要我“暂勿回平”。我从电报内容分析，估计出了事，就留在太原，后转赴日本。

我以偶然的机会逃脱了特务的抓捕。而我为《世界日报》最后写的这篇社论《黄郛于学忠进退问题》却没有逃脱国民党反动政府的查究，《世界日报》被罚停刊三天。七月二十五日，代替十四个版的《世界日报》的是一张十六开的纸片，上面印着一行大字“《世界日报》遵令停刊三日，二十八日起照常出版”，下边是这样几句话：“本报昨晚奉平市公安局通知，谓市政府奉行政院驻平政务委员会令，以本报二十二日社评措词失当，应自即日起，停刊三日，示儆，等因。”

我为《世界日报》写的这最后一篇社论，对《世界日报》来说，引起了一场小小的风波；我自己也在政治的风波中突然地不辞而别了《世界日报》。从此，我便结束了与成舍我虽非志同道合，但也合作了十年之久的关系，再也没有回到《世界日报》工作了。

（选自《张友渔文选》上卷，法律出版社1997年版，第680页）

由消息的真伪谈到天津《益世报》的失败

张友渔

报纸上所登载的消息，都是可靠的吗？不！决不是的。有的消息可靠，有的消息不可靠。不可靠的消息，为什么登在报纸上呢？因为，第一，我们知道报纸本身是阶级社会中之一种阶级斗争的武器，在它的背后，常站着一种阶级的势力，至少，也站着党派的势力，因而它所登载的消息，不能不渗透过这种阶级意识和党派意识的作用，隐蔽了或改变了它的真相。尤其在国家这东西没有死灭的今日，国际间的消息，受国家思想的影响，十有八九是靠不住的。第二，报纸本身纵然不愿登载不可靠的消息，但因为受政治的或社会的各种力量之压迫，常使你不得登载可靠的消息。第三，纵然没有上二种原因，而要使所登载的消息完全正确，也不容易。人类的知识有限，世间的事象无穷，自非全知全能，谁能把所有的消息，都一见便断定其为真为假呢？有这种种原因，所以纵然是从事新闻事业的人，只要不是昧着良心说话，没有不承认报纸所登载的消息不一定完全是可靠的消息的。

然而关于前二种原因，固然是无可如何的；关于最后一种原因，则应力求避免。报纸的编者，虽然不能断定一切消息的可靠或不可靠，但在尽可能的范围内，应力求能够判断消息的真伪，因而发表自己所认为可靠的消息。常常登载可靠的消息之报纸，可以博得社会的信任，不但对于社会有所贡献，在报纸自身，也是很有利益的。纵然是某一阶级或某一党派的机关报，在和它的阶级或党派的利益没有妨碍的范围内，也应该注意这一事，何况是阶级性或党派性比较不明显的营业报纸？可惜中国的报纸，很少能够注意到这点，因而中国的报纸所登载的消息，其可靠的程度，也就极有限了。

现在我们且来举一个实例看看，但这决不是对于同业下恶意的批评。

本年十一月十三日，平市各报曾登载，日本军用飞机六架，及军舰二艘，被苏俄军队击毁的消息。各报大抵都表示着怀疑的态度，有的在标题上加以“据传”二字，有的在标题下附以“疑问号”。有些读报的人们，不注意这“据传”二字，或“疑问号”，便大高其兴，谓苏俄已给日本苦头吃了。不料午后，负有盛名之天津《益世报》到平，关于同一消息，竟和平市各报的态度，大不相同。它的见解和这般高兴的朋友一样：把这一消息，作为“要闻版”第一条新闻，用大字标题登了出来。原文如下：

日军显然示弱于俄！飞机六架，军舰二艘，被俄军击毁；飞行家二十人，或捕或杀，真相尚在秘密中。凌辱甚矣！何竟不闻膺惩声？

莫斯科十一日合众社电：莫斯科今日得一最惊人之消息，日本军用飞机六架，及海船两只，被俄军击毁，日本飞行家二十名，或被俄军拘禁，或被杀死。据可信之灵通方面消息，在十一月三日，有日飞机多架，在海参崴附近，越过俄界约三十基罗米达，其中六架飞机，被俄军击落。又据该方面消息，日本海军补助舰二艘，在两星期前违反命令，驶入堪察加海滨，亦被俄军击毁。此地官方对此报告，绝对拒绝讨论。莫斯科之多数观察者，及其他消息灵通方面，均坚持此种事件不能长久隐瞒世界。无论如何，莫斯科对此消息，为之震惊。多数外国人士及俄人，相信最近为俄军所杀戮拘禁之日本飞行家，至少有二十人。此事之全体真相，尚在神秘中，此消息虽日渐流传，但官方拒绝讨论。

莫斯科十一日电通社电：某方电讯，传日海军补助舰队军舰两艘，约于两星期前，侵入堪察加苏俄领海时，苏俄海岸警备队虽曾迭加警告，均置诸不理，因是，该项军舰，遂被俄方击沉。惟此说来源，现尚不明。

这样的标题和上述有些读者的意见，完全一致，无疑地是要失败的。因为事情，没有那样简单的。果然，第二天，苏俄的塔斯社，便证明该项消息之不可靠了。天津《益世报》之所以失败，完全由于一时的感情作用。我们受日本的欺凌，自己不能抵抗，很希望别人能给日本一种教训。因而一听到苏俄击毁日本的飞机和军舰，便很高兴地说，“日本显然示弱于俄”；且奚落他，为什么“凌弱甚矣！何竟不闻膺惩声”？感情用事，在新闻记者，是最大的忌讳。假使天津《益世报》的记者，能够平心静气，加以思索，则决不至得到这种失败的结果。因为第一，日本军用飞机，飞入苏俄领空，苏俄击落它，并不违反普通国际惯例与国际法，原无严守秘密的必要。且日机飞入苏俄领空，苏俄曾向日政府抗议，而日政府不但不承认有其事，反以苏俄前后所说日本飞机的数目不符，作为反证。在这时候，如果苏俄击落日机，真凭实据俱在，为什么不反唇相讥呢？只要一留心到过去日俄间的交涉情形，便可知这一消息之不可靠了。第二，这一消息，为莫斯科的电讯，而苏俄政府对于驻俄外国记者，向外发电，又加以检查，从消息的来源说，很像没有什么不可靠。但我们同时要知苏俄对于驻俄外国记者的限制，只是不许你故意造谣，中伤苏俄，并不是所发电报，都须替苏俄鼓吹。这一消息，对于苏俄无所谓利，也无所谓不利，故检查电报的人，没有扣留的必要。因而从莫斯科来的消息，不一定都是可靠的。另一方面，如果是有这么一回事的话，如上所述，苏俄政府势不能不发表，至少，不能不使塔斯社发表。塔斯社既没有发表这一消息，则虽然是从莫斯科来的消息，不能绝对地、无条件地认为确实可靠。第三，在原电报的文字中，本来便表示着半信半疑的态度。根据这种电报来编新闻，更不该武断地自加确定的叙述，除非你从各方面，证明了这一消息之可靠。总之，天津《益世报》的这番失败，全因该报的记者，感情用事，未加深思。编新闻是不能不用思考的，是不能专凭感情用事的。然而天津《益世报》这一条新闻失败，并不是每条新闻都失败，白璧微瑕，不算可耻。我的意思是在研究编辑技术，并不含一些攻击同业的意味。

（原载1933年12月14日北平《世界日报》《新闻学周刊》创刊号）

题解：

张友渔发表在《世界日报》《新闻学周刊》上的一些有关新闻学术研究的重要文章有：

1.《由消息的真伪谈到天津〈益世报〉的失败》（原载1933年12月14日北平《世界日报》《新闻学周刊》创刊号，又见《张友渔新闻学论文集》第12页）；

2.《报纸与舆论的构成》（原载1933年12月21日北平《世界日报》《新闻学周刊》第2期，又见《张友渔新闻学论文集》第18页）；

3.《报纸评论的起源》（原载1934年2月15日北平《世界日报》《新闻学周刊》第9期，又见《张友渔新闻学论文集》第22页）；

4.《论统制新闻》（原载1934年3月1日及8日北平《世界日报》《新闻学周刊》第11、12期）；

5.《报纸何以能煽动群众?》（原载1934年5月3日及10日北平《世界日报》《新闻学周刊》第20、21期）；

6.《论“机关报”》（原载1934年6月14日北平《世界日报》《新闻学周刊》第26期）。

另外，张友渔还在《世界日报》上发表《日本报纸的文艺栏》（载1934年12月1日北平《世界日报》《新闻学周刊》第7期）、《政治与报纸》（载1934年《世界日报》）等文。

[※以上参考《张友渔新闻论文选》（张友渔著，王迪整理，新华出版社1988年版）、《张友渔文集》（上、下卷）（法律出版社1997年版）]

论统制新闻

张友渔

我相信，新闻是阶级斗争之武器，即支配阶级对于被支配阶级在暴力的统制之外，又借新闻来实行一种思想的统制；同时，被支配阶级也在暴力的反抗之外，常拿新闻来作一种反抗的工具。因而在阶级社会里，支配阶级和被支配阶级之间，必然地发生新闻的斗争（即思想言论的斗争之一形态），像必然地发生暴力的斗争一样。在革命的过程中，这种斗争，更显著地暴露着。在支配阶级，想要在此种新闻的斗争中获得胜利，必须一方面，整饬自身的军容，扩充自己的实力，即增加自身的新闻，且统一作战的步骤；另一方面，凭借政治的权力，摧毁对方的壁垒，即对于被支配阶级的新闻，威胁利诱，使其投降，否则消灭。这两方面的作用，便是所谓“统制新闻”；也便是一方面利用能够利用的新闻，另一方面压迫不能够利用的新闻。阶级社会里的支配阶级，无论是封建势力，或布尔乔亚，又或是普罗莱塔利亚，都必然地要“统制”新闻。所不同者，只是“统制新闻”的人——政府——之性质和其所采用的统制方法，以及实行统制的程度。譬如在布尔乔亚、德谟克拉西的政治形态之下，好像是言论自由的，实则仅是统制方法比较和平，统制程度比较低下罢了。在阶级社会里，决没有所谓绝对的言论自由。我们可以看到任何布尔乔亚、德谟克拉西的国家，都在它的宪法上，规定着人们有言论自由的权利，然而同时规定着言论自由，须在法律范围之内。法律范围，究竟是多么大的一个圈儿？没有人能够确切限定。现在拘束我们的《出版法》，是法律；所谓《危害民国治罪法》，也是法律。法律的范围越广大，言论自由的范围便愈缩小，不必等到普罗莱塔利亚独裁和法西斯独裁的政治出现，“统制新闻”便已在实行着。彻底一点说，自有新闻以来，便已同时有“统制新闻”。所以阶级社会里的“统制新闻”之本身，没有讨论“应该”、“不应该”的余地，纵然是不应该，但它必然地产生了。所成为问题的只是第一，什么人，即哪一阶级的人，才有“统制新闻”的资格与能力？才能获得“统制新闻”最后的胜利？第二，在某一特定时期，“统制新闻”，应该采用何种方法？实行到何种程度？关于前者，不是本文所要讨论的问题，因为那个涉及政权的本身。这里所要说的，只是后一个问题。

“统制新闻”的方法和其实行的程度，不是绝对的，而是适应于某一特定时期，各有不同的。例如在阶级消灭以后的万众自由之社会里，没有所谓阶级斗争，也便根本没有所谓“统制新闻”；在从资本主义社会过渡到社会主义社会之过渡时期，所谓普罗莱塔利亚独裁的政治形态，既已存在，“统制新闻”便也不能不存在；反之，布尔乔亚政治形态，从德谟克拉西的阶段，走进了法西斯蒂的阶段，便也随着一般政治的独裁，而发生了严酷的“统制新闻”的事实；至于在布尔乔亚、德谟克拉西的政治形态下，对于“统制新闻”的需要有种种差别。究竟在某一时期，应该采用某一方法，实行到某种程度？这在谈到“统制新闻”时，是值得十分注意的。倘使犯了时代错误的毛病，那便不但不能收“统制新闻”的成效，反而促成支配阶级自身的政权之崩溃。例如墨索里尼“统制新闻”，竟达到“不许毁谤我”这样的程度！这是因为战后意大利法西斯蒂政权的比较巩固，足以控制民众，很少有别的强大力量能抵抗它。但一旦法西斯蒂政权若有动摇，墨索里尼“统制新闻”的方法，即也会被推翻。若在本来没有达到意大利那种程度的法西斯政治阶段，而强要实行墨索里尼那种严酷的“统制新闻”的方法，正如儒夫扛鼎，无疑地是要气尽力绝以至于死的！

同时，“统制新闻”，不仅是“压迫”而已，并且需要“利用”。意大利所有的新闻纸，在墨索里尼的“统制”之下，分为二大种类：

（1）为法西斯蒂党所公开承认了的新闻纸；

（2）没有受到前项“光荣”的新闻纸。

前者，是为法西斯蒂效力的。由于社长、主笔、干部之政治的忠诚，而给与了党的机关报之特权。后者，是对于法西斯蒂政治不表示什么反对意见的。即墨索里尼不仅压迫新闻，而且利用新闻。想要效法墨索里尼的人们，也不应该只是看到他的一面罢了。

中国现在是否已经像墨索里尼统治下的意大利？墨索里尼的法西斯主义，是否适宜于中国，这是一个有待讨论的问题。但现在决没有达到那种程度，因而“统制新闻”的方法和程度，也决不应该完全步意大利之后尘。那么，应该怎样“统制新闻”呢？我们不愿在这里谈到具体的方法，因为站在被统制者的新闻记者的立场，不能够替统制者的政府当局来划策。所愿意说到的，只是欧战时期英德二国“统制新闻”的先例。这可以作为当局的参考。

欧战中的各国，都入了一个“非常时期”，纵然是大国，也有覆灭的可能。因而无论在对外关系上，或对内关系上，都不能不“统制新闻”。不过统制的方法和程度，各有不同。像英国，是要经过相互的谅解，而达到舆论之统一的；反之，德国是依凭一定的法律，而实行舆论之管理的。换言之，英国是自由谅解主义，德国是拘束弹压主义。

原来，英国是自由主义的祖国，因而也是言论自由的王国。当时的政府，对于言论的取缔不像其他国家之严厉。他们不是依据法律的力量以“统制新闻”，而是诉诸国民的爱国心以干涉新闻。即政府和新闻之间，实行着理论的斗争，哪一方面的理论，为国民所信任，哪一方便获得胜利。例如大战开始了的第二年，在政府和北岩爵士系的新闻之间，发生了正面的冲突。政府对于新闻，要求只是传播利于政府的消息，把这个认为是走向举国一致的常规。但《每日邮报》，首先反对这事情，高喊：“建筑在虚伪的报告上之爱国心，没有爱国心的价值。”因而他便详细揭发英军战败的情形及其战败的原因——如炮弹不足，爆炸力贫弱，组织不完备等，而对于当局尤其陆军部，加以猛烈的攻击。同时，竭力主张军需品之增加生产与改良，征兵制度之实施，英法军相互联络之确立。他在“使本国民众不知道真相的弊害，比较使敌人知道本国的弱点之弊害，要大得多”这样的信念之下，毅然继续着他的报告和论战。如果在现在的法西斯蒂国家，也许早加以法律的制裁了；但在当时的英国，只不过诉诸国民的判断。《每日邮报》在那时候，曾被骂作“非国民的报纸”，到处为所谓爱国的民众所焚却，发行份数激减，广告费也低落，而北岩爵士本人，被人赐以“卖国奴”的头衔。但他本着不屈不挠的精神，始终努力奋斗而不懈。结果，《每日邮报》主张之正当，渐为事实所证明，遂支配了舆论，战胜了政府，而内阁之更迭，军需部为之新设，征兵令为之颁布，一变英军之作战能率，而获得最后胜利。若英国也实行德国式的“统制新闻”，只使报纸登载有利的消息，继续着所谓“西部战事无异状”的记载，则英军没有改良的希望，也许早被德军击灭了。路易乔治内阁成立后，深知“统制新闻”不在压迫，而在利用，于是设立了情报部，以彼尔巴布克氏为部长；设立了宣传部，以北岩爵士为部长，实行对德“言论战争”之大动员，遂获得最后的大成功。后来德皇威廉第二曾慨叹着说：“我们败于报纸了!”便是指《每日邮报》的论阵和其后北岩爵士和彼尔巴布克氏两个新闻王所实行的宣传战之痛烈攻击。这可以说是“言论自由”，为英国战胜之一因。总之，英国式的“统制新闻”，是依据着自由主义的原则的。

至于德国，便不然了。德国所实行的“统制新闻”是彻底的“统制新闻”。不利于政府或军队的消息，完全被禁止登载；关于这些问题的观察和评论，也完全被禁止发表。并且“外国输入的新闻”都被严密稽查，以至于完全断绝，于是战争不利的消息，一点也到不了新闻记者的手里，更不用说发表了。所以直到一败涂地为止，国民都不知道战败的这一件事！为了不使国民知道战败的消息，所实行的“统制新闻”原不限于德国，别的国家也是同样。像英国的阿斯基斯政府，就是这样的。但能够彻底实行的却首数德国。而德国彻底实行的结果，则为当败势确定之后，仍不能向协约国方面议和，必至一败涂地而后已。因为国民始终不知道本国的军队有战败的事实，政府为什么忽然要停战议和呢？当时的德政府陷入了战而不胜，则“无面见江东父老”的窘境，只好破釜沉舟，以图一逞！

试把英德二国“统制新闻”的先例比较，可以知道，没有严厉“统制新闻”的必要，而严厉“统制新闻”，不一定是有利的事情。尤其在现在的中国，外国的侦探布满了“要津”，一切军事上、政治上的机密，早为外国人所洞悉无遗，实行德国式的“统制新闻”，除却以欺罔国民为唯一目的外，还有什么作用？更是大可不必的。对外问题如此，对内问题亦然，统制本国新闻的结果，不过使外国新闻，增加几份销路，有什么用处呢？所以与其采取德国式的“统制新闻”，毋宁采取英国式的“统制新闻”之为宜。

（原载1934年3月1日及8日北平《世界日报》《新闻学周刊》第11、12期）

二、龚德柏与北平《世界晚报》；张友鸾与北平《世界日报》、南京《民生报》、上海《立报》

和成舍我办《世界晚报》

龚德柏

（一九八六年六月）

成舍我同我筹划拟办一晚报。因为北京实在缺乏一张相当充实的晚报，供公务员与文化人下班后消遣。而办晚报又较办日报容易。晚报只要几条特别消息，与一些小品文字，就能号召读者。有了销路，就能养活自己。所以我们决定：不论何时何地，绝不拿政府一分钱津贴，完全站在中立地位，供给读者以公正消息与高尚娱乐文字，以扩展销路。但中立报纸，往往为政治力量所蹂躏，故我们第一需要为我们挡住政治风波之经理人，即现在所谓发行人，他对警察厅负责，至少要他能挡住警察权力，不时时压迫我们，使我们停刊或封闭。因为在北京，警察封闭报馆，殆属家常便饭。这一预防措施，殊为绝对必要。于是由成舍我与安徽籍众议员陈策交涉，请他当我们的经理，以他的名义，向警察厅呈请发行《世界晚报》。在北京发行报纸，只有一个条件，即报社社址，若是自己的，当然无问题。若系租赁的，须房主同意。当时成舍我的房屋，难得房主同意，于是就用我所住的西单牌楼手帕胡同二十九号，作为社址。但报纸在何处发行？由什么印刷局代印？警察完全不管。我们有了社址，向警察厅立案，由陈策以众议院议员名义呈请，毫不费力，就照准了。立案问题办妥，内部问题就好办了。我任总编辑，成舍我任外勤记者。因晚报完全靠当天的特别消息，所以外勤记者的任务是最重要的。由于某编副刊，张恨水撰小说《春明外史》，就是把北京所有离奇的事情，撰成小说，每日在报纸副刊发表。这是张恨水小说生活的开始，因为在此以前，他没有写过小说。但这本《春明外史》，在《世界晚报》连续刊登了几年，因报纸销路的增加，看者愈多。或者为看《春明外史》，而订阅《世界晚报》。两者互为因果，故张恨水小说大家之名，由此而成。在报纸发行后，最短期内，副刊编者于某退出，遂由张恨水编副刊。从此副刊由张恨水包办，更能发挥其能力，而《世界晚报》之一日千里，这也是一原因。

（摘自《龚德柏回忆录》第七章第六节，台北龙文出版社股份有限公司1989 年版）

报人成舍我

张友鸾

一

1925 年秋，我进北京《世界日报》做编辑，当时二十一二岁，还没有读完平民大学新闻系的课程。几个月后，被提升做总编辑。1928 年初，我在安庆被约到南京，做《民生报》创刊的总编辑。1936 年秋，我在南京被约到上海，做《立报》创刊的总编辑。这三家报，都是成舍我先生主办的。

我在这三家报纸工作的时间都不长。在《世界日报》两年；两次参加《民生报》，一共只一年多；在《立报》三个月，是最短的。可是，说来奇怪，那时岁月好像特别长，经历事情好像特别多。可恨年老多忘，总是隐隐约约的，记不起来多少了。

想当初，一个是伙计，一个是老板，我和成先生，当然劳资各别。然而抵掌谈天，言欢杯酒，多年交往，自有情谊。在新闻界，他是前辈，又比我年尊，何况我是《世界日报》一个学徒，从他讨手艺；后来《民生报》、《立报》处处受他的启迪熏陶：实际上，他是我所尊敬的老师。

二

评价一个人和他的事业，是不能离开那个客观时代、特定环境的。我深深记得，1926 年，北洋军阀张宗昌以“赤化通敌”的罪名把他抓去，几乎枪毙；1934 年，国民党宪兵司令部以“泄露军情”把他抓去，禁闭了 40 天；1936 年在上海时，流氓围攻，要不是有个“地头蛇”保护，说不定也会出什么祸事的。这几件事情发生，我都在场，亲眼所见。作为一个资产阶级的报人，能够这样和政治上、社会上的反动势力作斗争，他算尽到本分了。

我离开《立报》以后，没有再和他共过事，关于他和他的报纸情况，别人所说，我也有知道的，也有不知道的。在政治思想上，他和早期渐渐不一样了，诚然值得惋惜。可是他没有做过行政官吏，没有担任过官报职务，一辈子从事新闻事业，总是难能可贵的。有一些关于他的传言，错节盘根，莫可究诘，我不敢妄参末议。这里只是“就报谈报”，谈谈旧事而已。

三

初期《世界日报》是相当进步的。

北洋军阀奉系屠夫张宗昌到了北京，多次以“赤化通敌”的罪名，大杀进步新闻记者，4 月间枪杀《京报》社长邵飘萍先生，8 月间又枪杀《社会日报》主笔林白水先生。8 月 7 日夜，林先生陈尸天桥。第二天，成先生却被宪兵抓去了。大家推想，他必死无疑，然而不能不营救。夫人杨璠，找到他的拜把兄弟孙用时。孙用时领着杨璠，向他父亲孙宝琦，泣跪哀求。孙宝琦是大官僚，做过国务总理，旧日于张宗昌有恩。既因儿子的关系，又被杨所感动，就亲去张处说情。据说连去两次，张却不过情面，把成先生放了，送到孙家，一方面是卖人情，另一方面是要孙“严加管束”。

8 月 10 日，他回到报社，见到大家就说：“没想到还能见到你们。”又谈到，被抓时上了卡车，什么私心杂念都没有了，只觉得一颗子弹从后脑打进去、前脑穿出来，凉飕飕地。然后又和编辑部几个人说：“报继续出。现在韬光养晦，避避风。军阀总归要骂的；张宗昌胡作非为，是不会长的。”他办报的信念，不因被捕而改变，在当时我是很赞佩的。

四

在《世界日报》时，成先生常对编辑和记者们说："只要保证真实，对社会没有危害，什么新闻都可以刊登。如果出了什么事，你们不须负责任，打官司、坐牢，归我去。"报社同事左笑鸿，现在也还记得他这些话。

他是实践这个诺言的。1934 年 5 月，我再次任《民生报》总编辑时，有位记者采访到一条新闻："行政院"盖大楼，建筑商贿买"政务处长"彭学沛，给他修了一座私人住宅小洋房，以致在主体建筑上偷工减料，而且屡次追加预算，超过原来计划一倍以上。我曾听说彭和成是亲戚，有些踌躇，拿着稿子去问他，他却说："既然确有其事，为什么不刊登！"新闻一经发表，彭就向法院控告成"妨害名誉"。当时有程沧波、端木恺、萧同兹、俞新武等人，从中调停，要他登一个更正启示，彭愿撤回诉讼。他因事实俱在，为了报社信誉，坚决拒绝。后来法院提起公诉，他出庭答辩，侃侃而谈，滔滔不绝，把法官驳得哑口无言。那天我去旁听的，原告彭学沛倒没有到。这是行政院交办的案件，法院不能不买账，于是把他判处短期徒刑，但予缓期执行。这本是扯淡的事，他还是不服，把写的万言答辩书登在报上，请求社会公评。彭无法还手，就请行政院长汪精卫，施用政治压力。因为刊登了"德国海通社"的一则新闻，硬说《民生报》"泄露军情"，下令封门抓人。宪兵司令部人马来时，他适外出，我说："我是总编辑，责任应该我负，我去。"经理周邦式（长宪）说："成先生长期不在南京，我是负责人，我去。"他们一个不要，定要成舍我"正身"。就是这样，他被抓走。于是周在南京，我去上海，活动营救。他一直被关了 40 天，由于李石曾出面，才准予保释。9 月 1 日，我坐汽车到宪兵司令部，从"优待室"里把他接出来。当时《民生报》原可以复刊的，他在汽车上和我说："只要汪精卫一天在南京，《民生报》就一天不复刊。"

五

需要倒叙一个插曲。

1929年，我和成先生闹小别扭，离开《民生报》。那一年，我先到汉口《中山日报》；该报被封，我在上海《时事新报》南京办事处帮忙摘发电讯；后来得了一场伤寒病；病好了，给我弟弟友鹤规划了《南京晚报》创刊；到年底，余唯一、刘正华、陈铭德约请我到《新民报》，一直到1933年，因为伙计做久了，总想自己办一张报，于是我又离开了《新民报》，创办了《南京早报》。

在大学新闻系学了编采新闻和报业管理，十年从事新闻工作也就是这些方面的实践。可是老师没有教我，那些老板也没有告诉我，如何筹措资金。我只是书生办报，天真地幻想，用小小积蓄作为开办费，报一出，卖报和广告费的收入，就可以供周转。其实大谬不然。《南京早报》出版以后，赔累不堪，我的积蓄完了，我妻崔伯萍变卖首饰支持我。山穷水尽之时，有两个四川朋友和我说，可以每月找几百块钱做经费，条件一个要做董事长，一个要做经理。我想自己办报，觉得拿这笔钱有些烫手，不免彷徨。

正在此时，成先生从北方到南京来了。他每到一处，总是博览群报的。承他青睐，说作为通俗大众报纸，《南京早报》办得不坏。特别指出，有一天晚上，一颗大陨石坠落，照亮了半边天，群众都很关怀，次日各报，只有《南京早报》刊出专访天文台的新闻。他对此表示赞赏。及至我谈到办不下去的情况，他极同情，主动说愿意投资，和我合办。往返磋商，差不多达成协议了，我便回绝了那两位四川朋友。不料最后他却变了卦，说《民生报》缺总编辑，希望我回去，他也不向《南京早报》投资了。我想自己终于打不开江山、成不了气候，何必焦头烂额自苦乃尔，还不如安闲做个伙计吧。于是我把《南京早报》无偿拱让那两位四川朋友，唯一条件是他们接收全班人马。后来《南京早报》倒维持出版好几年，只是和我初办的时候相比面目全非了。

我重回到《民生报》。成先生决然没有想到，他接去的乃是给《民生报》送终的“丧门神”啊！

六

并没有因为《民生报》被封门而心有芥蒂，1935 年，成先生在上海办《立报》，又约我去做总编辑。我说：“《世界日报》人才济济，你随便调个人来就行，何必要我去。”他说：“我要你给《立报》打响第一炮哩！”我并不喜欢当时上海那个闹哄哄的城市，而盛意不可却，就答应去帮忙几个月。

《立报》是南京、上海一些新闻记者集资合办的，标榜着“报人办报”。资本 10 万元，成占股额十分之三。论经济力量，他原能独资经营，只为了要利用政治、社会力量，所以多约些朋友参加。他知道我穷，就把自己股份划出一点在我的名下，我也就成了《立报》“创办人”了。

《立报》是 9 月 20 日创刊的。论印刷条件，准备还不够充分，可以说是提前出版。为什么要提前？固然因为投资的股东，希望早日投产，而我却为了一条新闻，想“押”个“宝”，认为能一炮打响，所以选中这一天。这条新闻不是别的，乃是帮会分子、天蟾舞台老板顾竹轩，因杀人案被捕，法院定在那天开庭审讯。

那时候，帮会势力“统治”着上海，横行霸道，作恶多端，杀人越货，无所不为。老百姓侧目而视，极为痛恨。无如那些帮会头子，都和租界巡捕房互相勾结，没他奈何。甚至“申”、“新”两大报本埠版编辑，也得拜老头子认“师父”，否则就不能安于其位。一般报纸更不敢碰一碰帮会的毫毛了。顾竹轩也是出名的“大亨”，地位和杜月笙、黄金荣、张啸林等人在伯仲之间。那年之前，他叫人暗杀了一个名叫唐嘉鹏的，被押在法院里的犯人供出来。他家住租界，要在平日，原可以“逃之夭夭”的；只因近日他发了大财，巡捕房分赃不均，心中怀恨，袭击逮捕，送交法院。

《立报》在出版之前，“试版”了两三次。在试版期间，恰值顾案发生，我就组织记者，分到法院、看守所、巡捕房、顾家采访，并打听顾的徒弟如何活动、律师怎么说、有什么街谈巷议。一切都准备好，等待着“开门红”。谁知创刊那天，报印得很糟，又出迟了，尽管登了顾案，没有为读者所注意。到了顾案开庭时，因为法院要继续侦查，宣布延期审讯。报纸向读者声明“无可奉告”，读者自然向报纸表示“颇不欢迎”了。印数距离理想（百万份），不及百分之一。股东失望，我也很烦躁。好在“躲过初一，躲不过十五”，法院终于在9月27日开审顾案。28日，《立报》作为头版头条刊出，题目是：

顾竹轩案昨开庭

庭外大叫嚣

旁听奔逃秩序乱

看守所闹监

不用说，这本是资产阶级耸动听闻的手法，提起来应该是脸红的；然而这究竟是在半殖民地的土地上，利用帮会和巡捕房、法院勾结中的矛盾，揭发帮会恶霸的罪行，自有其意义的。除了新闻报道外，还附有顾受审时的照片；又在第三版用半版地位，刊载审讯详记。这成为《立报》详细的独家新闻，于是一下子就轰动了，报纸增印到7万份。为了巩固销数，此后一个多月，大约有10次继续刊载顾案消息，直到宣判徒刑15年、发表判决书为止。

暴露帮会，读者痛快；报纸畅销，股东高兴。可是就在那几天里，报社里相当紧张。有股风声，说帮会将“甘心”于《立报》，矛头指向成先生和我。果不其然，我连接几封要我“吃生活”的匿名信。我告诉成先生，他却说：“在上海滩上办报，要站住脚，必须战胜这帮流氓，决不能退却。”我相信，他一定也不会少收到同样的信，只是一声不响罢了。我为了人身安全，在一段时间里，编完报回去，都坐出租汽车。其实，顾竹轩在押，徒弟们

“蛇无头而不行”，报社股东尽有和别的“山头”有交情的，打个招呼也就过去了。我自笑“夜走坟堆吹口哨”，那么胆小；当然，也就很佩服他的镇定沉着了。

七

上面记的三件难忘的事，因为究竟不是写人物传记，只是想到哪里、写到哪里。至于琐碎的事，我也还记得一些，常言道：“观人必于其微。”所以不加诠次，拉杂写下。有些是我亲眼所见，有些是听成先生自己谈的，合起来一看，也还有点意思。

（1）他是湖南湘乡人，从小随家到安庆，在安庆长大。他完全是怀宁口音，见到湖南朋友也能说湖南话。父亲是个九品的小官，家境不好，住在湖南人流寓的“曾公祠”大杂院里。少年时期的朋友都是安庆人。后来他创办报纸时，很拉扯这班朋友。吴范寰和他共事时间最久，从合办新知书店起，一直做了十多年《世界日报》经理。盛世弼是法官，在《世界日报》借住多时，他的弟弟世强，后来也做总编辑。陶镕青先后是《世界日报》和《民生报》的总编辑，《民生报》初期经理程艺山，也是“丰沛故人”。其余还有别人。他是很念旧的。

（2）民国初年，青年时期，他流浪上海，和刘半农住在一起，卖文为生，十分贫困。没有桌子，睡在楼板上，仰面写文章。有时渴睡得要命，就洒些花露水在手巾上，捂住鼻子，用来兴奋刺激。这个时期，他开始用“舍我”做笔名，写小说，曾经和苏曼殊、章孤桐、刘半农等人作品印在一起。后来在《民国日报》谋到一个职位。由于他不会说上海话，显得土气，就拼命练习，夜里说梦话都在学。当时报社同事叶楚伧作诗嘲弄他，其中有两句是：“夜半忽闻作吴语，小东门外是前身。”那时上海娼妓多，外籍常冒充苏州籍，散居在小东门外。这是叶诗所据。

（3）早期报纸，常被人控告，为准备答辩，他总是自己写答辩书。盛世弼事实上算是他的法律顾问，他自己也肯钻研，把一部《六法全书》差不多都翻烂了。这对于他写评论发生很大作用，行文缜密，即使有时强词夺理，也说得头头是道。在构思的时候，手中一支笔摇动不已，然后落纸如风，真是“摇笔即来”。因为下笔快，不容易把字体写得端整；可又不得太潦草，以免排校时多出错字。他曾经学过苏字，始终字不好，是有原因的。

（4）他小时家里太苦了，简直饔飧不继，十四五岁就出外谋生；十八岁在上海，啃烧饼度日；二十岁到北京，起初靠陈独秀照顾，勉强够吃饭读书而已。有人说他在北京大学“东斋吃饭，西斋洗脸”，是指他自己一无所有，“逐水草而居”。后来发达了，人又说他，从使用交通工具而言，分三个时期，一曰“拉车”，叫把“包车”拉出去；二曰“套车”，是一车一马的马车；三曰“开车”，那就近代化了。他深切体会：“吃得苦中苦，方为人上人。”报社同事，因为钱不够用，每每叫苦。他大不以为然，总说人家太浪费了，自己当初如何如何艰苦，“如果这样过，每月都有富余的”。也不能说他的话没有道理；然而自己坐汽车却叫别人吃苦，这怎么能有说服力呢？徒然引起反感而已。

（5）我在《世界日报》时，报社还很穷，时常发不出“薪水”来。北洋政府的“欠薪”风气，也感染到报社，每月发薪水，要搭上一张欠条，上写“资借到某先生名下某某某元”。记得是由成夫人杨璠署名出具的。也不是每人都欠，那些薪水较低，生活较困难的，还是十足发薪。1927 年，我离京南下，没有旅费，把一箱衣服送进当铺。后来我在南方，就把当票和欠条寄还报社。1928 年，成先生到南京，赎了那箱衣服亲自带来送我，他没有短欠我分文。只是听说，张恨水有一叠欠条，却弄丢了，找杨璠要钱，杨说没有存底，也不知是多少钱，不肯给。这个问题怎么解决的，我就不知道了。

（6）就报纸而言，无论编辑采访，经营管理，他都有一套办法，甚至可以说那已成为“成舍我体系”吧。只是一件不足之处，他始终搞不好印刷。1930 年，赴欧美考察，主要就为的学印刷技术。后来办新闻学校，听说遇到印刷课程，他都去旁听，而且很用心。他老想在印刷方面有所革新创造。

《立报》初创，从北京带领新闻学校的学生去上海，作为印刷部的骨干。他冥思苦想，设计了一种“排字桌”。桌上迎面和两侧都有架子，是“常用字”和底铅、双连、铅线、花边等材料；桌底下腿的两侧是抽屉，盛放“罕用字”和偶或用到的材料。试用之后，学生大感不便，捡字效率极低，远不及站在排字架前。是学生墨守成规，或者排字桌本身还有问题，当时由于《立报》急于出版，来不及仔细研究，只得报废。他做这种设计，原是想减轻排字工人站立过久的体力消耗；若说是什么剥削思想促成的，那是“诛心之论”，不能令人苟同的。

（7）他年轻时很爱吟诗填词。在上海，曾参加“南社”，大家还把他当做一个孩子看待。从上海到北京，行囊萧条，只有几件单夹衣衫，但一部《白香词谱》却“随侍在侧”，不肯舍去。进了《益世报》，和张恨水唱和，往往通宵达旦。张恨水写《春明外史》，其中有个人名叫“舒九成”，影射的就是他。小说中描绘杨杏园和舒九成水边联句，乃是他两人的故事。这两人都有“捷才”，旗鼓相当，工力悉敌。他还很喜欢昆曲，一九二六年特地请一位笛师，隔天来一次报社教唱。他付学费，我和盛世弼也跟着学。学时要请抄一个手摺，曲子的工尺谱，每支交五块钱，所以笛师也欢迎别人附学。我和盛都没有学多久，就半途而废；他却一直坚持，后来能唱好几支曲子。只在房里唱，出门就不唱，所谓“聊以自娱”。他顶爱唱“小尼姑年方二八，被师傅剃去了头发”（思凡）和“袅晴丝，吹来闲庭院”（游园）这两支。写到这里，我耳边似乎还有他的曲声在荡漾哩。

（8）我初进《世界日报》时，年纪轻，涉猎不多，爱走偏锋，蒙人唬人，其实根底很差，有很多词语都不懂，只是乱用。譬如报纸上常用的“日内”和“日来”两词，当初我就分别不出它的未来和过去的属性。成先生改了我两回稿子，我才明白。他看稿子非常认真、细密，是一位严格要求的老师。后来我读书稍多，逐渐看出他喜爱魏晋六朝小品，尺牍很考究。他做“北平大学”秘书长时，我写信问他，还作不作诗、唱不唱昆曲了？他回信只套用了两句说：“一行做吏，此事便废。”还有一回，他怕我和某一同事闹摩擦，来信婉劝，却用的“两贤毋相厄也”这一句。若说“陈腔滥调”，也未尝不可；究竟“运用之妙，存乎一心”。这些都给我留下深刻记忆。抗战胜利后，南京玄武湖展出一只活的大玳瑁，《世界日报》记者拍发电讯，却错做“大乌龟”，他便去电质问说：“人皆玳瑁，我独乌龟，何也？”文字诚然精练，但不免为一般人论怪，这也许是学魏晋六朝小品入了魔了。一笑！

（9）他没有什么嗜好。贫困时，当然讲不成享受；及至经济条件不错了，还是不会讲享受。1931 年从欧美考察回来，在海轮上，一个外国人问他：可抽烟？可喝酒？可爱赌钱？可爱玩女人？他一一做了否定的回答。那个外国人就说：“那你为什么活着？”这自然是极端的资产阶级个人主义的思想了，然而他却不能不受到震动。别的不容易学会，就开始学抽烟。尽管抽烟抽了好久，姿势还极不纯熟，一看就看出不是“老枪”。后来抽抽戒戒，不知现在还是“一支在手”不是。他业余最大的乐趣，是和朋友聊天。有时也爱吃小馆子，吃馆子还是为了聊天。听说有一年在香港，他和新闻界两位朋友一同上饭馆，端上菜来，每一样都只有两个人举箸，另一人却“作壁上观”。原来那两位朋友一个不吃鱼虾，一个不吃鸡鸭，他却又不吃猪肉。为了调和气氛，就又添了一盘炒鸡蛋，这才皆大欢喜。他不是禁忌，只是习惯不喜肉食；却也吃点香肠，要吃热的，不吃冷盘；顶爱吃的是蔬菜。尽管自己不吃的菜，倒也不反对别人吃，有时还很欣赏。除了后来他对汽车有特殊爱好外，在生活上，我看他还很像个清教徒哩。

1979 年 6 月 4 日，北京

（选自张友鸾等：《世界日报兴衰史》，重庆出版社 1982 年版，第 1 页）

三、萨空了与北平《世界日报》、《世界画报》及上海《立报》、《香港立报》

萨空了（笔名“了了”）（1907.3.26—1988.10.16）于1927年开始在北京从事新闻工作，先后任《北京晚报》、《世界日报》编辑、记者，《世界画报》总编辑（至1935年）。1935年9月20日，成舍我在上海创刊《立报》。当年11月，萨空了应《立报》创办人成舍我之邀赴上海《立报》工作，先接编副刊《小茶馆》（此前《小茶馆》由吴秋尘主编），于11月1日在该副刊“点心”专栏上发表了第一篇文章《向“下”走的告白》，阐明为广大群众服务的宗旨。《小茶馆》每天发表读者来信和他以“了了”笔名写的时评及杂文。文章针对人民群众关心的问题，褒贬社会现象，揭示社会黑暗，反映群众疾苦和意愿，受到读者的热烈欢迎。

1936年9月20日，是《立报》创刊一周年纪念日，为此《立报》特出专刊，公开在版面上总结了一年的工作：褚保衡总结了采访部的工作，恽逸群总结了有关国际新闻的报道，张聊公总结了文艺副刊《花果山》的工作，谢六逸总结了副刊《言林》的工作，萨空了总结了《小茶馆》的工作，严谔声总结了经理部的工作。萨空了还就整个报纸一年来的工作做了总结，并对下一年的工作做了展望。从这以后，成舍我把《立报》的整个工作交给萨空了负责，萨担任该报总编辑兼经理（严谔声担任总经理）。

1937年9月20日为《立报》创刊两周年纪念日。该报当天出纪念特刊，为此增出4个版，增刊的通栏报头是“立报二周年纪念特刊”，下面发表了一篇《纪念弁言》，接下来发表了各界著名人士如胡愈之、钱亦石、张宗麟、金仲华、钱俊瑞、沈兹九、沙千里、姜君辰、石西民、王达夫、孙冶方、沈志远、周剑云、欧阳予倩、骆耕漠等人的文章。

与此同时，副刊《言林》也在它那小小的篇幅中出了个两周年特辑，刊登了巴金的《我祝福立报》、邹韬奋的《同道相知》、屈轶（王任叔）的《祝福立报两周年》。副刊《小茶馆》则刊登了“一桌茶客”给“了了先生”

（萨空了）的来信，题目是《论两年来的〈小茶馆〉——七人座谈的结果》等。

1937 年 11 月 13 日大上海沦于日寇之手。11 月 20 日，日方又向公共租界及法租界工部局提出取缔租界中共及抗日分子的活动。在这种情况下，11 月 24 日，《立报》被迫在当天头版发表停刊启事，宣告从 11 月 25 日起将停止发行，并请读者到发行科退回所余的订报费。当天一版还发表了《本报告别上海读者》的长文（从一版转到二版，又转到四版）。这一天《小茶馆》副刊的“点心”专栏也发表了“了了”（萨空了）的《最后的希望》一文，希望民众“永远继续奋斗下去”。

1937 年 12 月 24 日，萨空了被迫离开上海赴香港。

1938 年 4 月 1 日，萨空了在香港创刊了《香港立报》。《香港立报》的总编辑、总经理都由萨空了担任，连“发行人”也是他（按照香港惯例，“萨空了”名字每天印在该报报纸的报头下）。

《香港立报》的版面编排，基本上和上海《立报》相同。在报头安排上，一版上方中央是报名，“立报”两字中间夹着“香港”两字（由萨空了题写），以示与上海《立报》相区别。在版面内容上，一版仍然是要闻版；二版上半版是国内新闻，下半版是副刊《言林》（由茅盾主编）；三版上半版是本港消息，下半版是副刊《花果山》（由萨空了兼任主编）；四版上半版是国际新闻，下半版是副刊《小茶馆》（仍由萨空了主编，还是刊登读者来信和萨写的杂谈及时评）。

4 月 1 日《香港立报》创刊号上，在一版发表了发刊词：《继续我们在沪的精神——为拥护民族福利而奋斗》，文中宣称：“《香港立报》在经济方面，虽然和上海《立报》是两个不同的独立组织，精神方面却完全一致。”二、三、四版的各版副刊主编也都在创刊当天的版面上发表文章，开宗明义，各自述说自己办副刊的打算和计划。如茅盾在《言林》版发表《献词》，萨空了在《小茶馆》版上发表了《新张的话》等等。

《香港立报》与上海《立报》经济来源虽不相同，但宣传方针完全一样，而且更趋进步。它宣传团结抗日，提倡民主自由，还刊登文章介绍陕北延安抗日根据地的情况，宣传共产党的主张，反映共产党的声音，发表有关共产党的独家新闻。

《香港立报》是由中共香港办事处（由廖承志、潘汉年在港主持）出资三千元港币创办起来的。据萨空了后来回忆："我离开上海时，并未想到要在香港再办《立报》。《香港立报》的创办，完全是由于救国会的同志们的支持，中国共产党的帮助，以及广大读者的要求和宣传工作的需要才匆忙决定的。因此各种条件都很差，编辑力量也很紧张，我既是总编辑又主编《小茶馆》，还写评论稿等。那时的生活节奏非常紧张，但由于没有辜负大家的期望，心情还是愉快的。""《香港立报》创刊时原上海《立报》社社长成舍我不在香港。因此我用共产党的钱办起《香港立报》这一情况他并不知道。而他在汉口和国民党的关系进一步密切，我也不知道。及至成舍我来到香港以后，我们两人一交谈，才发现，我们两人各自向不同的方向前进。成舍我知道我接受共产党的钱办报后，半开玩笑半正经地说：这也不错，你拿共产党的钱，我和国民党交往，正好左右逢源。""事情当然不会是这样。"［引自萨空了《我与〈立报〉》（萨沄执笔），原载《新闻研究资料》第25～30辑；又见祝均宙、萧斌如编《萨空了文集》第64～65页、第71～72页（上海科学技术文献出版社2002年版）］1938年8月，因与成舍我在政治信仰及报道思想上的分歧越来越大，萨空了向成舍我提出离开《香港立报》，成舍我当即同意。此后接替萨空了的是《世界日报》的老同事、成舍我的同学吴范寰。

附：

《立报》简史

上海《立报》于1935年9月20日创刊，日出4开4版（1937年1月1日，《立报》改出4开6版；当年8月14日起又改出4版）。当天《立报》

创刊号第一版刊登发刊词《我们的宣言》；第二版创刊小评论专栏《言林》，首载主编者——复旦大学新闻系系主任谢六逸所写的《开场白》；第三版创刊《花果山》副刊；第四版创刊《点心》副刊，首载主编者——北平平民学院新闻系主任吴秋尘撰写的《“点心”上市》（《点心》以后改名为《小茶馆》，“点心”转为《小茶馆》的一个栏目）。上海《立报》到 1937 年 11 月 24 日出版最后一期停刊，前后办了“两年又六十六天”（见《本报告别上海读者》，载 1937 年 11 月 24 日上海《立报》第一、二、四版）。

《香港立报》于 1938 年 4 月 1 日创刊，总编辑、经理及发行人均由萨空了担任。创刊号头版、四版刊登了“发刊致词”《继续我们在沪的精神》。1938 年 9 月，萨空了离开《香港立报》，《香港立报》改由吴范寰接办，直到 1941 年 12 月“太平洋战争”爆发后停刊。

1945 年 10 月 1 日，《立报》再度在上海复刊，续出第 11 年第 1 号。社长：陆京士；发行人：严服周。该报起初以年份编号，从 1947 年 1 月 1 日起以创刊以来的总期数为序编号（其间错号颇多）。1949 年 4 月 30 日，《立报》出版最后一期后停刊。当天第一版所载《本报启事》云：“本报兹以经济困难，自（民国）三十八年五月一日起，暂行停刊。”

《立报》在上海、香港两地三度创刊，三度停刊，前后历时 13 年半，除去中间休刊时间，实际办了 9 年半时间。

《台湾立报》于 1988 年 7 月 12 日创刊，现仍继续出版。

谈本报的报头字

了　了

有一位西安读者曾写了好几封信来，对本报的报头字有所建议，他说本报现有的报头字，不很好看，希望我们改一改，且特为本报写了他认为可用的“立报”两字寄来，他的热心，当然叫我们非常感谢。

同时还有不少的读者写信来问我们《立报》两个字是什么人写的，他们全未写明住址，只说希望我们在报上答复。

今天我就在这里，谈谈本报的报头字并答复一下这几位读者。

本报的报头字，是谁写的这一个问题，说起来很有趣味。

本报在出版前，想到这个报头字时，大家都认为应当请一位名书法家写一写，想来想去，就想到于右任先生，他不但是书法在现在有相当的名气，并且他自己也曾经做过记者，所以就决定请他写。

我们找了他以后，他就写来了七八个，可是他自己对他写的那七八个“立报”，自己也不满意，他便到王羲之的拓墨中去勾了王羲之写的“立报”两个字一并寄来，叫我们自己检选。

我们选择了许久，也认为还是王羲之写的好，所以就决定用勾下来的王羲之写的两个字，那便是现在《立报》的报头字了。

这两个字说是如何好看，当然说不上，可是要说是如何不好，也似乎非平心之论。除此之外我们还有一个理由，不能应那位读者的要求而更换报头字，那就是报纸的报头字，等于商标，等于铺子的招牌，万无常常调换之理，所以我们对那位要求更换报头字的读者，除了感谢他的热心外，实没有方法可以应命。

此外我们还有一个意见，那就是我们以为一张报纸最要紧的是内容。能用正确的意识介绍正确的言论和真实的消息给读者，是比装潢精美而内容含有毒素的报要好的多，我们现在虽不敢说我们内容好，但我们是正在向这条路上努力，所以我们希望读者也能在这条路上来督责我们！

（选自 1936 年 4 月 1 日《立报》第三版副刊《小茶馆》）

我们需要的稿件

了 了

最近我收到许多寄来的稿件，都不能用。这样对于写稿子的人，当然是很扫兴，就是我这个看稿子的人，也感觉很失望，所以我决定在今天谈谈我希望能够得到的稿件。

本报所有的三个副刊，性质是完全不同的，《言林》注重文艺，《花果山》偏重讲故事，《小茶馆》的本意呢，是想向读者介绍有益的知识和使它成为读者发表意见的园地。在过去因为办晚刊的关系，《花果山》搬了家，《小茶馆》为了调剂不看晚刊的读者，曾有一个时期也刊载一些讲故事的稿件，现在《花果山》既已迁回，为了界限划清，就又不再刊载讲故事之类的稿件了，可是写稿子的人，大约是对这种情形不大清楚，所以还有人把讲故事的稿件寄来。

此外还有过读者写信来，问我们到底欢迎哪一类稿件，又有人来建议开一栏读者论坛。

我以为这都是因为他们没有弄清楚本栏的性质。

本栏的第一目的，就是想叫它成为一个读者发表意见的地方，我相信在上海、在内地一定有许多黑暗的情形为一般人所不知。我们的舆论能有力量来打破这些黑暗情形，所以非常欢迎各地和本市的读者把他们所看到听到的事、应当揭露的事，全都写给我们发表，这对中国也许可以说是一种建设工作呢！

此外我们还希望得到的稿件，是属于常识一方面的，科学的，历史的，各方面的都需要，不过最好是要时地相宜，比如在夏天谈冬天的常识，自然是不对。就是凭空来谈谈一种常识，也不免有点突如其来，比如有一条新闻说某要人得了一种病，这时候我们来介绍关于这种病的常识，自然可以叫一般人感到兴趣。以此为例，所以凡介绍常识务须注意到最好与新闻有关联。

不过因为《小茶馆》地位小，在最后我还应提出一个要求，就是稿子最好写的短，包括的内容多。我希望在写了这篇东西后，不再看见我看了失望的稿子，而希望篇篇能用。

（选自 1936 年 7 月 9 日《立报》第三版副刊《小茶馆》）

成功的捷径——送成舍我先生

了　了

为本报创办人之一的成舍我先生，在本报筹备时期中，同仁们因为他过去办报的经验丰富，就要推他负责主持一切，但是他因为在华北还办有报纸、学校，不能长住南方，并且他坚决主张，《立报》的总经理，应该能在上海久住，像他那样行踪不定的人，实不相宜。因此，几经磋商的结果，公推严谔声先生为总经理，而请他在最初创办的一年，代替严先生，执行总经理的职务。

到最近，一年的期限已届，他华北待理的事务很多，自七月一日起，已将总经理职务，交还严先生。

本报同仁因为成先生这一去要有较长的时期才能再来，遂联合公饯了他一次，在这个宴会席上，他曾谈了一下他办报的感想。

他说："我办报这许多年，到现在，我自己办的报，还没有一张能叫我自己满意。就以《立报》而论，社会对我们期望，是那样殷切，虽然我没有一天敢自暴自弃，但距我们理想的《立报》，还是很远。我每天看完以后，挑出来的错误，总不能完全没有。不过每一件事业，如果天天在那里自己不自满，求进步，那么，这件事业，将来总有成功的一天。"

不过他又说："我所谓将来的成功，就报纸说，却很难有止境的。因为别种事业，经过相当时期的努力，不但他本人，从此可坐享其成，就连他的子孙，也毕生吃喝不尽。譬如市面上什么老牌的仙丹灵丸，只要初创的人，经过相当努力，名誉做出来了，以后永远被社会信任为神效无比。报纸则不然，尽管尽过极大的努力，享过最大的声誉，但若一朝懈怠，或是背叛读众，这个报纸，是立刻即可没落的。所以别的事业，成功后就可享受，而报纸则天天在苦闷中，换一句话，也可说，报纸是永久没有坐享其成的一天。”

他这一段话我以为很可以介绍给读者，所以也就不避“在幕内喝彩”之嫌把它写了出来。

我很亲切的知道成先生他自己的确是一个能履行他“不断努力”的主张的人，他自己每天看《立报》的精神就不可及，每天从《立报》第一版第一字看起，直到第六版的最末一个字，比较消息，看错字，研究印刷是否有恶劣的地方，他能长年不断的这样做，此外他还管了许多营业方面的事。现在《立报》的基础已树立起来，许多职员工友在他的指示训练下已一切上了轨道，今后一定仍可以有进无退的努力，想起来过去树立这基础的困难，我们是不能不推崇他的。而严先生办事认真和一切苦干的精神，比起成先生，更可说有过之无不及。这样看来，《立报》的前途，我们或许不致辜负一般读者的期望，也未可知。

我十二分的相信，如果每一个人做事都能努力有恒，天下可以说就没有失败的事。我所以不避嫌的推扬成先生也就是为了在事实上，他这精神确可作我们的楷模。

（选自 1936 年 7 月 3 日《立报》第三版副刊《小茶馆》）

向“下”走的告白

了 了

从今天起本栏一切都有了点改变。栏目换了《小茶馆》，而《小茶馆》的地位则改称“点心”。长篇小说也换了一篇，还添加了劳动生活调查的“血与汗”。此外，仍想要添的有“苦人模范”等等。这种改变的目的，我想应当向读者申述一下。但这绝对和要人们的宣布大政方针不一样，因为我是想树立一个理想，请大家帮忙以求它的实现，并不是说一片好听的话，欺骗大众。

在本报出版后这一个多月的时光里，本栏收到了许多许多爱护它的读者寄来的稿件，思想和文字好的都极多，可是大半没能发表，这就是他们没有知道本栏的目的是什么的缘故。所以我今天决定先说说本栏的理想，叫热心帮忙的人，也可有个标准。

本栏的目的，绝对的希望，把它贡献给“上层社会的人们”心目中所称的“下层民众”。要努力于：以浅显通俗的文字，写出些有益于他们的进步思想和应具常识。

栏目所以改称《小茶馆》，就是希望黄包车夫也可以走进来坐坐，而不像某某饭店之类，叫苦朋友们走到门口，都不敢迈进去。并且还有一个有趣的原因，那就觉得只应该在《小茶馆》里卖“点心”，不应该将《小茶馆》装在“点心”里面。其余的像“血与汗”，是要叫他们认识自己的处境；“街头科学”，则是想灌输给他们一点普通常识；“苦人模范”，是要恢复苦朋友们的自信力，叫他们知道愈是苦朋友才愈有大作为，温饱安适之流，反没有什么希望；就是新换的长篇小说，也是想描写国破家亡的惨痛，与下层民众对国家破灭的反抗挣扎，以期给他们一点提示。此外，我还想在本栏内，做一些辅助识字运动的工作。

不过我决不信我们几个人所想到的一点，就已经是很完善的理想，所以我希望，凡赞助我们这向“下”走的活动的人，都能自告奋勇来助一臂之力。

最后我祈求，我这要求帮忙和为苦朋友服务的一点诚心，能为有知识的朋友们和苦朋友们所接受！

（选自1935年11月1日《立报》第四版副刊《小茶馆》）

奉答读者

了 了

最近我们收到了不少各方读者的信，给了我们许多的指教，同时这许多的来信中，也带来许多的奖励，叫我们为之非常兴奋。

我们觉得我们的工作并没能真的实现我们所有的理想，可是现在已经有人来嘉奖，这意外的嘉奖，怎能叫我们不感觉到社会上一般人是对我们非常宽大？我们为了答报这种同情，自更应当向前努力了！这几天寄来的信中，除了奖励的话以外，多半是谈到排版的问题的，有一位读者写信来说本报《花果山》中的小说《艺术之宫》，和《小茶馆》里的小说《王承恩》常常前后两版复印在一起，不便剪存。要剪存《艺术之宫》便不能再剪存《王承恩》，要剪存《王承恩》就不能再剪存《艺术之宫》，他希望我们给他想一个两全之道。所以今天起，我们就把《小茶馆》另改换了一个方式，这样，大约那位先生可以满意了。

另外还有一位先生写信来说，他是喜欢剪报贴存的。他喜欢贴存的是本报的副刊，可是本报的副刊《花果山》和《小茶馆》，正是背对背，他只买一份报，要贴起来，又是不能两全，故此他希望我们将《花果山》或是《小茶馆》调到上半版去。

他这建议我们也考量了，最后认为，还是没有用，因为《小茶馆》是七栏，《花果山》是六栏，一共是十三栏，可是本报一版只有十二栏，所以即或调一块到上半版去，也还是有一版要牺牲一栏。依我们想，本报并不太大，如果喜欢存报，其实不妨全存，这样存了新闻版，将来也还是有用的。

此外还有一位张文通先生给了许多建议，如题目字改用红字等等，也都很有价值，不过因为事实上的限制，一时不易办到。好在我们是决将这报纸献给大众的，我们决定勇往直前地努力下去，所以我们已将读者的信存起来用备参考。我们最后，要代《立报》向一切指教我们的读者致谢。我们愿他们时时想到这报是为他们服务的，如有意见即请写来，在可能范围之内，我们是没有不乐于遵从的！

（选自1935年12月17日《立报》第四版副刊《小茶馆》）

对读者期望的答复

了　了

最近我每天收到的信，非常之多。看这些信，每天要占去我不少的时间，可是，我不但不以此为苦，反而因此更叫我感觉到应当自奋。因为那些信，没有一封不是充满了同情与勉励，不由人不感动。可是这些信要叫我一一答复，本报每天只有这么一点篇幅，当然是很困难，所以我现在只好随时选择一封可以代表许多人意见的信，作一个总答复。这一点我要请所有写信来的读者见谅。

今天我就又拣了一位李一平君的信来作答，因为他的信中有几点意见，是别的读者也曾提过的。李君的信中先说他很满意本报，不过还有几点，希望我们更加努力。

他希望的是我们在第一版能添“时事解释”，以使读者明白事件发生的缘故。这一点我们已经在做，每天新闻中必须加以解释的地方，我们多半都加了附注。像前天关于新发两公债的新闻中，那些旧债券下面所有的原来的利率清偿日期，都是我们特别注出来的，编者为查那些东西，曾用去了一个多小时，我们所以那么做，就是因为不这么注出，民众不大容易明白政府所以要发这新公债的理由。所以我说李先生的希望，我们可以说已经在做。至于说要天天一定有一栏或多少地位的说明，我们觉得实在没有那么大的地方，而且是不是必需也是问题。因为一个天天看报的人，他们对过去的事多少有些记忆的，一定又要觉得过多的说明反而厌烦了。

其余的，李先生希望如在三版上多刊特写，这一点，我们当然要努力做去。现在三版有时已是除了特写、特讯外，并没有一条通讯社稿子了。《花果山》登些影界消息，亦已开始，不过我们却不愿谈什么个人的私生活，因为那于对方与读者都无好处，故此拟从艺术方面去谈。增加连续漫画，很不容易得一个意识正确，而又技巧好的人，故只好暂缺。职业英语上的字，因为怕新读者不知道，不能去掉。多登街头科学，以后倒可以试办。

我是一切坦白地答复了李君了。和李君有同样意见的，也请参看吧！

（选自1936年2月4日《立报》第四版副刊《小茶馆》）

报纸救国

了 了

前天我们收到了一篇从汉口寄来的挂号信，封面写："汉口江岸平汉路车务第三总段办公处钱缄。"拆开来看，里面是一位钱实青君寄来的稿子。他写的那篇东西，题目是《〈立报〉救国》。里面的大意说，现在中国可看的报很少。一些大报广告占的地方太多，而且满纸都是不关痛痒的话，报价又贵。至于《立报》，目前并无上述的毛病，只要省吃一根油条，已差不多够买一张《立报》的了。此外他还说了许多《立报》各版的长处，最后他主张，大家都来订阅《立报》。他说中国识字的人，大约至少可以有千分之一，只要他们都肯来订阅《立报》，天天去念一念给他们的家人和朋友听，他相信文盲的知识饥荒是非常大的，他们一定会转向他们的同伴们宣传，这样渐渐的可以叫文盲知道中国现在处境的困难。什么地方，已被人拿了去，什么地方，又将要被人拿了去，他们知道了这一切，心里决不会毫无感觉。这样，渐渐他们会感觉到前途的危险、团结的需要，那么不是由看《立报》就可以救国了么？

钱君的这篇文章写来之后，我们很想给他寄回去，因为我们不愿意在自己的报上来恭维自己，并且目前我们虽然得到了不少读者的重视，可是我们自己对自己的工作，并未认为十分满意。

继而我想钱君这个建议是很有道理的。我们不能因为不愿意受人恭维而牺牲了他的好的建议，所以我今天把他的文章大致重述一下，而特别多谈了些他的结论。

我们同意他的向民间推广报纸的运动，中国的弱，的确是因为国民的糊涂，而糊涂的原因，就是因为不知道看报，以致对社会国家完全不明了。

我们并不是说人人一定要看《立报》，我们希望能在各地都有抱了为国家社会服务为职志的人，在各地创办像《立报》这样的报纸——以贱价卖意识正确的报给民众看，那真是可以救国的。

如有人肯热心作这种报纸救国运动，自己办报，要介绍好报给人看，那就是我们的同志，我们愿意举起双手来欢迎他们！

（选自1936年3月5日《立报》第四版副刊《小茶馆》）

致外埠读者

了　了

前几天有一位未具姓名及详细住址的嘉善的读者，写了一封信给我们，先称赞我们有种种长处，说我们能以小的篇幅，供给大家以多量的知识，所以他非常爱护本报，并曾给本报做过义务宣传，但在最后，他却向我们提出来一个要求，那就是他希望在嘉善当天看见本报。

在嘉善当天竟看不见本报，这实在出乎我们意料之外，因为依我们每天出报的时间，凡是沿京沪、沪杭两路的居民，应当当天都可以看见本报，我们除了已关照营业部方面注意这件事外，因为我们没有法子写信给这位读者，所以现在就在这里答谢他的盛意，同时希望这位读者能更热心的再告诉我们他是直接订阅本报还是在嘉善的报贩手中零购本报的，以便我们设法改善。

我们不只是对嘉善如此，对各处也都是一样，我们都希望能时时由各地爱读本报的读者，知道本报在该各地的批发递送情形，以谋便利读者和扩张我们的销数。因为我们只靠营业生存的报纸，当然希望多销，同时我们也相信本报的多销，至少对社会并无损害。

但是批发递送报纸中间是有许多极复杂的情形的。我们曾由一些朋友知道，一般在火车上卖报的报贩，总是先卖大报，等到大报卖完了，才拿出本报来卖。这是什么道理？就是因为大报的售价高，他们愿意先卖，是因为多卖了大报，可以多赚钱。在这样情形下，如果不是读者知道本报，索买本报，自然不易买到了。

此外如在江西南昌，我们知道上海的大报销的很少，而本报也销的不多，可是他们即把本报的报价，抬到和各大报一般高，这种情形，都是我们意想不到的。

我们相信，这类意想不到的情形，在各地一定很多，所以我希望各地读者都能帮忙我们把各地本报分递上的缺点，一一写信来告诉我们，我们一定努力改善，以副读者的期望！

（选自1936年3月10日《立报》第四版副刊《小茶馆》）

《立报晚刊》今日出版

《立报》定户本月内一律赠阅，明日起开放一小部分地位容纳正当广告。《立报》自今日起，加出晚刊，篇幅比《立报》更小，定价比《立报》更廉。它的取材标准是注重“当天的”、“重要的”、“国内外随时发生的”事件，它与《立报》同样守着精编的原则，但要电专讯，仍求其灵确充实，借以满足读者的需要。

为优待直接定户起见，自今日起：（一）凡定阅《立报》者，一律附着晚刊至本月底止；（二）专定晚刊者，本月报费一律免收；（三）自四月一日起，合订《立报》及晚刊者，两刊报费均按九五折计算。晚刊报价如下：

零售：铜元三枚，一月二角五分，三月七角，半年一元三角，全年二元五角，外埠邮寄每月另加一角。

至于《立报》内容，除将《花果山》移登晚刊外（小说《艺术之宫》因系长篇未完，故仍留载《立报》，惟改入《小茶馆》版），其余同前，并无变更。新闻方面及一切材料，今后且更将力求丰满精美。

我们过去，因《立报》第一期日销十万份的计划，还没有完成，且限于篇幅，所以无论任何方面送来刊登的广告，我们均无法接受，只好谢却，尤其对于一月前许多为服务社会大众提倡职业教育的学校招生广告——如第一中华职业补习学校及中华无线电传习所等——我们也未能照登，更感到无限的歉憾！现在发行的初步目的，业已达到，而增加晚刊，篇幅问题，又相当得到解决。我们因此决定从明天起，将第四版地位，开放一极小部分，容纳广告，但淫秽、迷信、欺诈和一切不正当的宣传，我们坚决拒绝。并且我们可以向读者保证，今后并不会因开放广告，而影响到我们原有新闻的容量和纸面的齐一。

（选自1936年3月16日《立报》第一版）

迁移的声明

了 了

从今天起，《小茶馆》将有一度较大的改变，现在，我把改变的情形，在这里，为读者解说一下。

从今天下午起，本报的晚刊将正式产生，因为它产生，所以本报的副刊《花果山》，也就跟着乔迁过去。为了《花果山》的乔迁，本栏遂有了改变的需要。

第一，《花果山》的长篇小说，张恨水先生的《艺术之宫》，搬到了本栏里来。因为这篇小说，现在还未终了。我们不愿因为《花果山》的搬家，而要强迫着已经看惯了这篇小说的人去另看晚刊。

第二，因为《花果山》搬走，怕一些喜欢看点有趣味故事的读者，感觉到减少了兴致，于是本栏便决定改变一下性质，使他成为过去的《小茶馆》与《花果山》的合型。这也可以说是应读者的要求而出此，因为我们过去收到过不少说本报副刊过多的信。

第三，职业英语，也迁移到晚刊上去，因为我们知道离上海稍远的地方，便不能听到周椒青先生的广播，日报销行较远，使不能听广播的人看这基本字当然没有道理。晚刊，则上海读者，无疑的要占最大多数。

第四，本栏过去所有的“血与汗”，以后不再逐日刊登。因为“血与汗”我们已经载了一百多篇，各方面苦人的生活，也已报告了不少——“一二八”战争给他们的影响，在这百业萧条的现实社会中他们的生活之苦和在外人统制下的本市上，他们所受到的一些苛虐的待遇，大致都报告过了。有的读者曾写信来说这类文章很好，但是天天登，未免单调，所以我们现在就改为对这类稿件，必须有特别的事实的才再登。其余如“街头科学”、“大众常识”等稿，本来就是轮流刊登的，此后，也还是如此。

另外我们要增加的就是“花果山型”的稿子。不过我们对这类稿子，希望它有趣味，且须有新闻性，趣味还不能低下。今后的《小茶馆》就是这样的姿态了，我希望读者仍以过去的精神来同我们合作！

（选自1936年3月16日《立报》第一版副刊《小茶馆》）

答谢读者

了 了

因为我最近写过一次《致外埠读者》，这几天来，我收到的外埠读者的信，多得不得了。由这些信，我们知道了许多本报在外埠销售的情形，许多外埠读者对本报的意见，对于外埠读者的热烈爱护本报，我们是十二分的感谢。

我由那些外埠读者知道，沿着京沪、沪杭两路的地方，竟多不能看见当日的本报。依本报的编辑、印刷、发行各部分来说，和上海各大报比没有什么不一样。依理说，本报每天沿京沪、沪杭两路的地方当天都可运到，但是为什么不能叫各地读者当日看见呢？我们调查后，知道那责任全在各地报贩的身上。在他们中间，有的人故意不愿当日出售本报，以期他自己多得些收入。质问他们，他们则说本报最好再提早出版。现在我们已在努力将出版时间提前，以看是不是能达到叫沿两路居住的各地读者当日看到本报的目的。

不过本报的提早出版时间是有相同问题的，因为本报的采写、缩编、拼版形式都比其他的报费时间，可是我们现在决定排除这些困难，希望在最短时期内可以实现我们的希望。这是愿向外埠读者声明的。

至于我们现在向外埠读者寄报的包裹外皮，现在已改为可以包着整个报的大纸，邮戳再无打在报上的毛病，因为有读者问到这件事，我现在也就附带声明一句。

此外还有一件事，就是有一二位读者，他们能很细心的指出本报误排的字。这种关切本报的精神，更叫我们感激得很。

虽然报纸不能比书版，校对的时间匆忙，不能说没有错误，但鱼鲁豕亥，有时候可以使文义发生很大的不同，自然是一种缺点，今后，自也当努力校核。希望这种错误，能一天比一天少。

总之我们希望这个报能如大家的需要，合乎大家的期望，虽然有许多困难，我们也决心努力去战胜它，同时也希望读者的爱护本报，也能永久像现在这样！

（选自1936年3月23日《立报》第三版副刊《小茶馆》）

谈办报

了 了

许久不看北方的小型报了，前几天承北平《实报》的主人管翼贤君，寄来了他办的几份《实报》给我，才算又看到了我阔别已久的北方小型报了。

我随意翻阅他寄给我的报纸，在其中发现了一段社评，是表示他们对中日交涉的主张的。大意说：日本应认中国是主权完整的国家，他有最高的政府，重要的问题应向政府交涉；两国会商应于平等的立场上。其主旨大约是反对华北问题的就地交涉。在北方的报，能有此表示，自属不易，也就因为我看了这一段话，遂使我不禁想起了报纸所肩负着的使命的问题。

我在北平教书的时候，曾经和一些学新闻学的同学说过，在今日的中国中做新闻记者，是一件再苦不过的职业。不但是以夜为日生活极苦，报酬不丰，并且依其环境来说，也是最难应付的一种职业。

干别的职业，抱“但求无过”的目的就不失为一个好职员，做新闻记者但求无过是不行的。因为他对外担负着代表民众意见的工作，对内又担负着唤起民众的工作。做这两种工作，如果环境顺利，还不算太难，但是偏偏记者的环境绝少顺利之时，尤其是在中国现在这样的国家里。

像现在的华北，外力在一切事件上都有大影响的时候，你想代表民众说几句当然是不容易。可是要不说，那这个报纸就成了顺民报，办它还有什么意义？

再如现在要做对内唤醒民众的工作，这种话说来，不免有的地方要批评一部分人，这样当然也就得罪了一部分人。这一部分人也就要和你为难。你如果怕人家来找你为难，八面全都不得罪，这个报也就无法办了。

在这样的环境中办报我说它是一件最难的事。我想读者一定是可以同意的。

所以现在我希望读者对报纸要抱着绝大的宽恕的心。而我们办报纸的人，尤其是办小型报的人，因为和一般普通民众太接近的关系，更负起来对内对外都不辱使命的责任。我们应当有宣教士的殉道精神，同时也希望读者肯给我们以像对殉道的人一样的同情！

（选自1936年4月18日《立报》第三版副刊《小茶馆》）

请读者谅解

了 了

前天本报载：美国共和党的国会党团发布了一种名字叫“罗斯福的恐怖主义”，攻击美总统罗斯福钳制言论出版自由的做法。

在现今这个世界上还要反对统制新闻，当然应当说他们不识时务：因为要达到一种目的，想防止反动分子捣乱，统制新闻，自有必要，所以苏联也和意、德一样的统制新闻。

不过统制新闻的手段要高明，必须一面达到统制的目的，一面也不妨害新闻事业的发展。(以下“开天窗”，被删——编者注)

（选自 1936 年 4 月 27 日《立报》第三版副刊《小茶馆》）

我和我的读者

了　了

在我现在的生活中，没有一点余暇，没有一点娱乐，每天、每周、每月都是除了睡眠之外只有工作，甚至和朋友往来的时候都没有。这情形大约叫谁说，也一定以为是单调而枯寂了。不错，我的生活是单调而枯寂，可是我过这生活，也有我的报偿，那就是一些读者们给我的慰藉。

前几天我写了一篇《我们这一行》，述说一个读者指责我们报纸中的空白（即“开天窗”——编者注），接着我就收到了许多安慰我的信，说“我们都知道那空白的原因，你不要灰心”。这种关切，请问谁接受了能不感动?

此外还有许多许多的读者写信来问我的真姓名，问我的住址想来看我，他们把我当作了一个有益于他们的朋友，这些信自更叫我不敢不兢兢业业的在我的工作上加倍努力。不过我对于这些问住址姓名的读者，我却都叫他们失望了。我没有一一回复他们，我十几年来做记者从不愿别人说我职业；写文章，换一个地方一定要换一个名字，这与其说是不好名，我宁说我对自己写的东西没有自信心，为规避人家对我的指摘，所以才这么做。

为了这习性，所以我遂决定不告诉我的读者我的姓名，并不愿意和他们会见，这当然也还因为我不愿动劳他们来，同时也因为我实在忙，希望能少用一些时间于和人晤面上。不过我对我的读者，自信在精神上隔离着并不远，他们给我的信我没有一封不仔细读过，我由他们处得到的益处也很多。同时我天天需要写一段我每一天的最主要的思感，他们看后，一定可以知道我对一些事是如何想的，所以我说他们和我在精神上的距离也很近。

我常常为了这种情形而自己思索，由思索而断定——人类实在是最富于与同类合作精神的动物。我和一些读者并不相识，只是为了一些思想上的联系，竟能彼此如此互相鼓励、信任，如果是关系再深一点的，不是更可以不成问题的联合一致么？但是不幸，现在社会上的情形不是这样，同隶一个派系的不但不合作，竟要怒目相向，这是为什么呢？大约是因为他们不能像我和我的读者，完全忘了“个人利益”的关系吧。

（选自1936年6月20日《立报》第三版副刊《小茶馆》）

谈转载稿件

了 了

最近我改了好几位热心爱护本报的读者寄来的信，报告我关于华北、华南各地报纸转载本报所刊出来的各项稿件的事。

其中最热心的一位是北平的伽尼君，他连着写来两封信，并且还剪了那转载本报稿件的报纸寄来。

不过这些读者，他们中间还有人不很明白那是在我们的报寄到了华南或华北后而由那些编者先生们用剪刀一剪就发排的情形，所以遂有人提出来这样的问话，是不是写稿子的人一稿两投？

这真冤枉死了给《立报》写稿件的人，我今天所以想来谈谈这问题，也就是为了要替给本报撰稿的人辩诬。

我希望读者首先注意刊载的时间前后，这样一定可以看得出来，他们是在我们的报纸寄到了之后，才动剪刀剪下去付刊的。撰稿的人一定不会在华南写了稿子，又誊一份寄到华北去卖，或是在上海写了稿子，又誊了华南、汕头等地去。

为此，我遂也就想请剪本报稿件的南北各报注意，那就是读者多半是欺骗不了的。

不要以为自己所在的地方是一个小城市或是自己的报是一个销不了多少份的报，就想剪本报不会为人发觉，因为我们的报，自信比较还是能输入小城市去销售的报。所以他们剪下后的就占为己有，一定叫读者反感。

所以我为他们打算，他们许多报摊转载本报，与其像这样偷偷摸摸叫读者发觉，还不如干干脆脆，就写出来转载《立报》，倒堂皇些。因为向乡村的读者介绍本报，反应不能算是坏事，注出来转载《立报》，也许反可以叫读者更对该报的注意本报而有好感也不一定。

现在我知道有几个地方的报在剪用了本刊的稿件后，还加注上某人某人自沪寄的事件，这实在是太不应当了。这样可以叫一个撰稿人不但得不到他应得的尊重，反可使人怀疑他，不是太对不住他了么?

所以我现在敬请剪用本报稿件的人注意一下此事，最好是注出转载字样，我们向来相信好稿子多登几次无害于人，我们并不一定要阻止，可是目前的转载方式，我们却要反对。若再如此，我们就将在各版上印上翻印必究了。

（选自1936年7月10日《立报》第三版副刊《小茶馆》）

版面变动的补充说明

了 了

从今天起，本报又有了一些新的变动，这变动，已在今日第一版中的启事中说明了，但是因为第一版地位有限，不能多说这变动的详情，所以在这里我再来补充几句。

我们所以要把五版的报头取消，一方面是因为最近曾有读者告发，有人拿那半张版，在街上零卖，同时我们也感到那三栏地位可以省出来，多刊一些有益读者的东西。现在省出来的地位，是用于增加经济栏了，这样除了固定了金融行市地位之外，还使我们有了报告经济消息的确定处所。并为了使大众对中国经济现况有正确的认识起见，自今日起特请章乃器先生在这经济栏中，逐日为我们写一段“经济讲话”，就日常的现实题材，为大家解释经济真义。章先生是今日有名的中国经济学者，我想读者对添加这一栏当然要感到很大的兴趣。

此外，关于本报的评论，在最近一个多月中，只刊登过一两次，有许多读者为此写了不少的信来，问我们为什么评论不逐日刊登，是不是因为有什么畏惧而取消了，这实在是一个误解。

过去评论之间断，完全是为了篇幅的关系。评论，我们极想把它刊在第一版第一栏，可是西南时局紧张后，国内消息太多，每每评论已经写好却被新闻挤掉。这种情形，我们编报的人所感到的难过，自信是不亚于读者的。所以我们无时不在想如何可使评论照旧能够逐日刊出，经过了多日的试验，我们知道希望在第一版固定这一栏地位，的确是太难了，一定勉强，必须牺牲新闻报道，这在我们良心上也不许。所以我们终于决定了，把评论改于第二版，一面使我们对各方面所要说的话有发表的机会，一面也不牺牲我们应当报告给读者的新闻，我想读者一定也会很赞同！

至于五版上平常时时刊载的人物锌版，以及新闻铜版，以后则拟于必要时改刊文内。所以这一次变动，只是节省了不必需的地位增加了新的内容，敬请读者注意！

（选自 1936 年 9 月 1 日《立报》第三版）

谈编报

了 了

包天笑先生今日写了一篇《“书寓”与“书店”》给本栏，因为包先生这篇文章，我也有点感想，想谈一谈。

包先生指出来日本报的误译“书寓”为“书店”，并指出来中国报把那日本报的误译一点也不加细索的译回来。这种错误，就报人的立场说，我们是没有资格笑他们的，因为我们不敢说，我们的报纸上没有比那“书寓”误译“书店”更重大的错误。

编报纸不是著书，无心的错误在所难免，因为编报不能有很从容的时间，多半是在很匆忙的时间中编成，虽然是极普通的常识，也会因为匆忙而弄错，这是随处皆是的。翻开任何的报纸，说它一定不会有错误，这是谁也不敢担保的。

在现在中国报馆的环境中说，一个报社中的编者肯辛勤的努力于他的工作，并肯费时间于“参考”，那样纸面上的错，就可以少一些，也不会没有，因为中国第一参考书籍就不完备，报馆搜集的参考书自更不完备。我自己撰稿时，就尝过这种痛苦，对一件事明明非常怀疑，想找一本参考书证实它，但是想一想这类参考书中文的就没有，外国文的书，馆中因为它用处少而未备，于是在深夜中，彷徨半天只好还是照样介绍给读者。所以我也可以说是在为自己求恕。以为像这类误译，或是不查而更误译起来，读者都应曲予原宥。因为编报不是著书，不能十二分精细。

不过像包先生所举出来的误译而加添恶意的材料进去，这却是万万不应当，我们同业应当起来鸣鼓而攻之。

“书寓”误为“书店”，于是他就想起来，“诬蔑中国共产党多，中国共产党多就是中国没有秩序，应交国际共管，或是由该国代管”的一套旧把戏，而说什么左翼刊物充斥，这种人的心是可诛的。

不过外国人在中国办报为什么呢？其作用也就是在得了机会，就加上些恶意宣传以中伤中国。所以我说中国当局现在要注意报纸，第一就应先取缔这些恶意外报，对国内报纸放松些并不要紧。

至于一些专门看外报而信外报的中国人，我也希望他们能多看两遍包先生的报告，而明白人家办报，不是专为给他们报告中国报不能刊登的消息的！

（选自1936年9月6日《立报》第三版副刊《小茶馆》）

再谈编报

了 了

我前天收到读者胡道静君的一封信，今天已刊在下面了，这封信是我所读到的读者来信中，最能体谅编报人的了，最后他提出来的那些要求——希望不断更正错误了的报道，自也是一个很可注意的要求。

我们对他这个要求取什么态度呢？我今天想略谈一下我个人的感想。

对于胡君所要求的更正，我们是可以办得到的。而且本报可以说已早在这样做。比如桂代表刘维章，我们第一天刊载时，用的是刘为章，第二天我们发觉用“维章”的多，就在第二天更正了，说昨天报告的刘为章，大约应当是刘维章对。

以后如果我们能再证明还是“为章”对，我们也可以更正，因为这一个人过去是并不十分知名的，我们尽了我们的能力。希望以我们自信是正确的一切，报告给读者，在我们的责任上是可以说得过去了。

不过今日报人有的时候虽疑惑某一件事实，但不只不能在当时证明，并有的时候证明了而不能更正，这才是报人的真正痛苦。

在现在世界上已经布满了各国的统制新闻网的时代，我几乎时时在想，将来的历史，是不是可信的问题。

现在有许多事实都不能在报上刊载，将来的历史，能够记载比报纸更真实的事么？

这种材料到什么地方去寻？

历史都没有一定可靠的可能了，我们做报人的要做一个忠实报道的人自然是更难得多的了。

不过我们现在是仍在努力，在不可能中求我们可以报告较近真相的新闻。我们这种苦心也许有的读者可以知道，有的则忽略过去。

举个例子吧，有许多消息我们为什么一定要注上据某某通讯社？这决不是毫无道理的，今日的读报者必须能从这类地方领会才能得到一些真相。

谁叫我们生在这个时代呢？我们“报人”，是只有希望读者都像胡道静君一样，是“细心而肯宽恕人的人”之一途了啊！

（选自《立报》1936年9月9日第三版副刊《小茶馆》）

附：

建议多多更正，因为由此可使报纸进步

胡道静

了了先生：

前几天《小茶馆》里的论题，谈到了编报的问题，我也有一些意思想申述。

“精详”与“速捷”之难以兼顾，是报人最切肤地感到痛苦的事情。了了先生说：“虽是极普通的常识，也会因为匆忙而弄错。”这真是常有的事情，我可以举一个例：有一次报上记载上海浦东要通行市内公共汽车了，该路线长三千一百二十七公里——这实在是闹了一个骇人的笑话，即使是从上海到迪化（新疆）也不过三千多公里，那么上海的一条公共汽车的路线哪能有那么长？这原来是从“三·一二七公里”错了来的。可是我们就把这种事情当做笑柄么？不能的。因为我还看见了别的事情。

有一回，一个学会开成立会，许多报馆的记者们在里边采访新闻，他们得到一篇文稿，是很重要的，而稿子相当的长，就赶快地抄。他们只顾往下抄，绝对没有时间看看已经写的有没有错误，并且一面还要留神会场里的情形。第二天看报上登载的这个文稿，果然有好多的错误，然而我有什么好的理由苛责他们呢？我是看见他们那种执笔如飞、耳顾八方的匆促情形的呵！又一回，是在一个演讲会里，也有新闻记者在记录，那位主讲者声音比较的轻，而讲的问题也比较的复杂，我自忖叫我来记录，我是没有办法的。后来报上发表的记录，当然是错误与脱节很多。此种“公共新闻”，采访时已不免错误如此，别的当然更要难。

了了先生又说到报馆里置的参考书不完备，照我说，即便是完备的，也不容许您有充分的时间去查考，像您在著一本书的时候那么裕泰的。

但是，不愿意错误的心理，报人是同我们读者一个样子的。我的亲友有几位是在报馆里担任编辑的职务，他们每天上午（也许是在下午吧）醒转后

的第一件事情，就是拿起当天的几种重要的报纸来细看，看看自己在昨晚至今晨那一段匆促时间中所编的新闻有没有疏忽的地方，看看别个报纸上同一新闻的编排法如何。啊，他们求上进的心与不愿错误的心，不是十分真切吗？然而那不愿造的错误还是在永远的“匆促的环境”中不断地造出来。

天笑先生说：报纸因为互相剪用，不久就可通行全国，所以主张“新闻上的错误是不能免的，但既觉察了错误，是应该截断它的蔓延性”。其前方是非常真确的事实，而后面的主张我觉得我们都该举手赞成。现在的报纸，似乎只肯在造了较大的错误后，才会来一个更正（其实此时无须自动更正，一定有当事人来函请更正了），而无关大局的错误，辄抱过了就算了的态度，不知道这错误也会如同病菌一样的蔓延传播呢！了了先生，如果发觉错误后，不问大小，能够随时认真地更正，并且把致误的缘故坦白地公布出来，这在报人本身的“能力训练”上，一定会因相互交换经验而有很大的帮助呢。报纸或因篇幅之故，不愿这样做，但是截断错误的蔓延性，实为职责所在。我以为这是不能够用什么好理由来逃避的呵。祝好！胡道静谨启。

（选自1936年9月9日《立报》第三版副刊《小茶馆》）

继续我们在沪的精神
——为拥护民族福利而奋斗

（《香港立报》发刊词）

萨空了

《香港立报》，已在此存亡危急间不容发、中华民族遭遇空前国难的最严重时期，开始于即日即地，与广大读众相见。每一报纸，当他创刊的第一日，例有宣言，向读者阐明创业的意义和未来的期待。但《香港立报》，在经济方面，虽然和上海《立报》，是两个不同的独立组织，精神方面，却完全一致。上海《立报》于中华民国二十四年九月二十日创刊时，曾由创办人成舍我先生写过一篇《我们的宣言》。及到去年（1937 年——编者注）十一月二十四日，复因《立报》不甘为顺民起见自动停刊，全体同仁发表过一篇《告别上海读者》。这两篇历史性的文字，就完全代表上海《立报》的整个精神，同时《香港立报》的精神，也就包括在这两篇文字范围以内。在这两篇文字中，我们主张：

积极的，对外求中华民族的独立，对内求民主政治的实现。消极的，我们决不屈服，不苟全，遇到必要的时机，是不惜一切牺牲，以坚定我们的立场，也就是坚定我们中华民族的人格。

办报，是实现主张的方法之一，而《立报》，就是我们推行这种方法的工具。我们认定，人人读报，可以增进本身对于国家的认识，报纸大众化，在《立报》是最被重视的。《香港立报》和上海《立报》的精神完全一致，所以，在此创刊的第一日，我们除将上海《立报》的精神，作一简要申述外，我们创业的意义和未来的期待，实没有再行重说的必要。

不过因时间和地域的关系，《立报》在香港出版，还另有两种特殊的观感，应向读众声明。

首先，我们不否认，报纸是一种企业，这种企业的成功，需要时局安定，社会繁荣。在此强敌侵扰、举国骚然的时刻，任何新企业的发达，当然都会要遭遇重大的困难，我们并非不知道这些困难，所以仍要下决心在香港创造一个《立报》在于：第一，我们认为全民动员，大众化报纸的增加，实在比增加几师生力军，影响还大；第二，我们认为长期抗战，要使我们国家的组织健全，最好是不问敌人如何摧残我们一切的生产事业和文化机关，我们还应该各人依着各人固有的职业，继续努力。做工的照旧做工，教书的依旧教书，像我们这些本来以办报为职业的人，还依旧办报。如此，各安其职，后方安固，才可以争取我们长期抗战的最后胜利。由此两个目的，所以“时间”尽管于我们的创业不利，我们仍然要执着不熄的火炬，冲锋！前进！

至于上海《立报》停版后，我们为什么将出版的地方，选定香港，第一，在现阶段，香港不仅已成为中国国内交通的枢纽，并且在上海陷落以后，也同时成了中国对世界交通的枢纽，而因交通形势转变的缘故，文化、经济在香港的重要，也立见增高。要使一种大众化的报纸流行普遍，这个交通总汇的香港，就被选作我们出版的目的地。第二，华南数省和整个中国，因语言风俗的扞隔和粤汉路未通车前交通的困难，我们不能否认，过去还有许多未能彻底熔成一片的弱点。但华南数省——特别是拥有二二三八四四方公里、三二八四二〇〇〇人口的广东——在近百年来对于中国的创造成长，实在有过绝大贡献。即就报纸而论，中国报纸业史上，出版最早的报纸，都在香港。所以我们在香港创刊，我们一方面愿意尽力发扬华南固有的特长，消除过去一切不必要的隔阂，来增加我们的抗战力量，一方面，我们还愿意追随最有光荣历史的华南各先进同业，来共同完成我们民族独立、民治实现的目的。

我们的能力是很薄弱的，未来的贡献，自未敢估计过大，但“读者有其报”是我们一向从事新闻事业最主要的信条。在此国难严重时期，我们愿郑重声明：在同一目的之下，来尽量接受读者的指示，我们将永远做我们广大读众最诚恳的忠仆，来补救我们能力的缺陷。

（选自1938年4月1日《香港立报》创刊号头版）

新张的话

（《香港立报》副刊《小茶馆》发刊词）

了　了

《立报》在沪出“最后一版”的时候，我曾在《小茶馆》中写了我《最后的希望》。我说：“盼望很快的我们能够卷土重来，如果短期内这一点做不到，在其他可以叫我们努力的环境中，我们还是要去继续努力。”现在《香港立报》发刊，我们算是履行了后一点。

在上海，《小茶馆》为了读者的爱护，它有过一些很光辉的历史，它成为上海大众讨论各种问题的中心场所。今天本栏下方刊载的竞文君的文章中所给予的赞许，在我看来当然是有点过于夸张，不过它对社会确曾有过影响，这一点我也不想为了表示我的谦虚，而完全抹煞。

只是我要特别声明，过去那一点点成绩，的确一大半是属于读者的。在去年九月二十日，《立报》两周年纪念时，我曾说，我对《小茶馆》，确实只像是一爿茶馆中的老板，我只为茶客们备办了桌椅与茶水，叫他们可以藉我的帮助得到谈论一切问题的方便，至于茶客们在我的茶馆中，讨论出来多少对社会国家有伟大的贡献的结果，那是不能写在我的功劳簿上的。

也就为此，在今天我又在香港来开这爿茶馆的时候，我第一要说明，今后这一个茶馆能否继续着对社会国家有些贡献，至少有一半责任，在今后本栏读者的身上。我所以第一天就在下方把竞文君的文章发表，也就因为他是一个老茶客，对这个茶馆的建议，我想应当早点叫华南的新茶客知道，以期大家共同来为这个新茶馆捧场。

在香港住下来两个月，我知道华南同胞的吃茶习惯，是比北方的同胞们要普遍得多，我希望他们也能把我开的这一爿茶馆，当做每天他们要上的茶馆一样，能够很热情的爱护，帮助它发扬光大。

这个茶馆决无“莫谈国事”的揭帖，反之且鼓励大家作上下古今谈，愿意畅谈的朋友，请都到这里来。

（选自1938年4月1日《香港立报》创刊号第四版副刊《小茶馆》）

附：

建议三点，希望增进华南抗战力量

竞　文

了了先生：

流浪到香港，在皇后大道上走，看见了过去在上海天天必看见的《立报》两个字，这种惊喜，是比我在异国遇见一个熟习的朋友还要增加十倍的。我冒昧的走进了门，询问这是不是还是在上海办《立报》的人办的《立报》。由此我知道了《香港立报》将在四月一日发刊，先生也已到了香港，并将继续主编《小茶馆》，这更叫我喜欢。

在过去两年多的时光中，我把《立报》当做我的导师和亲密的朋友。我从它得到了许多的知识，它叫我认识了这个世界上的一切，我个人的思想因为它整个的发生了变动。每遇大事，我自己不能分析判明它时，我总在《立报》上找到我需要的指示。尤其在《小茶馆》中，我得到了许多我在学校中未能得到的知识。它所谈的一点不深奥难懂。不仅是不难懂，并且很合时宜，很有兴趣。常常是社会上有一个较重要的问题发生时，它便提出来讨论了。为了这个所以它极能吸引人，也就为了这个，所以在《立报》停刊之后，对我像死了我一个挚爱的导师、一个亲密的伴侣。现在我知道了《香港立报》的即将出版，又知道了先生将继续的来负指导大众的责任，我觉得我有写封信给先生表示我欢迎的义务。

记得在我闯进香港贵馆的门时，我在心上曾有过一刹那间的失悔，我怕我的絮絮乱问，会引起贵馆同仁的厌恶，但是结果并没有。这一个经验也鼓舞了我写这一封信，我想先生也许不至于厌恶一个读者向你表示他的快慰吧？在香港，我已经住了一个多月，这一个多月叫我深深地感到了它比上海，更需要有人做宣传、组织的工作。所以在表示了我对贵报发刊的欢迎之外，我还想有三点建议，希望先生注意。

香港的文化水准比上海要低，这是香港的同胞们亦不否认的事，为此我想《小茶馆》的任务，也就更重大。报纸讨论与大众有切身利害关系的问题，这里更是很罕见的事。先生如能鼓舞起来港中同胞对这一方面的兴趣，一定会有很大的收获。不过这种希望是很不容易达到的，我盼先生能本着在上海唤起读者注意时事讨论的精神与经验，继续奋斗，以期在香港的同胞中也造成这样一种空气。

再则是华南的贫苦大众，他们是在各方面的恶势力压迫下讨生活。我记得《小茶馆》在华中是以肯代表大众鸣不平、不畏恶势力著名的。这一点精神我也希望先生能够叫它越加发扬，藉使华南民众因为有人肯替他们申诉，而减轻一点压轧。

第三是华南民众间抗战空气的不够，已为大家公认的事实，今后应怎样推动民众抗战，我想也是《小茶馆》的责任之一。不过最后的一项，我以为是要靠了前述两项有了相当成就以后，才能有效的。因为不提高民众文化的程度，不叫他们明白世界国家大势，他们自不会感到目前抗战的重要。尤其是如果劳苦大众的生活没有改善的希望，而只督责他们应该爱国抗战，更是不易成功。

以《小茶馆》过去的成就，我知道用不着我多饶舌。先生对这些问题，一定都有了很好的安排，然而一得之愚也许不无可取之处，所以写来希望先生教正。

你的读者

竞文谨上

《香港立报》：本报启事

本报继续上海《立报》之精神，在港出版。惟以时间匆促，印刷工厂，谨将排版部分，设备完妥，轮转印机，则因装运费时，于两月前，由友人托陈铭枢先生介绍，暂在香港某报印刷所代印（本报不愿指其名，盖尚欲与同业间存忠恕也）。曾与该报社长陈君，商妥印价及一切办法，并于三月十七日，由该报预借印费一百元，取去轮转白报纸三筒，于三月十七、十八连续试印两日，双方均甚满意。不料本报于宣布三月廿日出版广告刊出、各地订报已逾数万以后，十九日夜间十时，突接该报电话拒绝代印，询其是何理由，则拒不置答，遍觅陈君不得，交涉至深夜，始终不得要领，迫不得已，只得临时将出版期展至四月一日。本报同仁，从事新闻事业，多者二三十年，少亦数年，从未与当地同业，发生任何不快事件。而此次因受沪敌摧毁，流离来港，正欲与我华南先进同业，共同奋斗，以争取中华民族之最后胜利，乃竟遭此空前未有之意外，在本报物质上损失重大，所关尚细，而我新闻界对内之同业团结，对外之商业信誉，若社会人士，万一因此而稍生疑虑，则此种不可补救之精神损失，所关实大。现该报借去之款，仍未返还，一切手续亦未清结，除函告原介绍人，依法交涉外，特略述梗概，以明本报延期出版，实非心地单纯、诚信自守之本报同仁所能预计，而因延期出版之故，致使港粤各地爱读本报之巨大读众，长劳延伫，尤深歉仄。至此次本报在港，自筹备以迄今日，承当地最大多数同业多方关切，盛予援助，本报同仁，实当感拜盛谊，永矢勿谖。谨此声明，诸希鉴察！

（选自 1938 年 4 月 1 日《香港立报》创刊号）

论《今日谈》及《小茶馆》专栏

萨空了

我爱读《人民日报》的《今日谈》。它那从生活中撷取的生动事实，它那明确的褒贬，让人感到亲切、畅快。

我曾征询过别的同志的意见，他们也和我有同感。这使我回想起三十年代，我主编《立报》的《小茶馆》专栏的事。那时我每天从读者来信中搜索社会生活中的新动向、新信息，择出最为人们关心的问题，有针对性地写一篇小评论，或有所褒贬，或呼吁控诉。由于所论述的事具有社会意义，又与群众的利益休戚相关，深受读者的欢迎。他们称《小茶馆》是读者谈心的场所，编辑是自己的密友和导师。看来，读者是喜欢看到报纸对他们身边发生的事，发表直截了当的、态度鲜明的意见的。

我以为，像《今日谈》这类近似杂感的小评论，是独具特色的。

小评论来得及时。它取材于社会生活中新近发生的为人们所关心的事，有时甚至是以前未透露过的消息，有新闻性；它短小精悍，言简意赅，没有枯燥的空泛议论，不吞吞吐吐，褒贬分明。通过它，读者可以及时看到对某些社会现象的舆论动向。

小评论读来亲切。它的作者大都身居生产和工作的第一线。他们是为身边发生的事所触动，有言要吐，非说不快，才动手写文章的。因此，他们摆事实，讲道理，情真意切，爱憎分明，见解精辟。加上所说的事带有普遍性，易于感染读者，引起共鸣，这就加强了论点的力量。

小评论接近群众。它一事一议，涉及的范围广，又取材于生活，读者易于理解。所议论的事，有些是群众看到但还没有意识到或者悟过来的，一经作者挑明，便觉非常惬意，真说到心坎上了。还有些是群众早已看在眼里的事，一经作者犀利指出利弊优劣，顿觉认识更清楚。这就形成了对某些社会现象的舆论。

综上所说，小评论虽小，但作用却不小。它可称之为新闻评论战线上的轻骑，驰骋自如，战斗有力。

我衷心祝愿《今日谈》越办越好，成为读者的益友。我希望小评论这种文体在新闻界得到更广泛的运用。

按：该篇文章是萨空了为《今日谈（1985）》一书写的序言，原题为《也谈〈今日谈〉》，载人民日报评论部编：《今日谈（1985）》，人民日报出版社1986年版，第1页。

四、谢六逸、包天笑、张恨水、陈子展、恽逸群、萨空了等论《立报》及《立报》诸副刊

《申报》刊登之《立报》出版广告

▲1935 年 9 月 10 日《申报》头版显著位置刊登《立报》创刊广告云：

“以日销百万为目的，定本月二十日出版

用最新式最进步的方法使人人都能爱读必读

实行大众化

因阅读便利，故日常工作繁忙的人们读了可以节省时间

发刊要旨：

以最新姿态，使报纸功能，普及全国大众，此为本报创刊之唯一旨趣，本报同仁，服务报业，多者廿余年，少亦十年以上，深感我国多数报纸，售价过高，篇幅太多，所载材料，又恒与最大多数民众，利害无关。以致读者领域与全国人口，多寡相去，乃几至无可比拟。夫报纸发达，为近代文明国家最大推进器之一，若使我国报纸之销行，长此蜷伏盘旋于现存状态之下，数量最大者，亦无法打破十数万份之纪录，则最大多数民众，务必无法认识国家与个人之关系。数十年来，内忧外患。纷至沓来，而多数国人，仍若熟视无睹，迄造成今日空前之国难者，推溯本源，殆即在此。同仁等认定，欲复兴民族，必先使每一国民，皆能了解本身对于国家之责任。为欲达到此目的，则定价低廉，阅读便利，日销百万之大众化报纸，实有乘时崛起之必要。因于今年三月决议发起，以此志愿，暂为最先之尝试。惟因欲大量生产，及

布置妥当起见，筹备迄今，始告完竣。现决于本月廿日发刊，用敢略述梗概，敬告国人，编制大要，并述如次。

因定价低廉，故不景气压迫下的人们读了可以减少浪费。”

广告还概括即将出版的《立报》有三大特色，即：携带方便、印送迅速、内容平实。

“《立报》创办人：

严谔声　新声通讯社社长

严服周　新声通讯社南京分社主任

萧同兹　中央通信社社长

钱沧硕　中央通信社社长上海分社主任

管际安　《民报》总编辑

程沧波　《中央日报》社长

张友鸾　前南京《新民报》总编辑

胡朴安　《民报》社长

吴中一　新声通讯社副社长

沈颂芳　《新闻报》记者

朱虚白　前南京《朝报》总编辑

成舍我　北平《世界日报》社长

田丹佛　前汉口《中山日报》总经理、南京复旦通信社社长

总经理　严谔声　经理　田丹佛

利益优厚　欢迎各界推销”

“本报为谋达到大众化之目的起见，期于最近时间能打破我国报纸向所未有之销行纪录。故凡本外埠各界，如有愿任推销员者，均极端欢迎，利益

优厚，请随时向本报总管理处推广组接洽。

赠阅十日　欢迎直接订阅

本外埠递送一律力求迅速，凡在本月底以前向本馆直接订阅者，所有本月底以前之报一律赠阅。”

▲1935 年 9 月 20 日《立报》：

第一版左侧：“必每人皆认识本身对于国家的责任，然后才可达到民族复兴的目的。”

第四版右侧：“只要少吸一枝烟，你准看得起；只要略识几百字，你准看得懂。”

第三版左侧：“欢迎直接定阅，三月只收报费一元，请电九六零八一即可每早准时送到。”

第二版右侧：“永远不增价，终年不休刊；凭良心说话，拿真凭实据报告新闻。”

▲1936 年 3 月 18 日《立报》：

一版左侧：“要出版以后的今天消息，请看今天下午的《立报晚刊》。”

四版右侧：“永远不增价，终年不休刊；凭良心说话，拿真凭实据报告新闻。”

三版左侧：“必每人皆认识本身对于国家的责任，然后才可达到民族复兴的目的。”

二版右侧：“欢迎直接定阅，三月只收费一元，请电九六零八一即可每早准时送到。”

▲1936 年 6 月 1 日《立报》：

一版左侧：“天天读报最易增进本身对于国家的认识，故欲民族复兴必先实行大众化。”

四版右侧：“永远不增价，终年不休刊；凭良心说话，拿真凭实据报告新闻。”

三版左侧：“欢迎直接定阅，三月只收报费一元，请电九六零八一即可每早准时送到。”

二版右侧：“报纸大众化，是价钱便宜，人人买得起；文字浅显，人人看得惬意。”

开场白

（《立报·言林》发刊词）

谢六逸

本报的标语有一句是“五分钟能知天下事”，因此我们的开场白只能花费阅者五秒钟。小型报跟短文章，现在很流行，这是因为大众需要它们的缘故。现代人过着劳苦挣扎的生活，只能够看看小型报跟短文章。

报纸面积小，小中可以见大。文章不怕短，短中可以见长。篇幅虽然紧缩，品质却已增高，这就是我们的希望。

这块草地，从今天起开放。凡对于人生社会，百般问题，喜欢开口的人，都请到这里来谈天。

（选自1935年9月20日《立报》第二版副刊《言林》创刊号）

欢迎投稿

本栏公开。欢迎投稿，愈短愈妙，略备稿费，依质不依量。

（选自1935年9月26日《立报》第二版副刊《言林》）

告投稿诸君

本栏稿件，除特约作家撰述外，极欢迎外稿。如描写动植物生态的小品文、取材于史料的小说、尖锐的短评、国内外作品的批评介绍、作家书斋访问、幽默小品等，均属需要。文字以短中见长、小中见大为采择的标准。过于浅薄的碍难刊登，这一点请投稿诸君注意，省得白费邮票。

（选自 1935 年 11 月 5 日《立报》第二版副刊《言林》）

“点心”上市

（《立报·点心》发刊词）

秋　尘

今日“点心”上市，我们就谈谈“点心”。“新闻纸是社会精神上的食粮”，这意思便是说，人不看报就有如不曾吃饭一样的空虚，而报纸的本身，便也应以供给“社会精神上的食粮”为第一要义。

在这版中所载的稿件，又正像食品中的点心。点心和饭微微有些不同，除了充饥以外，还有一些小而美的意味在内；但这并不是一种无益的消费，多少是有着它的意义的。

当本报送到读者诸君眼前时，正是你预备吃早点，或是正在吃早点的时候。我希望读者们在吃物质上的早点时，也能吃点这种精神上的早点。它一定可以供给你不少的需要和趣味。

（选自1935年9月20日《立报》第四版副刊《点心》创刊号）

“立”

小记者（严谔声）

人之所以异于禽兽者几希？

人是竖立的，所谓“顶天立地”，而禽兽则或“飞”或“走”。

可是人之所以为人，不光是形色上的竖立，还须能自立，能独立。

“滴自己的汗，吃自己的饭”，这是自立，也就是立德；“说应该说的话”，是立言；“做应该做的事”，是立功；做事说话不受牵掣，也就是独立；能自立，能独立，而后以余力助人，此之谓“己欲立而立人”。

“立”的意义，说起来很简单，做起来极繁重；可是做了一个人，既不肯躺下来，就应该担着这繁重的工作去做。

我们愿以此自勉。

（选自1935年9月20日《立报》第四版副刊《点心》）

“点心”一览表

秋 尘

有不少的读者来函，问我们这家小小的“点心店”，出售的“点心”共有几种，开单如次：

一、小言：站在民众的立场上，说几句应说的话。

二、小统计：把大家应该知道而又常忽略的事，用数字表示出来。

三、小见闻：多登一点有趣而又有益的各种事情。

四、常识：供给些大家应备的常识。

五、名人访问：写出他们的生活，作大家的标准。

六、团体生活：使大家多注意一些正当的团体的生活。

七、家庭与妇女：谈谈家庭、妇女、儿童的一切。

八、书报推荐：替大家选择读物，提起读书的兴趣。

九、娱乐：每日刊载些娱乐的小消息，供大家参考。

十、小说与图画：用来增加读者的趣味。

此外，我们想到什么，再添。

（选自1935年9月21日《立报》第四版副刊《点心》）

征 稿

我们需要各种“点心”，但希望能合于有意义的、有利益的、有趣味的三个条件。愿读者和编辑携手共入厨下。备有酬金，月终结算。

(选自1935年9月21日《立报》第四版副刊《点心》)

稿 约

本栏专收时事琐闻、地方掌故、文艺人物速写。每则至多四百字，文言白话不拘。

稿酬一律现金，每千字三元至五元。来稿请盖章，十月初凭章领酬，外埠邮奉，原稿不退还。

（选自1935年9月20日《立报》第三版副刊《花果山》创刊号）

致赐稿者

本栏稿件，虽偏重记述，但以涉及时事者为上。即记故事，亦力避陈腐。近多有以抄袭及旧报见投者，殊不合用。又稿费虽以字计，但佳稿则加倍奉酬，不仅以文字长短论也。特此奉白。

（选自 1935 年 10 月 28 日《立报》第三版副刊《花果山》）

新闻精

天笑（包天笑）

前几天，我在某报写了一点小评论。我说现在中国的新闻，所载的都是些新闻渣。什么是新闻渣呢？便是一件紧要的新闻，要等待国内的英文报、日本报登载以后，然后登出，这不成为新闻渣了吗？

可是我们现在所提倡的不是新闻渣，而是新闻精。这意思是要集其精华，而去其糟粕。在现代的世界，不能多所耗费。从物质上观，不是香有香精，糖有糖精，味有味精，酒有酒精，一切物质各有其精吗？譬如药物，不是已经把成捆的植物、成堆的动物，变成几西西的注射剂了吗？

小型报纸的出世，它的使命是什么呀？不在量而在质，这是人人知道的。我们是注射剂，我们不是药渣。古人说得好："取精用宏。"在嚼厌了新闻渣的当儿，恰巧有个狮子搏鬼的小型报纸《立报》出世，敢献三字，曰："新闻精"。

（选自1935年9月22日《立报》第三版副刊《花果山》）

关于《花果山》

山　人

《花果山》今天已问世十一日，好是不配说，不过在读报先生看过之后，足可以供给您一些喝茶饮酒的谈料。而我们的意义，“卑之无甚高论”，也不过如此！

“花果山”云者，说这块豆腐干，上面有花有果，我们把他当了一座山头，请大家驰目一游。此外并无什么奥妙。有人把这副刊叫“鹦鹉洲”，有人把副刊叫“沉香”，有人把副刊叫“快活林”。我们“山”他一下，有何不可？

这里既是个游目骋怀的所在，仿佛杭州城里的城隍山，开封城里的中山市场，而我们也无非在这里摆些说书摊、把戏棚子而已。讲经，论道，演说，全用不着。至多说两句相声，也总以说戏迷传的口吻出之，很不愿发什么议论。破口骂人，那是一百辈子不为来哉！

投稿，我们是十二分欢迎的，但总要言之有物。虽本栏总是废话，总也不要太费话！

（选自1935年9月30日《立报》第三版副刊《花果山》）

我们的态度

张恨水

报纸上的副刊，只不过是调剂读者滋味的一种刊物。甜、酸、苦、辣，各凭报纸的立场去采取，事实上是不能一律的。

《花果山》的稿件，从来是偏于叙述，少发议论。纵然有时带点商量的意味，却也不是斗争的。近来，本栏接到许多近于斗争的投稿，或是对某一问题，某一个人，某一机关，带着激刺意味的指摘。我们觉得这种稿件，纵然文字优美，理由充足，但就《花果山》的性质而论，却似乎有点不十分恰合。

借了这个缘故，我们再申明一下。《花果山》的滋味，甜、酸、苦，都不妨有，可是我们不愿有那刺激性的辣。而文字既是偏重于叙述的，也无辣之必要！

自此以后，希望赐稿诸公，纵然有什么故事要商量时，也只以《花果山》为限。免编者偶一不慎，至有耘人之田的嫌疑。

（选自1935年11月2日《立报》第三版副刊《花果山》）

要看《中报》

林语堂

六逸兄：中国国中像煞有啥幽灵、黑旋风、阴翳、祟气，也无形，也无影，我也不知其为何物。只是与此团阴气相撞，必不吉利。原来大报社论可读，阴气一来，社论也不可读了。后来大报新闻可读，又撞上这团祟气，大报也无精打采，不值一读了。于是小报应运而生，初颇精彩，后来不知怎的，撞了什么邪，着了什么魔，也渐渐没有东西可读了，虽然其中也有愈办愈生色的。我看像以前活泼的“自由谈”也慢慢弄的可读可不读了。你想这可怕不可怕？到了现在，小型报纸又应运而生，将报纸趣味化，将大报小品化，将小报严肃化，适可而止。不大不小，我都赞成。我早说今日中国应出一个好好的《中报》。可是《立报》出来仍未满足我的期望，仍脱离不了小报的轨型，并不是我理想中之《中报》。《中报》新闻要精也要富，小品要略放长，至少有大报副刊篇幅，所以至少非加倍篇幅不可。你们为什么不把他扩充？今日读物少矣，《生活》死，《新生》不幸又死。有心人莫不恸哭。你看马路上文字刊物除了三四种文字刊物以外，都只剩画报而已。此恨绵绵谁去补呢？所以我在期望多种比较成样的文字刊物出来。祝你努力。

（廿四年十月十六日）

（选自 1935 年 10 月 22 日《立报》第二版副刊《言林》）

《言林》的两个时期

公 衣

《言林》两周岁了。在这动荡的两年里，中国的政治和文艺，都有着显著的转变，许多各有标榜的刊物，或受摧残，或归消减，或经蜕化，而它却以微弱的力量，在大时代的波涛里，尽着推动的任务，至今不懈。

或者更确切地说，至今愈趋积极。

什么缘故呢？这是因为《言林》推动着时代，而时代也是在陶冶着《言林》的。就我自己说来，明知小文章必为大文豪所齿冷，但因为不甘寂寞，也常常提起笔杆，断断续续在向它投些稿。亲则不谀，说句老实话，我是不大喜欢它的前期的，《言林》创刊之初，虽然不至于“用那种琐碎的、各式各样的、无聊和可笑的东西去给一般人消遣”，“使它们离开严重的政治，离开生活里所发生的严重问题”（卢那卡尔斯基语）。但是，它确是以轻松见称，有着幽默的倾向的。然而时代陶冶着它，它茁壮，使它面对着现实，以笔墨的力量，来努力于民族解放的任务。

我深爱着后期的《言林》。中国是在怒吼了。如果不以人发言，那么，我这里且引一段王尔德（Oscar Wilde）的话：“从来未曾发生过的事件，与以一个详确的描写，这种能力，不只是历史家的正当职务，而且也是任何有学识者的一种天赋的、不能免除的特权。”在这民族解放的神圣战争中，愿《言林》继续鼓着勇气，排除荆棘，整齐步伐，向光明而又自由的前途迈进！

（选自1937年9月21日《立报》第二版副刊《言林》）

论“言林体”

陈子展

倘若你是关心了这十多年来国内小品文的发展的话，我要杜撰一个“新青年体”，你就会想到陈仲甫主编的《新青年》杂志及《每周评论》里所谓“随感录”的文章。我要杜撰一个“语丝体”，你就会想到《语丝》周刊里的一些文章。我要杜撰一个“论语体”，你就会想到《论语》半月刊里的一些文章。我要杜撰一个“自由谈体”，你就会想到《申报·自由谈》改版以后，其中所载的杂文，是上承“新青年体”，下开“太白体”的。虽说《太白》半月刊已经无疾而终，和它对立的《人间世》半月刊还在，确乎显出了林语堂先生所说江浙人不懂的福建人的蛮劲。然而“人间世体”似乎是不及“太白体”那样轮廓鲜明的——依我个人的愚见。但我于两方都是特约撰述人，并无恩怨之见，或入主出奴之见存乎其间。

倘若你肯承认我所杜撰的各体小品文存在，那么，我就再进一步来假定各体小品文的倾向或风格。我以为上承“新青年”下开“太白”的“自由谈体”，是偏于辛辣的。虽说至今这种倾向还是不甚鲜明，然而并不减少它的严肃性。这个正和《申报》六十年来老成持重的态度相适合。我以为“论语体”是偏于幽默的，何况它本来以幽默为号召。我以为“人间世体”是偏于闲适的，正如它的发刊旨趣所说。至于“语丝体”，我以为是偏于趣味的。《语丝》久已停刊了，这种趣味文学似乎至今已不单独存在。其实它由中间性分化而为辛辣、幽默、闲适各体，正显出了思想界的分野，然而趣味还是各体通有的一种要素，不过这一要素已成为次要的一种东西了。

如今《立报》出世，《言林》这一副刊所能容纳的小品文，只是小品中之小品，或者略称“小小品”。固然它也须要具备一切小品文必需的条件，它也可以写成倾向或风格不同的各种体式，然而因为它自身的特别短小，更须要精悍一点，那是不待说的。它将以最新的姿态出一头地，建立“小小品”，自成一种“言林体”，我看是可能的罢。

（选自1935年10月14日《立报》第二版副刊《言林》）

《立报》是立着看的

天笑（包天笑）

有位朋友告诉我道：“《立报》是立着看的。”

我笑说：“您真是开玩笑。我虽不知道《立报》的文字、意旨，但古人立德立功立言，都是这个立字，那有说是要立着看的，不要叫人喊脚酸吗?”

他说：“可是我有证据。我每天早晨八点钟，搭电车到办公室。在电车站——或是公共汽车站，候车的时候，卖报的小贩喊着卖《立报》，就有人买一张立着看，一也。后来到了电车里，因为电车里人挤，有几位先生们、女士们，一手拉着皮带圈，一手拿着《立报》看，二也。及至到了我办公的地方，走进电梯里，那位开电梯的工友，也是把张《立报》塞在衣袋里，忙里偷闲地拿出来看看，三也。你说候电车的，拉皮带圈的，开电梯的，他们都能坐吗？他们都是立的。那么我说《立报》是立着看，这话不错吧?”

朋友走了，我想想：“话虽开玩笑，也有一点意思，《立报》难道真是个立着也不肯放手的吗?”

（选自1935年11月12日《立报》第三版）

看报的习惯

夏仁麟

我们这小房间里有四份报纸——《立报》、《大公报》、《申报》、《时报》（隔壁他们有《时事新报》），各有其不同的姿态与特点，在趣味上讲，适合了各种的需要；数量方面亦足够我们课后的阅读。因此我们便很少上图书馆去看报，那里几份本埠的报纸是常被扯得粉身碎骨的。

《立报》因为有报差，递送最快，我们远处江湾，每晨七时前总可以看到《立报》。有时我尚未起床，送报人“拍”的一下重重的推开了门，面孔很严肃，以轻快的步伐走进来，“擦”的一下，报纸便滑在书桌上了。他亦掉头就走。《大公报》和《申报》送到，要在九时左右，是报贩送的。除《大公报》外，《时事新报》、《时报》、申新两报都是一个报贩包办的。

我们起身洗面后，第一件事便是看报。我总是披着晨衣，倒好一杯开水，把几种报纸都翻一下，看看标题和特别有趣而引人注意的新闻，然后吃早餐，穿衣服去上课。第二次翻报纸，是中饭后，几个朋友卧的卧，坐的坐，慢慢地看附刊文字。

《立报》的新闻简明而扼要，适合忙的人阅读。花几分钟的时间，国内外大事，短小精悍的文章，都可一目了然。某报虽有如许的篇幅，却无甚可取之处；不过它的新书广告对于好学的人们还有一点用场。我看某报，很少看它的新闻，因为它的呆板的编排，不醒目的标题，使人头痛。可是我从它那许多的广告启事中，看出社会间一切的纠纷与骚动，很感趣味。爱看电影的朋友，总喜欢翻翻某报的电影广告，吸收几句夸大的描写词句，加强自己对于某影片的好爱——这正是广告的功效。

（选自1936年5月10日《立报》第二版副刊《言林》）

小型报的胜利

徐蔚南

《立报》刚出世时，有人问我，此报如何？

我说，此报可以成功的。

办报的人意识到现代新闻纸的浪费篇幅，有意要把篇幅紧缩起来，这于新闻纸的本质，不特无害，并且有益。

因为篇幅小了，新闻的编辑，便须特别郑重。每个新闻的弃取都要郑重考虑。精选的、仔细编辑的新闻与随便杂凑的新闻相比，自然精选的远胜于杂凑的了。

一般人以其篇幅与后来的小报一样，便也当做后来的小报看待，这是错误的。后来小报所以存在的理由，是在其态度取游戏的，即以娱乐读者为目的的。小型报是以几大张的报纸意识紧缩起来的报纸，其态度必然是格外严肃的。

小型报因篇幅小、文字少，校对时可以格外精细，错字便可大为减少。这也是小型报的特长。

态度严肃，新闻精选，仔细编辑，错字减少，其能成功，自不待言。

从来，我每天看两种报：早上看《申报》，晚上看《大晚报》。自从《立报》出世后，清晨便多看一种《立报》。

《立报》的送达最早，要比别的报早送到半小时。《立报》于是成为我们最先阅读的报纸了，这确是《立报》的强点之一呢。

我妻颇赞成《立报》。她读《立报》，是在床上读的。《立报》到了，她就在床上“竖”起身来，披了一件衣，一下子，就把《立报》的新闻和附刊读完了。平时，她不大注意天下大事；但读《立报》后，她对于天下大事，近来居然知道，对于文艺的兴趣，也增加不少。

我妻为《立报》所征服了，我想有不少类似我妻的女人为《立报》所征服。《立报》的侵入家庭，就是《立报》的胜利。

（选自1936年1月10日《立报》第二版副刊《言林》）

本报在内地

屠焕衡（自常州寄）

假使有人问：在常州哪一种外埠的小报看的人最多？我可以毫不思索地回答他：是上海《立报》。这一句答话并不限于常州人，京沪线上，上至丹阳、镇江，下至无锡、苏州的读者也是一样。笔者常住常州，与当地新闻界时常接触，因之，关于常州读者与《立报》密切的关系，很晓得一点（这句话一点不过分，一点不夸诞——对于我个人）。《立报》因为言论公正，新闻正确，副刊各有特点，因此常州的大报也常摘录和模仿，同时无论是在学校机关，或街头巷尾，只留心一下，看到的、听到的总少不了它，正可说常州无处不《立报》了。

做常州人，不称心的事，算来很多，可是在午饭前走出“奥非斯”，三摇两摆，拿张《立报》与两三知友，并头畅读，这，不能不说是常州人的幸福！

（选自1937年3月22日《立报》第二版副刊《花果山》）

短短的一年

严谔声

《立报》出版正一年，历史很短，说不到什么对国家社会的贡献，即就我们创办的人来说，也觉得志愿未达百一，那么有什么话可说呢？

短短的一年，我们并没有什么贡献，可是社会给我们的同情、热望和读者给我们的鼓励、指导，使我们非常感激、兴奋，使我们在万分困难的环境中，鼓起勇气，努力前进！

在目前的形态下，要想办一张“合乎理想的报”，本来是件难事。本报全体创办人，都是服务报业，经过相当时期的，难道不知道这种困难么？不，决不。正因为是件困难的事，我们所以才决心来做；我们觉得在困难中求成功，是一件很有价值的事，是一件精神很愉快的事。在我们以新闻事业为终身事业的同仁，觉得我们所能为国家社会尽力的，也只有做这件事，所以敢“知其不可而为之”。

我觉得：在目前要做个好人，一定是个八面不讨好的人，因为他不能做任何哪一面的奴才；一样的理由，在目前要办张好报，一定是张八面不讨好的报。但，只要胸襟纯洁，态度正确，报告忠实，对于读者尽了我们的职责，八面不讨好，又算得什么呢？

古圣有言：“天行健，君子以自强不息。”西哲亦谓：“人生应以挑战为目的，战至倒地而后已。”做人的态度应该如此，办一桩事业的态度，也应该如此！我很恳切希望，读报诸君，随时予以最大的助力，使我们理想中的目的能够终于到达。

（选自1936年9月20日《立报》一周年纪念增刊第六版）

不必不快

了了（萨空了）

小的时候读唐诗，念到“无花无酒过清明，意味萧然似野僧”，心上也感到一种凄凉味，以为人在那种情形下过节日，的确是很可哀。

近年来走入社会，不但没有读诗的心情，甚至连日子也过忘了，所以什么应当记得的普通快乐的节日，已早和我脱离关系，常常在节日已过之后才在报上发见，“喔，原来昨天是端阳（或是中秋等节日）”。

不过娱乐的节日虽已不复注意，可是对悲痛的节日，我却时时留心了，不时要看日历，惟恐放过去一个。这是为什么？这就是因为我想把唤醒大众的责任，分一部分在自己的肩头，以为我应当随时唤起他们的注意，对国家的前途，才可较有帮助。

到前天又是一个悲痛的纪念日（指“九一八”——编者注），我仍然写了我应当写的文字，我写那篇文字时曾说，我相信没有一个人会忘记这个日子。到昨天我才知道，我的话又说错了，陈君（他的信已在下面发表了）和吴淞的一位徐宏光君都写信来说，他们在他们所在的地方，没有看见下半旗，这是显然有人忘记了。

可是我不信这话，这并不是忘记，而正是要加深中国人民的记忆。

像陈君不是臂上虽没有缠他的黑纱，而心上仍未忘黑纱么？足见国旗虽不能挂，或是忘了挂，心上的半旗，却还是总会下在那里的。

像今天，是本报的第一个周年，我们也没有铺张，只加了半张，自己报告了一下这一年来的工作情形，我自己觉得它就比出十几张大报，请些名人要人题字、作文、说些毫不相干的话，有意义。

我常说现在中国的环境，是很好的环境，它是在一步比一步的逼紧，要我们的民众醒觉，要我们的民众走上坚实的路。

半旗挂在心间比挂在旗杆上有价值的多，我们对这种事情又何必一定反对。

大家今后只要记得力求坚实，形式是没有什么关系的。他们在形式上压紧我们，我们以坚实报答他们好了，何必不快！

（选自1936年9月20日《立报》一周年纪念增刊第六版）

只有向读者道歉

萨空了

《立报》是由几个志同道合的人用他们以血汗换来的钱投资创立的。不过他们的投资，并不是为了营利（在今日之中国环境下，新创办一种营业报想赚钱那简直是做梦；任你有多么精彩的言论，多么新颖的消息，只需一个红叉就会叫你变成一个极平庸的报，使你无以得到读者的赏识，试想到哪里去赚钱）。他们的目的，在《立报》创刊那天《我们的宣言》里说得很明白，是要办一张适合于大众看的报，藉以唤醒大众的愿望。

因为他们的愿望也是我们的愿望，于是在过去一年中有十多个月的编辑责任都是我肩负的。在我接受了这个责任之后，我即将“大众”两个字放在了心头，希望我的工作真能对他们有所贡献。到现在是十多个月过去了，回想一下我的工作成绩与大众事实上有了多少裨益，自己真感觉到惭愧得很。虽然仍有不少读者不吝推许，但那推许只是叫我更加汗颜。我理想中的为大众办的报纸，应当正确的批判各种问题，正确的报道各种新闻，借以引导大众走上正确的奋斗途径。可是在过去十多个月中，这两点我并没有完全做到。主要的原因，就是因为环境的关系。

例如我们批评一件事，本应直斥其非，可是常常写出来就变成了“似乎不对”，甚至干脆连“似乎不对”都写不出来。报道消息，则明明是活人，偏要根据某种新闻报道机关的报告，说他已经死了（但是我们注出了这个应负责任的机关）的事也有过，其余的就更不要说了。不过在这环境下，我仍未完全放弃了我的责任，我会千方百计的想在字里行间吐露出一些真话，透一点真消息，此外且曾有过不顾一切阻碍，竟登出了我们要说的话、要刊载的消息的事。这种苦心虽未必能全为读者所理会，但四面八方的怨尤，却实实在在的招来了。对这些怨尤，我很快乐地接受了，因为我知道这是我为大众服务应得到的报偿，可是这种偷偷摸摸的道歉，又算得了什么呢？所以我回想起来仍是觉得我对不起大众。

除了上述的环境关系外，还有我个人能力不够的问题，我时时在想，我应当把一条消息编的更明显一点，把一件事用附注说的更明白一点，把一个不常见的生字注出音义来，把一句文字较深的句子改得通俗浅近，但是有的时候为了怕耽误出版时间，竟不能如我理想的那样去编制。

我到现在还很清楚的记得本年二月一日财政部宣布发行统一复兴两公债的那天晚上，我为了要使大众了解发行统一公债的目的，而决定将指定换统一公债的旧债券之原来利息和应偿清日期注出，我用了两小时的工夫，翻阅了各种参考书籍，可是结果仍有几种债券的原定利息和应偿清日期查不出来。为了出版时间不迟延，我只好放弃了我求全的心。这我到今天想起来还是很对读者抱歉的。

所以回想起来过去十多个月的工作，我除了向读者说明，我们是因为环境和能力关系，未能完全实现我们的理想，十分抱歉之外，实再无话可说。

我们只希望读者今后能不断地鼓励我们，以增加我们和环境搏斗的勇气，并充实我们的能力，完成我们的理想吧！

（选自 1936 年 9 月 20 日《立报》一周年纪念增刊第六版）

一年来的国际新闻界

恽逸群

最近几十年来，中国人一天天愈加“国际化”了。世界上任何一角所发生的事件，都可使中国人蒙受影响，而中国本身问题的解决关键，世界几个主要国家的关系也有极强度的决定力量。不要说别的，廿余年来我们所遭遇的国难，就都很明显的有它的国际背景。所以近几年来报纸对国际新闻所给予的地位和读者对国际新闻的注意，都渐渐加以重视。

我们是小型报，当然不能费很多的篇幅给国际新闻版，但是我们对国际的大事，尤其足为中国借鉴的事件，都绝不肯过于简略。同时，因为国际新闻的来源，几乎完全靠外国通讯社，他们又各有立场，一件事的真相，往往会在几次传译改造的手续中，已被人故意抹去，或者增加了许多绝不可靠的成分，我们也曾尽可能的择要附加解释，使一般读者理解真相。

在短短的一年中，国际间的关系，无论从“量”上说，“质”上说，都已起了重大的变化。在这中间，我们所分析解释的力量当然很不够，但是在客观环境所能做到的环境下，我们绝未放弃过自己应负的责任，自然有许多地方是限于我们主观的能力不够。

在刚满一周年的时候，我们就借此机会来检阅一下一年来的国际形势，申述一下我们的见解，就正于爱护我们的读者。在短短的一年中，复杂的国际动态，大体上可以分为几个要目：（一）侵略国家疯狂急进；（二）国际均势力的破坏；（三）反侵略运动的普遍起来和反侵略集团的形成；（四）弱小民族解放斗争的勃兴。如意大利侵阿战争，法西斯国家制造出西班牙内乱，但泽事件和最近的纽伦堡反苏大会等等，是属于第一项的。希特勒撕毁《洛加诺公约》，海军会议的破裂等等是属于第二项的。法国批准《法苏互助公约》，英苏的接近，法国和波兰恢复同盟，英美等国的学生和民众反对日本侵华运动和本月初的世界和平大会等，可以说是属于第三项。而菲律宾的独立，埃及和叙利亚的暴动，土耳其海峡的重新武装，巴勒斯坦阿拉伯人的反英潮，以及阿比尼西亚再接再厉的抵抗意国，都可以归入第四项下。

在这些动乱中，我们可以看出国际间侵略与反侵略的对立。而这些反侵略壁垒中间，包括社会主义国家的苏联，资本主义国家的法兰西，甚至右倾的保守党执政的英国，参加和平运动（应该说是反侵略运动）的各国民众，也各有极复杂的政治思想的分野。他们所以要参加反侵略阵线，呼号和平反战，我们并不否认它们各自有本身的利害关系（国际上的一切结合，本来都是利害的结合），但是我们一向对侵略者不断的批判，对反侵略的运动寄予同情，当然是因为我们身受侵略的苦痛，所以我们主张急起反抗侵略。我们决不主张放弃自己的责任，依赖任何空泛的“和平”组织，而是站在我们自己的立场上，找寻反侵略的友军。无论是在孙中山的遗教所昭示的“联合弱小民族”、“联合以平等待我之民族共同奋斗”，还是十余年后的今天，这都是应该遵循的原则。反侵略的阵线里，虽然有些国家所要保持的“现状”并不合理，只要它们的这个要求有利于今日的中国，我们就可以、也应该和它合作。

（选自1936年9月20日《立报》一周年纪念增刊第六版）

拿真凭实据报告新闻：一年来的采访工作

保衡（褚保衡）

“拿真凭实据报告新闻”，这是我们的目标，我们不仅希望报告正确可靠的新闻，我们还竭力要拿各种消息，用最迅速的方法贡献给读者。

谁都承认，采访部是一个报纸的灵魂，不论编辑怎样努力，印刷如何精美，如果他们的消息落后，则一切的努力，都等于零。读者当然需要新鲜而迅速的报道，所以，我们过去在这一点上也就不敢放松，不论发生了什么新闻，我们一定要获得它最详确敏捷的报告。

这一年，因为外勤同仁的活跃，以及同情者的帮助，我们曾经报告了不少很珍贵的新闻，现在约略再重新提一提，这不是夸耀，不过表示，《立报》的同仁，是不分昼夜在奋斗！

还有一点，我们对任何新闻，除了受威力的压迫外，决不因请托而隐蔽任何消息，本着“凭良心说话”的主张，很忠实地报告给读者。

我们出版的第一天，就把上海各报所不肯登的顾竹轩案，全部给披露了。每次公开的审讯，都很详细地记录下来，这就是我们开始忠实报告新闻的一声号炮！

现在我把我们这一年，特殊而珍贵的报告——都是我们独有而最先报告的——写在下面：

（1）杜重远案，最高法院准许上诉。

（2）顾竹轩案判决书全文的发表。

（3）汪兆铭被刺案凶犯在沪捕获。

（4）戈公振遗骸解剖全文。

（5）银行家李霞卿（即李旦旦）女士的离婚消息。

（6）何世祯子柞新被匪绑架及脱险消息。

（7）新女性徐篆出走事。

（8）预告工部局与我方所订工厂检查协定内容。

（9）照空和尚控告俄文报事。

（10）复旦学生张宗毅发明秘密无线电控制术。

（11）吴凯声夫妇的“别居官司”。

（12）唐瑛女士离婚消息。

（13）南京路上爱国妇女大游行事。

（14）沪学生封锁列车消息。

（15）丁文江中毒原因及遗嘱内容。

（16）四岁爱国童子鞠浩英自杀事。

（17）宁夏主席马鸿达与邹德一女士订婚事。

（18）京市长马超俊沪寓被窃事。

（19）泥水匠马阿桃被日人殴毙真相。

（20）交通银行副经理卫听涛失踪事。

（21）昆山车站，职员走私，全体撤职。

（22）上海地院推事谭悼宏被扣押。

（23）上海地院物库失枪案。

（24）台区爽秋夫妇离而复合案。

（25）胡臻进医院割颈。

（26）黎锦晖徐来离婚事件。

（27）杀张宗昌的郑继成来沪休养。

（选自1936年9月20日《立报》一周年纪念增刊第六版）

《言林》一周年

谢六逸

最近有一位研究新闻学的凌君作了一篇《〈立报〉论》，从很远的地方将原稿寄来给我看，打算在杂志上发表。在他的文章里面，本报的优点和缺点，他都约略指出。他说《言林》这一年来刊载的文章，多数是随着“新闻”走的，能够接近现实。在某一时期发表的文章，颇能尽责。凌君的话是否是因偏爱之故说出来的，我可不敢臆下断定，还得请多数读者不吝指示。

有句俗语说：“杀猪宰羊，厨子先忙。”《言林》一年以来刊载的文章，将近一百万字，每篇文章的长度，约在五六百字左右。编者每天看来看去，不外是这些短稿，真有点厌倦了。但在读者方面就不然，总希望《言林》的文章愈短愈好，在这个条件下，别的文章是不适宜的。唯有采用随笔杂文，然后才能符合读者的需要。又因为读者有限，愈觉得这一块手掌大小的地方，十分宝贵。时时刻刻，提心吊胆，总想好好的使用它。别人家的“地盘”广阔，随便怎样摆布都行，有时浪费一点也不在乎，但在《言林》怎么行呢？一年以来，向作家索稿时，我的第一句话就是“要短些”——友人答应如约。可是他寄来的稿子在我看来仍是长稿，但在作者看，以为短至无可短了，这时我只好再要求他将稿子缩短一些。

有人说，短稿较长稿难写，其实也不一定，要看内容写的是什么东西。如果提起笔来，写一二则“身边杂事”，如“黄猫跳墙”、“吾妻赴南京路购物”之类，有短短的几百字也就够了。有何难哉！但这种短文，恐未必是读者乐于接受的。过去《言林》所刊的文章，不仅在量的方面求紧缩，即在质的方面也求简洁有力，所以摒弃易写的短稿而刊登难写的短稿。

编者希望《言林》每天能够刊登五六篇简短有力的文章，但就过去说，离我们的理想还远。一百万字的短稿已经呈献给读者了，但是将来的三百万字呢？是则有待于作家的助力和读者的鞭策了。

一年以来，为《言林》写稿的作家，编者向他们行一个虔诚的敬礼。

（选自1936年9月20日《立报》一周年纪念增刊第七版）

今后的《花果山》

张聊公

本报不反对“工作”调剂精神的“娱乐”，所以在副刊中也就辟了一个注重兴味的《花果山》。

“花果山”，在西游记上本来是齐天大圣发祥之地，所以上月中旬，《花果山》曾登过一段“编者的话”，希望《花果山》能够有像小说中孙悟空那样的变化、热闹，或活泼的精神。这件事，今后当然需要读者、作者、编者大家一致的努力。

不过，《花果山》过去因为编者屡易，各人主张不同，使投稿人感觉不到写哪一种稿子才合需要，所以现在我就籍此周年的机会说说。我对《花果山》投稿者今年的希望：

（一）希望《花果山》今后以趣味为中心，谈戏剧、电影，以及大鼓、杂耍、滩簧、蹦蹦，皆无不可。

（二）不过不论什么最后都应有点新闻性，且以简明为主。

（三）再者，趣味并不是低级的趣味。虽是写趣文，但对社会上一切不良风俗，以及内容不大好的组织，仍应用冷嘲热讽的态度、旁敲侧击的笔法去写。在引起读者的兴趣中，间接透露社会的黑暗面。

（四）本报向来主张人人看得懂，所以新闻论评，都用极浅近的文字。《花果山》自也应求文字浅显，所以文章只限于用白话写就者。

以上只是信手写来，所以也许未能写尽。不过《花果山》和隔壁的《小茶馆》与《言林》，性质上是不同的，只要认清这个，写稿就很容易了。

“为政不在多言”，编稿也不在多说。只希望大家抱着把《花果山》造成同小说中的孙悟空那样多变化、热闹、活泼的精神去做吧！

（选自1936年9月20日《立报》一周年纪念增刊第七版）

编《小茶馆》的感想

了了（萨空了）

关于纪念本报的一周年，同仁会议决定：只由本报各版的编辑人，老老实实地各写一篇工作感想，报告读者。所以现在就也来写一写编《小茶馆》的感想。

《小茶馆》虽然每日只有六栏，可是这个工作，实在相当的繁重。这并不是说因为我每天要写七百字的“点心”，而是因为我每天除了写稿编稿之外，还要看几十封读者的来信并直接回答他们若干封信。这种工作是一般读者看不见的，报馆同仁也看不见的。不过这种额外的繁重工作我并不想它是苦事。

我因为编了《小茶馆》才知道社会的广大、群众的可爱；我读了他们的信，不由得不使我想把自己的一切献给劳苦大众，不由得不使我想为劳苦大众呼号。

每一张粗糙的纸和歪斜的字，带给我的感情，比那些整洁的字和秀丽的字要热烈真挚得多。读完了以后，使我感动得落下泪的事，都曾有过。所以凡是读者写信要求我做的事，只要我能力办得到，无不竭力去做。

就以最近有一位女读者写信给我报告她的不幸遭遇事说吧。我把她的来信刊登了，于是有人写信来说愿意帮她请我转达。有人同情她愿意和她做朋友，有人到馆里来找我说可以为她尽力。为她这件事，我转信复信见客整整忙了两个半天。我的忙碌由此就可想见，不过这种忙，使我感到快乐，因为我想只为了我做了一点牵线的工作，而能纠正社会的病态，增加人类的互爱，我为什么不做！

不过在这一年中我也有过一件不快的事，便是有一个工人写信给我说他住的豆腐店掌柜，只为缺了百十块钱而要将铺子关闭，使几个伙计失业，希望我设法替他们维持一下。经我转向本报的经理严谔声先生商量，就设法供给他所需要的钱，说明了按月归还十元，结果只归还了两个月，店仍是关了，人也走了，使我为他失了信。使我失信没有关系，可是他这一举却断了我请人帮助苦人的道路。我以为就是他没有钱还，他也应来声明一声他是搬到了哪里去，现在没有钱还，将来有钱再还，因为，这样使我就较好处一些了。

不过这种事，一年只有这一件，所以它并不能动摇我为劳苦大众服务的心。

至于今后，我当然是还要本着过去的宗旨继续着努力下去。此外在这一年中，说起来，我虽是给读者写信很勤，可是因为太忙也还有许多我未复的信。我虽是想尽量刊登各方的来稿，可是因为版面关系，也仍是有许多稿子未能付刊。未付刊的稿子也不是全丢掉了，如指责邮局的，我有的就直接寄给了那邮局，因为刊出来有时可以敲破人家的饭碗，这样寄给他们可以叫他知警，不也就够了么？其他如边区指责地方政府的我也多不敢登，因为我怕因为刊一稿而害写稿的人受许多困难，边区的当局的权威我是深知的。

但是，这种种说起来总还是我应对读者抱歉的事，就一总在这里致歉吧！

（选自1936年9月20日《立报》一周年纪念增刊第七版）

新专实习团：实习一周年的报告

乌荣泽

每一份都含有我们血汗成分的《立报》，今天居然已经满了一周年了。我现在愿藉这机会，把我们这个团体——北平新闻专科学校上海《立报》实习服务团——一年来的工作情形，也向读者们做一个简单的工作报告。

我们到《立报》实习的主要动机有两点：第一是为了实现我们“手脑并用”的理想（成舍我创办北平新闻专科学校的唯一目的，就是要培养手脑并用的健全新闻技术人才。“手脑并用”的意义，就是用“手”工作的人同时也可以用“脑”工作，用“脑”工作的人，同时也可以用“手”工作，打破以往一贯长衫短衣有别的富于封建思想的阶级制度。编辑先生，脱下长衫，立刻就可以走进工厂做工，同时工人走出工厂，立刻也可以担任社长、经理、编辑、营业、管理、采访等工作）。第二是为了试验成舍我先生研究改善的新式“排字桌”。这种“排字桌”是去年暑假成先生在匆忙中绘图制造的，恰巧那里《立报》正在筹备出版，并且也十分需要一个健全的印刷组织，所以成舍我先生便决定调一部分新专初职毕业同学到《立报》来作初步的试验。

我们到《立报》实习的同学，一共有十四人，都是在新专第一届初级职业班毕业，本来预备升到高级职业班去的。可是，为上述的两个动机，引起了我们好奇的研究，并且我们也很想能够在学校外面多得一点服务经验，所以便毅然地牺牲了学业前途和一年光阴（实习期限定为一年），从事我们的实验工作。

在《立报》，我们十四个人分别在印刷部、编辑部、营业部和总管理处工作。主要的工作，则偏重于印刷部分。在印刷部我们担任的工作是排字、铸字和刻字，其中又以排字占重要位置。我们所担任的排字工作，是含有时间性的新闻版，至于不含时间性的副刊文艺版则由工友和学徒们担任。以我们在“手脑并用”的制度下受过两年严格训练的人，在工作方面，因能与编辑部取得联络而比较简捷灵快，例如视新闻稿件的轻重性而决定其检排的次序，并且同时纠正编者的笔误，以减少改样时间。此外，《立报》因为等候外埠专电而截稿时间很晚，也为了“排字桌”比较一般字架便利而能检排迅速，这样自然可以增加整个工作的效率。不过在刚一出版的时候，我们曾经感觉到，因为我们都是尚未成年的孩子，以精力和经验论有不少地方不及资格老练的工友。但经过了一年来长时间努力的结果，一切困难，确已逐渐减少了。

“排字桌”经我们一年来长时间的试验、屡次改善的结果，虽然还有许多稍欠妥善的地方，但在大体上已得到相当的成功，因为它至少比旧式字架合乎科学，比较的便利。因为，这个字桌，每人一个，可以使每人在固定的地方排字，不必走动，的确可以节省不少劳力。铅字的排列都依电报号码的次序，在装字的格子上，且钉有铜牌，上面写有原字和电报号码，练习起来，也十分便当。我们相信，在打字机式的“排字机”还没有成功以前，在这个过渡期内，这种排字桌确是一种适用的工具！

（选自 1936 年 9 月 20 日《立报》一周年纪念增刊第七版）

两周年的话

了了（萨空了）

在本报两周年纪念的时候，收到朱人熙等七位先生《论两年来的〈小茶馆〉》的捧场信（我推断他们是为了给我捧场才开的那个座谈会），我的高兴是大家可以想得到的。一个人的劳作得到旁人的赞许，心上自会感到无上的快慰，这一点我丝毫不想掩饰，掩饰是我不喜欢的那一套。不过我另外也要说几句良心话，那就是，如果《小茶馆》在这两年中，真会对社会大众有过一些贡献，那功绩决不是我个人的，我顶多只能分成四分之一，其余的四分之三全是读者的功劳。在我写这篇东西时，我的座右就堆着千封以上的读者来函，我想到大家给《小茶馆》的恭维，我不由自主的便想到“一将功成万骨枯”的那句名言。

读者写给我的信只有百分之一可以刊出，可是读者并不灰心，信仍是不断的寄来。有人称许《小茶馆》内容的进步是我这个老板的功劳，殊不知那仍是读者的来信，推动我前进。我诚实地讲，我给大众的并不多，倒是读者的教导，使我得到了很多好处。

《小茶馆》中讨论的问题，常常能是当时社会中极需讨论的问题，那也是读者的贡献，我顶多不过是给了他们以讨论的便利，完全像茶馆对茶客一样，只是备了桌椅和茶水而已。

由于两年来编这个《小茶馆》的经验，我敢说如果中国言论能够彻底的自由，政府当局只像我这个老板一样只负一些扶助的工作，叫老百姓能够对国是透彻的发表意见，对国是的推进一定会有极优越的成就。

就眼前的局势来看，“对外抗战”是已做到了，“对内民主”一点，似乎仍有未能放心之处，我愿我个人这两年来的经验，能供当局参考。

至对于读者，我除了感谢之外，无话可说，如一定要我说的话，那就是“希望大家继续推动我共谋前进，以求达到我们挽救危亡、复兴国族的最高目的”！

（选自1937年9月20日《立报》）

论两年来的《小茶馆》：七个人座谈的结果

一桌茶客

了了先生，你好，我们朱人熙、柯则、小于、燕如、家禄、亨昭、诚琛七个人都是《立报·小茶馆》的爱读者，柯则、朱人熙、小于还是《立报》创刊以来跟它终年不别不离的老朋友。柯则记起“九一八”以来六年是《立报》二周岁的生日，所以我们特地开了个座谈会，对两年来的《小茶馆》作个集体检讨，说了些粗浅的意见，敢请了了先生参考。现在我们把座谈的记录稿抄在下面。柯则主持，小于记录。

柯则：《立报》二周岁了，《小茶馆》跟以前“点心”合算起来，也是两年了，我们此刻就谈谈《小茶馆》两年来的成绩吧。

燕如：我记得了了一开办《小茶馆》就挂起块“向下走”的招牌，他说它跟茶室不同，希望黄包车夫也进去参观，所以文字题材都很浅显通俗。以我看两年来大众化的《立报》，《小茶馆》的确是比较“向下走”的。

亨昭：是的，我碰见好多的店员学徒、工友，他们都爱看《小茶馆》，这倒的确是“向下走”的成绩。

诚琛：《小茶馆》虽是“向下”朝着下层的对象，可是它的目的还是向上的，初期的《小茶馆》只灌输什么“街头科学”、“大众知识”等的常识，近期的已针对了社会病态，发表前进的思想，所以它的内容显然已有一贯向上的进步！

家禄：近期《小茶馆》发表的信，的确很多是诉苦、泄怨鸣不平的，使各地各界的被压迫者道出社会的惨痛和黑暗，所以我说它倒真是民众的喉舌。

亨昭：不，是民众的良心。因为这些都是凭良心说的话。

人熙：要我说《小茶馆》的本领，它应该有好多项，第一是暴露，第二暴露，第三又暴露，第四还是暴露。

柯则：《小茶馆》登的暴露或是揭发的信稿也很多有新闻性，这是可贵的一点。

燕如：一说起信，我认为《小茶馆》就很像个信箱，了了每天的“点心”就是个总答复，所以我往往留在后面看。

家禄：我认为信箱只有从前的“生活信箱”跟现在的《小茶馆》最得信仰。

亨昭：我记得了了先生一年前曾经说过他一天要收到几十封信。

人熙：我还记得他说这些信比情书还有味（朱按：有据可查）。

柯则：喂，你们觉得了了先生怎样？

家禄：看他发表的议论，我想了了是一个温和稳健的政治家，不说他急进激烈，因为他的话能避免煽动性。

诚探：不，了了最善说教，而且很多说到教育问题，所以他一定是一个教育家，至少也是个有教育头脑的。

人熙：是呀，他的话全是出于苦口婆心。

燕如：我没有见过了了，我想象他一定是个年高德劭的忠厚长者。

小于：哎，“小记者”倒是尖锐的。

人熙：嗯，我就喜欢他制的那块五香豆腐干，又香，又甜，又酸，又辣，五味齐全，而且最近辣得非常可口。

小于：我最喜欢他那些精辟的话，《小茶馆》里什么都好，就是那篇长篇小说有些不合口味。

柯则：你们对于《小茶馆》有什么希望？

人熙：我要它长得漂亮些——别误会，我这话是说它的版面。

诚琛：是的，那报头的画得常常换换。

家禄：我期望它在抗战期中多做些唤起下层民众的工作。

柯则：还有别的话没有？

人熙：还有，我要谢谢那劳苦功高的“了了”跟“小记者”两位老板先生。

（选自 1937 年 9 月 20 日《立报》第四版《小茶馆》）

编辑余墨

谢六逸

到了今天，《言林》已经生长了两年，就上海一地的报纸说，性质如《言林》一样的附刊，能够活两岁，总算是长命的。因此编者约了几位作家，给我写了几篇短文章。

当我约稿的时候，我并没有限定题目，可是收到的几篇文章，作者不约而同，都写出他们对于本报的印象，不但是期许殷切，而且过分地夸奖我们。我揣测这几位先生的意思，大约是鼓励我们，希望我们再努力奋发，故此时暂不加以指摘，姑且夸奖几句，好让我们自己反省。

两年以来，大家都喜欢到这里来说话，而抢说在先，所说的又大多针对着现实，但仍不脱离文学的风格，因此才能撑持到今日——这是编者最为感激的。

今后的《言林》，永远是年青的、前进的，决不畏惧任何势力的残害。这一点我敢向爱我们的先进和亲爱的读者报告。

（选自 1937 年 9 月 20 日《立报》第二版《言林》二周年纪念特辑）

社中偶记

谢六逸

文章虽短而意味深长，既有蜜也有刺，这就是陈子展先生所说的“言林体”。但这种形式的文章实在不易写得好。最近郭沫若先生来信说：“目前因为翻译一部大东西，弄得颇有点筋疲力尽。短文章实在比长文章难做，因须短而好，实是文章之结晶体。以后有得一定奉上。”茅盾先生也来信说：“《立报》出版后已阅读。这是小型的报纸，生面别开，甚有意义，屡嘱作稿，俟有题时当即写奉。盖小品文最难得题也。想荷亮察。”我对于他们的意思都有同感。这两位小说家也是写短文的好手，郭氏的《山中杂记》，茅盾的《散文集》与《话匣子》，尽有许多尖锐的作品，富有艺术价值，投稿诸君不妨用作参证。

***　***

今年是新闻界的厄运年，我们姑且这么说吧。

国内死了戈公振，美国死了瓦尔特·威廉氏，日本死了千叶龟雄。前几天的《字林西报》，又登载美国新闻学家布勒尔（W. G. Bleyer）逝世的消息。如此丧钟频敲，全是学术文化界的损失。

布勒尔曾任威斯康辛大学新闻学系主任，主要的著作有《新闻写作与编辑》、《新闻文的形式》、《特写文怎样写作》等几种。据梁士纯先生说，《新闻写作与编辑》一书，燕大曾采用作为课本，我一向也指定此书给复旦的学生作为课外主要参考书。出版的年代虽然久，可是后来出版的书，还没有怎样出色的。他的《特写文怎样写作》成于一九一九年八月，积十二年教学经验，写成这本空前的著作。内容分做两部分，上篇讲理论，下篇举名著为例，是理论实际双方兼顾的教本。

国内对于新闻事业富有经验的人并不是没有，不过你要他们将自己的经验，有组织有系统地说出来，就很为难了。所以威廉氏、布勒尔、赫德诸人，只能在美国出现。

（选自1935年11月5日《立报》的副刊《言林》）

文墨余谈

毅 纯

读了曹聚仁兄的《笔下留情》，我也有几句藏在心里的话想乘这机会说出来。

报章杂志这东西，我们只能当它是一种公众的武器而不可视为一种私人的武器。如果利用它去伤害任何个人，图遂一己的私忿，这在道德上无论如何是说不过去的。不幸这种事在目前的报章杂志上时时出现，我们不能不说这是记者道德的堕落。

有权力编杂志的人，在他自己办的刊物上任意造谣诬陷，这是极其容易的事情，但是结果于人无损，于己只博得一个“泼粪”的臭名，不见得怎样合算。

再说目前报纸对于私事的记载，总是不厌其详，例如女性受凌一事，除开直书真实姓名、年龄、籍贯、职业、住所之外，甚至她的父母兄弟姊妹朋友等，恨不得一股脑儿公布出来。这真是何苦来！这种例在日本报纸上就不同，一定隐其真姓名，由记者另造一姓名，而于其下注“假姓名”字样，稍稍为被辱者留些体面，因为她还要在世上做人呵！

在今日谈新闻道德，不免总要碰一鼻子的灰，但“人性”还在，不能不谈。

（选自1936年9月14日《立报》的副刊《言林》）

本报二周年纪念特刊弁言

本报诞生到今天恰满两年了。在两年前发刊的一天，我们曾揭示出发刊的要旨：“报纸大众化”，使“大多数国民了解本身与国家的关系”。在这短短的两年中，我们始终遵守这个原则，尽我们能力所及，宣达大多数民众的公意，指出我国应采取的路线。在言论上、在新闻的报道上，我们始终主张“对内和平、对外抗战”。无论环境如何，我们总是尽可能地提出这个主张来。我们同情世界上一切反抗侵略的民族，我们谴责世界上的任何侵略国家，我们对国内的经济兴革、文化建设等等，随时随地提出国防化、大众化的要求。我们随时随地提出保障人民自由的要求，无一不是为了促成抗战的提早实现。当然，我们的能力是很微薄的，但我们始终未敢、也没有放松过任何一个机会——只要是环境允许的话。

“中国有一天真要是和外国比试一下时，一定可以得中国国民的热烈拥护。”——廿五年二月五日社论。

“我们只要有一个能战之王，替我们战争，恢复我们的光荣，我们是不辞一切的牺牲。”——廿五年二月廿五日评论引《旧约·撒母耳记》以色列人的呼声。

这都是在十八个月以前的我们态度的一斑。最近一年的固然不必举例，也举不胜举。

今天，我们所期望了两年的“对内和平、对外抗战”，已经由期望、号召，而进于事实了。今后的问题，已经是“如何保障抗战的胜利”和“抗战的过程中应该做些什么”的问题了。所以我们借二周年纪念的机会，请许多文化界的朋友，各就专门研究的课题，提供各部门在战争中应该做什么的意见，作为本报两周年纪念对民族、对读者的一点小贡献。

此外，我们在两年前创刊时所提出的“永久不涨价”的口号，现在物质成本虽比创刊时增加一倍，我们虽因广告减少而节缩三分之一的篇幅，但依然谨守两年前的诺言。我们这也是“报纸大众化”的条件，非万不得已决不增加读者的负担。

我们的能力是极薄弱的，而读者对我们的希望和我们自己感到的责任要比我们的能力大得多。在以往两年中，我们所以能够有这一点小小的成绩，完全靠读者及同情我们的人的协助。今后我们期待各方对我们作更大帮助！

（选自1937年9月20日《立报》二周年纪念特辑第五版）

我祝福《立报》

巴　金

我以一种感激的心情来迎《立报》的二周年纪念日。

经过了种种艰苦的挣扎以后，到今天仍旧保持着它那勇敢活泼的姿态，这在《立报》是一个光荣。而对于为爱读者的我，也是一件可喜的事。

我说我是一个《立报》的爱读者，这并不是一句空泛的恭维话，这两年来我只要在上海，我就不会忘记把当天的《立报》找来读。我把它当做一个亲密的朋友，因为它的确告诉我一些真实的话，一些别处不敢说或不愿说的话。我觉得它说一句话，报告一件消息，都是经过一番考虑的。在一张小小的报纸里面我们已经得到了这一天里我们应该知道的一切，它没有用多余的巨大篇幅来耗费我们的时间和精力。

每一个读者都可以知道《立报》并不是单以赢利为目的的报纸，它有它的立场，它有它的态度。《立报》的精神就是从这里产生出来的。我自己并不就赞成《立报》的一切言论，而且对于《言林》里的某一两篇文章我也曾在别处发表过我的不同的意见，但我却喜欢读《言林》和《小茶馆》。在《言林》里大半是时代的呼唤，而且是青年的呼声。短小精悍、活泼、热烈，是那些文章的特点。我们读着它们，还不会忘记自己是什么时代的人。《小茶馆》，不要轻视这《小茶馆》（但是可惜地方太“小”了），这最可以表现出《立报》的服务精神。在这里，我们贫苦的同胞可以自由地说他们自己想说的话，申述他们的苦痛或者抒发他们的悲愤。这些不仅可以毫无顾忌地说出来，并且还得着别人的倾听和解答。他们的呼声甚至可以播送到全国万千同胞的耳里，引起无数有良心的人的注意。《小茶馆》是一个真正为平民服务的地方，不论你是社会地位如何卑下的人，只要你怀着苦痛、怀着疑问到那里去求帮助，别人不会以闭门羹飨你的。它使人与人之间的关系更为密切，将同情心更为扩大，这虽是一点点互助精神的表示，但在我们这社会里确实是很难得的了。想到这一点，我只有感动。

“九一八”的六周年已经过去，上海抗战也过了一月。在奇耻大辱下面苟且偷生了六年的我们的民族，现在抱着誓死的决心，站起来怒吼了。抗战并不是容易的事，前途自然是很艰难的，但世界上根本没有无代价的“自由”，我们要生存、要独立，惟有在满地荆棘中杀出一条血路，把个人的命运联系在民族的命运上，使全民族团结为一个人，这力量并不是敌人的大炮毒气弹所能摧毁的，我相信着我们的最后胜利。

《立报》在风雨飘摇中度过了二年，而且尽了它的任务。现在当着这民族存亡的生死关头，它一定会感到它的责任的重大，而利用过去两年来的经验，更努力地为这在艰苦中奋斗的民族服务。它会把这最后胜利的信念传达给全国同胞，使他们以同一整齐的步伐向着胜利的目标前进。

（选自 1937 年 9 月 20 日《立报》二周年纪念特辑第二版）

同道相知

韬　奋

在十天以前，我就接到本栏编者谢六逸先生的一封拉稿的信，就“九月廿日为敝报二周年纪念，拟恳惠撰短文一篇，刊于《言林》”。俗谚有句话叫做“同病相怜”，谢先生吉人天相，没有听说他有什么病，我也总算叨福健康，用不着“相怜”，可是讲到拉稿的编辑生涯，也许可说是“同道相知”。我记得在两年前谢先生一手创办《言林》的时候，承他不弃，就给我一封拉稿的信。我向来觉得脑子不大够用，总希望多吸收、少发表，除在自己所干的刊物外，不敢再另外多啰嗦，所以从未被他拉住。但是他最近被我拉了一下（谢先生替《抗战》三日刊第五号写了一篇很好的短文）。没有几天我就接到他反拉的信，我于惭愧之余，只得让他“抛玉引砖”一下了（这是我依事实改的，不是“抛砖引玉”，请手民先生不要弄错）。

这些话似乎不免琐屑，但是我却津津乐道，因为今天是《立报》的二周年纪念，《言林》又为《立报》的一个很有成绩的部分，而谢先生一拉拉了整整两年而未放手，这可以说是《立报》所以成功的努力精神的象征，是值得我们提起的。时光过得真快，我这后生小子，不自觉地干了十五年的编辑。为着做了编辑，曾经亡命过；为着做了编辑，曾经坐过牢；为了做了编辑，始终不外是个穷光蛋，被靠我过活的家族埋怨的要命，但我至今“乐此不疲”，自愿“老死此乡”。以我个人所经历的辛酸，根据“同道相知”的定律，我可以想象到《立报》诸先进的艰苦经营和谢六逸先生的苦心孤诣，愿在这一天写出这一点不成文的东西，竭诚表示我的敬意。

（选自1937年9月20日《立报》二周年纪念特辑第二版）

祝《立报》二周年

屈轶（王任叔）

我要用我满腔的感激——一个国民的感激之情——为《立报》的两周年祝福了！

当我每次坐上电车，总看到去办公室的小职员，拿着份《立报》仔细地在看。我回想起二年前电车上的情形，那些小职员的读物，却是街头造谣的无聊的小报，我的心总按不住地跳了起来，默默地为《立报》祝福了。

当我有时走过街头，看到卖花生的小贩，靠着篮子侧着头，庄严地在看着《立报》，或者是黑得像经过十年风吹雨打的铜像似的工人，偷闲坐在煤气飞扬的工厂门前的条凳上，搁起一支左脚，让左手圈住膝盖，弯着身子在看《立报》，那时候，我总想起高尔基的《母亲》那篇小说中的伯惠尔，我按不住心的跳跃，默默地为《立报》祝福了。

去年的年底，一个朋友结婚了，他的父亲从老远的乡下跑到上海来祝福自己的儿子，从儿子的案头上看到《立报》，他爱上了。事完回到家乡去后，第一封的来信上便说："寄份《立报》来吧，我看上瘾了，不看可怪难过的。"我听到这样的消息，我竟感激得想下泪，我默默地为《立报》祝福了。

一个略识几个字的乡下老太太，到上海来玩，寄住在她女儿的家里，每回出去到小菜场，她总要同蔬菜一起，买份《立报》回来。西安事变之后，曾经一度受过压迫的某要人突然从海外回来了，她笑对女儿说："想乘机会来抓权吗？太没有骨气啦！也许又是东洋人捣的鬼！"我听到这样的话，我仿佛看到一个技术非常高明的医生，将一个人的腐烂的脑子，换上个新的。我全身洋溢着感激的欢快，我默默地为《立报》祝福了。

这国家，有谁注意过大众的教育？谁注意过搭建一座新旧两岸的桥梁？而这桥梁正是历史的必经之路。又有谁注意过将各阶层的人民的趣味习惯，在潜移默化中吸引到一个总的抗战与对外的目标上去？教育家办着高深的杂志，或者坐在讲堂上海阔天空的胡扯，在他们心目中，却只知道养活他们的子女，文艺家各自坚守了壁垒，沉醉于自己的梦幻里，唱着无意义的歌，而大众的幸福，在讲演中，在歌唱中，早给吹走了。远了，渺茫了。我一想起这，我只有深深地为《立报》祝福了。

现在是，战云弥漫在上海四郊，居住在上海的市民每时每刻可听到飞机的飞翔声、大炮的轰击声。六年来的忍辱负重的悲凉心情，到今朝终于爆发了，发出无比的美丽的火花来了。我深切地感觉到，为抗战而号召而呐喊者，可以自慰了！我因之益发觉得应为《立报》祝福：年青的《立报》在炮火中顽强地生长吧！

（选自1937年9月20日《立报》二周年纪念特辑第二版）

迎民国二十六年 对《立报》的希望

李斤矩

过去的两年“杂志年”，虽然是热闹了一阵子，可是笔者站在读者的立场上，总觉得各杂志的姿态太复杂。有的被视为言论偏激，结果夭亡；有的是稳健，又阴阳怪气，虽然长命，而那种不痛不痒的状态，实在令人头痛，看不下去；有的迎合低级趣味，内容肉麻不堪。清算起来，真正为读者打算，作为精神食粮、合乎一般人胃口的杂志，实在没有。趁《立报》新年征文的机会，试将个人对于出版界的希望，略贡管见，若能实现，我想一定有许多读者是欢迎的。我是一个《立报》的长期读者，可是我读了《立报》之后，还想一种小型杂志。诚然，《立报》是短小精悍，在经济时间和金钱，的确是做到了。但是我这个读者，也许还有与我同情者，都觉得读了《立报》之后，似乎还要进一步的研究国内外时事问题和国际状态，以及其他学术。各大杂志，各有它的读者，但是并非一般人所需要的。现在将我理想中的小型杂志的式样和内容，记述如下：

（一）式样

版本如《中学生》，篇幅一百面。封面道林纸两面印，上面用美术字或仿宋字印名称，下半截印要目。售价定阅全年二元，零售一角五至二角。

（二）内容

（1）画报四面，影写版面（国内外时事写真，国内外风景照片及说明，科学新发明物品介绍，有关时事名人照片及小传，文化界活动写真）。

（2）评坛（客观的批评）。

（3）半月来国内时事的分析。

（4）半月来国际状态展望。

（5）评论辑要（转载整篇的，以便读者研究）。

（6）星期论文选要（为增进时事及学术知识而着想）。

（7）国内外特约通讯（用轻松笔调，写各角落之一切，并补3、4栏之不足）。

（8）播音或名人演讲词选载（如上海青年会等学术团体，常有系统之学术演讲，外埠因不能够听讲者，很可利用此栏）。

（9）时人访问记。

（10）文化界活动消息（出版、电影、美展等）。

（11）读者园地（每月征文，有问必答等）。

（12）参考资料（一般人必须知道，或用得着的，如立法院通过之条文）。

（13）补白（书报介绍，注明作者、价值、出版所，小常识，中西笑话）。

（14）编者谈话。

上面的计划，以《立报》之人力和物力，预卜是可以实现的。为打破低级趣味，提高一般人读杂志的兴趣，我很热烈的希望着，并盼读者补充意见，促其实现。

（选自1937年1月1日《立报》第二版副刊《言林》）

元旦谈《立报》

任 钧

自从《立报》以一种崭新的姿态涌现在上海新闻界以来，虽然时间还非常短促，但无疑地，它却已经在读者脑海里留下了深刻的印象，使得许许多多的人们每天都觉得非跟它见面不可，这实在是不容易的。

《立报》为什么能在这短促的时光中，达到这种境地呢？我以为，这至少是因为它具备着如下的几个优秀条件：

第一，《立报》是希望“人人看得懂”的，因此，无论时评、记载、文学都非常通俗，除了真正目不识丁的文盲以外，多数人都可以看得懂，一反其他各报之爱玩“新闻八股”、完全不为文化水准较低的读者层设想的态度。其次，则它的内容异常丰富而精彩：凡是大报所有的国际、国内，以及本埠各种新闻和适应于各种趣味不同的读者群的各种副刊（《言林》、《小茶馆》、《花果山》等），都莫不应有尽有，所谓“麻雀虽小，五脏俱全”，《立报》十足当之而无愧。复次，则编排的活泼、显豁，让读者一目了然，也是目前上海许多大报所难能、而《立报》却已经做到了的。

第二，《立报》不但“娇小玲珑”，便于携带，让读者可以在途中、车中、公园中……随时打开来读，而且，它还做到了“短小精悍”，让读者在每天的新闻之海中熬出了最纯粹的“新闻的精”，这对于一天忙到晚的现代人，尤其是都会人，实在是一种功德无量的事体。有许多朋友，时常接连几天都没有功夫看所谓的“大报”，但却没有一天不看《立报》，其理由大概就在此。

第三，《立报》真正具备了“价廉物美”的条件，三个铜板一份，“三月只收报费一元”，的确实践了“价钱便宜，人人买得起”的标语。

自然，《立报》也许仍然不免有未能令人十分满意的地方，但，显然地，上面所举的几乎为目前其他各报所无有的三种优秀条件，也就已经可以使它为社会人士所拥护、所爱读，而一步一步地朝着名副其实的“大众化”的目标迈进了。

据说，自从《立报》发刊以来，就曾引起了其他小型报的同行们的妒忌。这，自然是难于避免的，因为《立报》的出现，在各方面都曾给他们以直接或间接的打击。但我以为，这在《立报》是可以不负丝毫责任的。反之，这也正是《立报》之所以为读者爱戴的一种理由。

今天是民国廿六年的第一个日子，我之所以借《立报》的一角来谈《立报》，其目的，无非是以一个读者的资格，在一切都充满着希望的今天，希望掌管、栽培《立报》这块园地的园丁们，能够“百尺竿头，更进一步”，使今后的《立报》更能够彻头彻尾地成为真正属于大众自己的报纸。

（选自 1937 年 1 月 1 日《立报》第三版《言林》元旦特刊）

做发行工作的话

阎奉璋

从《立报》出版到如今，我始终在执行着询问读者停报原因的职务。这工作是《立报》发行科中的一部分，目的是要明白读者对本报的批评，并了然读者停阅本报的真相，以为改进的参考。最近我曾经统计了一下这一年中我收到的读者的答复，计：因住址变迁而停阅本报的占第一位，因经济关系而停阅的占第二位，由邮局寄递不规则而停阅的占第三位。

这些信中，申述因经济关系而停阅的，最叫我感动。他们有的是一个月只有一块钱的学徒，他要看本报就不能剪头发，这个月因为必须剪发了，所以停阅一月，又有的虽未说明他的经济情形，而有的复信中说："我正在积钱，俟积有成效，当即汇上订报。"可以知道他的经济情形一定不好，这样的苦朋友都要看《立报》，使我们在这个机关中工作的人，如何能不感到如果我们不努力工作，实无以对我们的读者。

至于说因邮局寄递不规则而停阅的信，那信叫我读后都觉到办事不负责任的可恨。这种信多半是来自内地各县及乡镇。我记得有一个山西某镇的一个读者曾写信来说："我订的报常常是十几天才由邮局送来一次，有时感到无报看，苦不可言，又有时则感到报太多了，简直看不过来。"只是因为小邮局中的人不能尽职而有此现象，这如何不令人恨。我恨这种人并不是因为他懒而使《立报》减一份报，我认为他们这种行为简直是妨害文化输入农村。所以我希望今后在小县镇上做邮局工作的人，能明白他们肩上所负的责任的重大，不再有这种事。

此外我藉此机会还想向读者申述一点我们做发行工作人的要求，那就是《立报》的发行科是极愿意和读者取得联络的。我们十二分的欢迎读者能将他们收到报纸的时间相告，在本市的读者如果因为收到的晚可以打电话到报馆来，外埠的读者如果认为收到的晚可以写信来，我们极愿意在可能范围内，努力设法改善。

（选自1936年9月20日《立报》一周年纪念增刊第七版）

本报发行科启事

（1）自沪战发生，各路交通即告停顿，来往邮件皆遭积压，敝报遵照上海日报公会决议，所有寄往外埠报纸自八月十四日起均暂停寄。目前交通已渐恢复，外埠订户报纸，已自九月一日起照常寄递。在停报期间之报纸因无保存，概不补寄，惟将订报期限延长，即自停报日期（八月十四日）起至八月三十一日止，共停报十八天，即将订报日期延长十八天。近日读者来信要求补报甚多，实无法照办，恕不另复。尚祈各外埠读者，喻照是幸。

（2）本报外埠分销处报纸，亦自九月十六日起恢复寄报，各代派处如有加减报或停寄者，请从速来信通知，以便照办。关于停报期间（八月十四日至九月十五日）报纸，已无保存，均不补寄，尚盼注意。

（选自 1937 年 9 月 17 日《立报》第一、四版中缝）

本报告别上海读者

本报从民国二十四年九月二十日创刊，至今天已经两年又六十六天。在这两年又六十六天中，我们始终站在民族的前线！我们的能力固然很薄弱，但是我们没有一天放弃过自己的责任！从大上海沦陷于敌手之后，我们时时感觉到留在上海和上海读者见面已经很困难，但是我们不能不为二十余万的读者着想；我们抱着“见危受命”的精神，在重围中继续出版了十五天。到今天，我们已经不能不暂时和上海的二十余万读者忍痛告别！

我们暂时在上海停刊，我们决不放弃我们的责任；我们也相信我们在上海的数十万读者，虽然暂时不能和我们相见，也决不会放弃他们对民族的责任！

今天，我们乘告别时一刹那的机会，和读者再谈一谈我们对这次民族抗战的瞻望及信心和留在上海的同胞今后应该做些什么、应抱什么态度。

对抗战的瞻望与信念

这一次民族革命战争，是历史所赋给我们这一代的神圣任务。敌人的野心是很显然的，非但吞我全国、奴隶我们全民不止，我们不愿祖宗辛苦缔造开发的锦绣河山沦陷敌手，我们不愿意做敌人的奴隶，我们只有抗战到底，用我们的血洗去民族的污点，用我们的血写成新的光荣的历史新页。

这次民族革命战争，从开始到现在已有四个多月。在这四个多月中，我们的确失去了不少土地，牺牲了数十万军民，但是决不是我们失败，我们已经消耗了敌人无数的人力物力，使敌人不得不自陷于淖泥！我们应要看一看六年前敌人不费一弹、不折一兵就侵占辽宁、吉林、黑龙江三省的大部分，就可以知道这次抗战的意义和收获的重大——虽然我们在表面上是暂时失利的。我们只要坚决抗战下去，战区愈大，战线愈长，敌人的力量愈分散，所遭遇的困难愈多，我们必然能获得最后的胜利。

在抗战中我们的确发现了许多弱点，失去了多次可能的胜利，遭遇了不应有的困难，否则我们不会这样容易退却。但是我们不应因此失望，正唯这许多弱点在抗战一发动就暴露出来，所以我们还尽有时间来纠正这些弱点，补足这些缺陷，使真正自由平等的新中国，能在艰苦抗战中诞生起来、发皇起来！

以前，我们多年的准备工作，无庸讳言地是太偏重于军事方面，而仅仅在军事方面准备是不能抵抗强敌的，这在四个多月的抗战中已经充分暴露出来。就是在军事方面的准备，也包含着不少的弱点和缺点，在这次也完全暴露出来了。在军事以外的各方面，最高当局未尝没有顾到，但负责执行的人未能切实做去，致不能和军事相配合。现在我们在继续抗战的过程中，正可以迅速纠正以前的错误。

在军事方面，我们更无庸悲观。欧战后的土耳其，曾退到沙漠地带，用临时招募起来组织起来的民众武装，击败了有强力后援的希腊军队，建造了新的土耳其共和国，使列强不敢再正眼看这“近东病夫”。苏联十月革命之后，当时人民所组织的军队，真是所谓“乌合之众”，但是毕竟击败了十四国的干涉军，创造了光荣灿烂的社会主义共和国。西班牙共和政府所武装起来的五十万民众，甚至用博物馆里的陈旧枪械，和法西斯意国、德国及本国的正规军有犀利的新武器的陆军作战。马德里已经守了一年多，还没有被侵略者及叛徒所攻下。我们反观自己的力量，无疑是比战后的土耳其强，比革命初期的苏联强，比西班牙政府更强；而我们的敌人呢，无论在哪一点上，都比不上干涉土耳其，干涉苏联，干涉西班牙的国家。对照之下，我们当然极有胜利的把握。

我们当然不是为看到土、苏、西三国的历史而无条件自信可操胜算，我们必须学习人家所以能战胜敌人的教训。我们必须迅速武装民众，广大地武装民众，使广大的人力组织在抗敌战争的最前线；我们必须在一年以内武装五百万的民众，使敌人到处遇到严重的打击！

在国际方面，正随着我们抗战而日益有利于我们。如英国的亟亟调整对德关系，用经济力量使意国就范，其目的都在抽出力量来对付远东；美国的孤立派（主要是和日本有贸易关系的南部棉花商人及军火商人）虽然很活跃，但罗斯福总统的态度是非常坚决的，只要英国能采取积极态度，美国决不会袖手旁观的；至于苏联，如欧陆能够稍趋安定，德国能和捷克缔结互不侵犯条约，对西线无后顾之忧，则不会推辞其对远东的责任。我们抗战的时期愈长，友邦的援助也必日益具体化。

留沪同胞的工作和责任

大上海是陷落了，但是上海及上海附近还有几百万不愿做亡国奴的同胞，我们相信这几百万同胞是无时无刻都不会忘掉自己的国家、自己的民族的。这几百万同胞，在过去已经为救国家、救民族而尽过不少力，捐过不少钱。尤其是大多数的劳苦同胞，所受的苦最艰巨，而捐钱出力也最慷慨而使人感动奋发。

现在，这些热心爱国的同胞一定有许多人感到“惘然若有所失”。他们将不知道怎样贡献他们的力量，怎样尽他们对国家、对民族的一颗血心。

果真留在上海及上海附近的同胞今后就没有献身民族、献身国家的方法吗？当然不是的。留在沦陷区域以内的同胞，他们所可以贡献于国家民族的力量，实际比未沦陷的时候还要大，机会也更多。他们对于民族所负的责任也更重大，当然工作是格外艰苦。在以前我们可以照我们所要讲的话直率讲出，所要做的事直率做出，但今后就不得不沉住气，一点一点地、一滴一滴地干下去；以前我们最多只要注意避免内部的摩擦，今后则须时时提防敌人及奸徒的监视。

在整个的民族战争中，我们所以摧毁敌人的主力不是靠我们的武器比敌人好或和敌人相等，不是单靠军队在阵地上和敌人死拼，而是要使敌人作战时处处受到阻碍，使敌人疲于奔命。尤其是在敌人的后方，效力更显得巨大。东北的人民革命军、义勇军，华北的游击队，都曾发生极大的作用。

在沦陷的区域内，汉奸的活动定会日益猖獗的。因为少数的敌人决不能统治这许多的人民，也镇压不住这许多不愿做亡国奴的人民，它必须用“以华制华”的毒辣手段，利用汉奸来做直接的刽子手。在上海四周，东北伪军的数量超过日本军队，就是一个明显的例子。在这些汉奸中，大部分是为生活所迫，为权威所胁，他们并没有失去灵魂，只要经过相当的说服工作，可以使他们自拨反正的。至于少数已经失去灵魂的人，是随着势力而转移的，如其大家都隐忍着退让，他们的声势就一天天嚣张；如其有群众的力量来对付他们、监视他们，就自然会销声匿迹。为什么大上海沦陷后半个月的现在，还没有傀儡组织出现，就是一个例子。

努力吧！留在上海和上海附近的同胞，每一时每一刻都记着我们的民族，记着我们的国家，每一时每一刻都有献身于民族、献身于国家的工作可做！

（选自 1937 年 11 月 24 日《立报》第一、二、四版连载）

最后的希望

了 了

《立报》的出“最后一版”的决心，是早就决定了，不过在环境还允许我们尽一天责任的时候，我们决不逃避责任。到今天为止，上海这个环境是不允许我们再尽责任了，我们只好罢手；不过我们的奋斗精神，决不因此减掉分毫！我们当然希望很快就能“卷土重来”。如果短期内这一点做不到，在其他可以叫我们努力的环境中，我们还是要去继续努力的，这一点自认很可以告慰读者们！

今天是最后一次向读者写我的意见了，我当然有千言万语，不知从何说起。经过仔细的寻思，我觉得最应当向大家说的，是我对今后上海同胞的希望。这个希望就是请所有的民众，都认识自己的责任，勿妥协，勿苟安，永久继续奋斗下去！

在今天本栏下方，我介绍了一篇曾做汉奸但醒觉过来了的同胞的自白和一位女同胞受蹂躏而自杀的报告。这种文字也许大家今后在上海是不易看见了，盼大家不要因为再看不见真确的报道，就为虚伪的宣传所蒙蔽。如果你是把《立报》当作每天一定要见面的“良友”的，请你永远记着你和你这个朋友的不能再见的原因吧！愿这个记忆，能帮助你打破今后一切敌人的欺骗手段。

此后在上海，今后每一个同胞可做的事，仍然是很多的。愿大家全能像我们一样，抱定不惜做任何牺牲的决心，决不改变态度地努力下去，不到环境确不允许时，决不放弃自己的岗位。这样前仆后继地挺下去，我相信上海的光复，离我们一定不远。我们是还会见面的，请大家都树立起这个坚定的信念！

（选自 1937 年 11 月 24 日《立报》第四版）

别　了

小记者

我们忍着痛，也请我们的读者忍着痛，我们间将有一个离别。

当然，这个离别，是悲痛的，但，也是光荣的！

我们愿意这离别要长久！我们要长期抗战，长期抗战的结果，我们必得最后胜利！我们下次与读者相见之期，就是在最后胜利之时。

我们永远忘不了读者两年来给予我们的鼓励，我相信，读者也许能永久记忆着我们两年来的小小贡献。

别了！后会有期，愿各努力！凭我们的努力，在那天日重现的时候再见了！

（选自 1937 年 11 月 24 日《立报》第四版）

本报停刊启事

本报因环境关系，自本月二十五日起，停止发刊，敬以满腔血诚，于此临别之时，向爱读本报诸君，致其最大之谢忱！

（选自 1937 年 11 月 24 日《立报》第一版）

本报发行科紧要启事

本报自十一月廿五日起停止发行，凡本报直接订阅期限未满者，务请凭原收据自即日至本月三十日止，向本报发行科退回所余报费。特此声明，诸希见谅是幸。

（选自 1937 年 11 月 24 日《立报》第一版）

五、程沧波论成舍我

中国自由史上一位独立的记者

——祝成舍我先生六十寿

一

舍我先生今年六十岁了。照现代医学上的看法，人生六十岁，正是精神、健康和事业“如日方中”。所以今天我写这篇短文，一方面是怀想过去，同时也是瞻望未来。舍我先生六十之年，他过去四十余年在新闻界的奋斗，这是我们新闻界的光荣。舍我先生过去四十余年的奋斗历史，它的光荣是不仅属于新闻界的。他四十余年的努力奋斗，是中国自由的一章。他在新闻界四十年的奋斗，影响及效果，不止限于新闻界一个圈子中间，其直接间接的影响，在于整个中国。所以舍我先生是近代中国新闻史上一位伟大的斗士，同时也是中国自由史上一位勇敢而独立的斗士。他为了新闻自由而奋斗，也就是为了人类自由而奋斗。他的奋斗，不仅是消极的排除对于自由的障碍，同时还在于积极建设了适宜于自由的气氛与环境。在自由的斗争中，能不顾一切利害去排除对自由的障碍，已经需要大仁大勇。在此种消极的斗争以外，再能积极创造对自由环境的建设，在大仁大勇以外，更需大智慧。舍我先生今天值得自由世界的崇敬，就在他为自由的奋斗中，无论在消极或积极方面，都有伟大的表现。

英儒阿克敦爵士（Lord Acton）常讲：“权力易倾向腐败，绝对的权力，易于流入绝对的腐败。”美儒亚当亨利（Henry Adams）说：“权力是毒。”瑞士哲学家勃克哈德（Jabob Burekhardt）说：“权力本身是邪恶的，不管什么人运用它。权力本身是不愉快的，而且注定要使人不愉快。”这三位大思想家的名言，论世论政的人常常引用着。照我的历史研究，官权者不仅易于流入腐败，有权力者也忌嫉本身权力以外之任何其他权力，所以有权者不管它自身的来源如何，性质如何，一朝权在手，便不愿再见其他足与之抗衡之权力发生。为了维护自身权力之发扬，乃不惜抑遏甚至摧残其他权力之滋长。譬如举新闻纸的历史来讲，就英国的事例言之，在十六十七世纪时，阻遏甚至摧残英国新闻自由的，不仅是王室，当时英国的巴立门，也曾通过了种种法律限制英国报纸之发展。譬如国会中辩论的记载，当时英国国会曾经多次通过法律，不许报纸登载。关于广告课税，英国直到十九世纪中叶才予废止，所以英国的报纸乃至欧洲当时国家的报纸，它们为了新闻自由，不仅要与王室斗争，还需与民意机关斗争。民意机关与舆论机关，虽其源流同为人民，然而因为民意机关已经是确立的权力，民意机关想滥用其权力以保持其权力，乃至不惜对新闻自由予以压迫。这一个事实，在现今虽已完全改观，但其迹象，有时还隐约可见。所以一个伟大的自由斗士，其遭遇的敌人是多方面的。一位成功的独立的记者，要有勇气，有智慧，与妨碍自由的各种敌人去斗争。

综合舍我先生的生平，在他四十余年奋斗史中，最值得我们大书特书的，是他独立的精神。四十六年的长期奋斗中，他所遭遇的敌人，虽然有各种的各式的不同；他所创立的报纸，虽然有晚报、日报、画报乃至周刊；他奋斗努力的地方，虽然遍及中国的南北东西，乃至海外：然而他最伟大的特质是他独立的精神。独立与公平，是一个好记者的必要条件。有了这两个条件，然后一个记者的观察与言论，可以引起多数人的信服，在社会方面发挥大的效力。公平的报道与言论，为之涤除。积极方面，各种改良与设施，可依公平的报道与言论而为导引以迄于完成。人类的灾祸，都是造端于不公平。政治与社会的公平，其实现有赖于制度，而尤在透过不断的公正言论，使各种制度日新月异。但是如何培成公平，其关键在于独立。惟有独立的襟怀，独立的人格，然后能达成情感理智乃至观察与言论的公平。欧洲近代文明的进化，由中世纪而历文艺复兴，科学发明，工业革命乃至民主政治，其精神上最重要的依傍，便在个人的独立精神。有了独立的精神，然后得以打破教条，排除巫咒，而渐能由此草昧荆棘中入于理性的黎明。近代的新闻纸，所谓新闻自由，便是替人类驱除精神桎梏与智慧枷锁的一种制度与气氛。所以，近代成功的记者，其对人类的丰功伟烈，有时是超过政治家以上，而与宗教家、思想家占着同等地位的。占着这样重要地位的人，其精神上最主要之条件，是独立。由这个精神源泉而奋斗出来的记者，必然是一位伟大的记者。

二

舍我先生今年才六十岁，我在上文一再提到他在新闻界奋斗四十余年的历史，这是今天想研究舍我先生的人们开始必将怀疑的，我想简单叙述他的一点历史。舍我先生是湖南省湘乡县人。因他的尊人在安徽游宦，他在幼年就离开湖南到安徽。所以他至今讲话很少湘音，反而带着相当重的安徽口音。辛亥革命时，他只有十四岁，参加了当时安徽省的革命青年军。这支青年军的领导人是韩衍先生。民国元年，青年军解散，舍我先生开始在安庆的《民碞报》及《长江报》写稿，有时采访新闻。二次革命失败以后，他参加了柏文蔚领导下的秘密组织，在安徽担任反袁工作。民国四年，他一个人跑到奉天（沈阳），在《健报》做编辑。当时和他同事的人，今天在台湾的王新命先生是其中一位。不久，他回到安庆，和几位青年想筹办一家报纸，当时正是袁世凯导备帝制闹得热轰轰的时候，安徽督军倪嗣冲便将他拘捕，几以“乱党”枪毙，幸有人营救，才免于难。出狱以后，他潜往上海。民国四年到民国六年，他在上海《民国日报》主编副刊，中间因为柳亚子驱逐朱鸳雏出南社的广告事件，曾经和总编辑叶楚伧先生发生冲突，他卷着铺盖，离开报馆。民国七年，他考入北京大学的中国文学系，便到了北京。从民国七年到民国十四年，他一方面在北京大学读书，一方面先后兼为北京《益世报》任总编辑、主笔、采访主任。他在北京大学毕业后，有一个时期专在《益世报》任事。《世界晚报》是舍我先生第一次自己筹办的报纸，那是民国十三年的事。翌年创办《世界日报》。

从“五四”时代到国民革命军北伐，他在北方为了自由而奋斗，曾经坐过多次监狱，好几次几乎被枪毙。国民政府在南京成立，是民国十六年四月十八日，舍我先生大概在五月初便在南京发刊《民生报》。当时我亦在南京。大家所争阅的日报，一为《革命军日报》，另一则为《民生报》。前一个报纸，是总政治部办的，主持人为龚德柏先生。《民生报》完全是民间报纸。《民生报》由民国十六年到民国二十三年在首都是惟一的民间独立的日报，最后卒遭汪精卫的非法封闭，舍我先生也在南京卫戍总司令部被禁闭了四十天。上海《立报》是民国二十四年九月开办的，这张报纸，在中国报史上有它特殊的地位，今天不及在此赘述。可是我必须追述当年他从南京卫戍司令部被释外出，南京地方是不许他办报的。《立报》的创办，一方面是他对小型报在大城市生存发达一个思想的实现，同时也为办小型报可避免人家的注意。哪知道这一个小型报在上海，竟在数年中打破报数的发行纪录。中日战争爆发后，上海《立报》随着国军的撤退，另在香港继续出版，直到珍珠港事变，香港沦陷而停刊。重庆《世界日报》筹备开始在民国三十二年，到三十四年五月正式发刊。因为当时后方人力物力及设备的艰难，据舍我先生平时所追忆，他一生办报费力最多，莫如重庆《世界日报》。当时我也在《重庆日报》担任一个总主笔的名义，曾亲见他赤足打水（因为出版不久重庆下水道在经过报馆的一段，突然阻塞，全馆被沟水泛滥深达一公尺余，经过两月，始由市政府疏浚完工），更亲见他到排字房，到打包间，更见他亲手校对。报馆中各种事务，他既无一不能，亦无一不亲自动手参加。经过这一段简单的记述，我们知道舍我先生从十五岁起，便从事报馆工作，在此四十五年的岁月中，他在报馆工作，从校对到总编辑主笔，从发行广告到总经理社长，几乎无一部门的工作没有参加过，而且每一部门都很精熟。他在报馆内部的工作既如上述，他亲手创办的报纸，我们记得清的，便是上面所说的六种日晚报，其次，他在北平创办北平新闻专科学校，在桂林继续创办。去年他在台北，再度创办世界新闻学校，并准备筹办新闻学院。

三

我在本文的开始，便强调舍我先生四十余年在新闻界奋斗的历史，他特殊的风格在于他独立的精神。他这个独立的精神，充分表现于他的言论、行动、事业方面。民国十三年的《世界晚报》，是他第一次创办的报纸。据说他开办那个报纸的资本，是大洋二百元。而这二百元大洋，是他在《益世报》最后几个月工作的积蓄。从民国十三年到民国十五年，他在北京，赤手空拳，办了几家报纸，没有拿任何方面一文津贴，更没有假借报纸与当时的军政任何方面发生关系。他的联系对象，是多数的人民与青年。他凭着这一点独立精神，为着自由，与当时的军阀官僚，作殊死的斗争。结果坐了多次的牢，几次险些遭了枪毙。国民革命军北伐，舍我先生因为参加地下革命的组织活动，曾经短时期担任顺直特别委员会秘书长，平津收复，任北平大学秘书长。他与革命的渊源，历史甚深，更对革命的宣传着实出过死力，如果他想在政治界活动，他的政治资本，应是十分殷实。但是除了在短时期担任过上述两个职务以外，他始终不曾向政府争取一官半职。他在南京办《民生报》，没有收过政府一个钱津贴，他的报馆房屋与自己住宅连在一起，简陋局促，刻苦艰难，今天在台的朋友，有人可以回想而证明。他既不愿做官，也不愿假借报社的地位，替自己顺带牟取任何名利。不但不去稍谋名利，而且终致报馆被封，自己坐牢。记得南京《民生报》被封，舍我先生在首都卫戍司令部被禁锢四十天出狱，唐有壬，曾与晤谈，劝他与汪精卫释嫌修好，间接暗示如肯向汪精卫认错，不仅可办报，还可做官，名利兼收。当时舍我先生一口拒绝。唐有壬继晓以利害，说一个新闻记者要和一个行政院院长去碰，实在是碰他不倒的。舍我先生当时的答复是：“我与汪精卫碰，最后胜利是属于我的。”唐为之愕然不解。舍我先生对他说最后胜利的理由：第一，汪的年龄比他大；第二，汪不能一辈子做行政院院长，而他能一辈子做新闻记者；第三，做记者可以抱定主张，始终不变，搞政治则诱惑太多，不容易永保令名。民国三十七年底，北平再度沦陷（解放——编者注），三十八年春中共宣布没收北平《世界日报》，舍我先生在上海各报发表长文，对中共正面驳斥他们没收报馆的理由。这篇文章，当时全国为之震骇。舍我先生一生奋斗的记录，今天不容详细引举，但就这两件事说来，他的勇敢，他的正气，在近代中国新闻界中是空前的。有一位老友曾对我说，舍我先生但凭一篇文章，便可名垂千古，何况他推倒一世豪杰、开拓万古心胸的文章，何止一篇？而每一篇惊世不朽的文章，都是表现了他特立独行的人格、大仁大勇大智的风范。近年我尝有意辑述中国近代记者的传略，我所知道的记者，我所亲自交往的记者，像舍我先生的风格，实在是不易多见的。而舍我先生风格中最独特之一点，便是他独立的精神，他那独立的精神是近代中国记者中少有人可以比较的。

中国近代五十年的新闻记者，人才辈出，如果今日修订国史，在儒林、文苑、艺文、独行等传志以外，应该加增“记者志或传”一门。五十年来的记者，始终维持报纸记者的立场，而且终身从事新闻事业的，我常常想起三位人物，第一位是陈景韩先生，第二位是张季鸾先生，第三位就是成舍我先生。这三位先生将来各有千秋，今日是可断定的。说到陈景韩先生，今天新闻界中不但和他接触的人不多，怕知道或认识他的人更少。陈先生前后做了三十年的记者，他不愧是一位独立的记者。可是，他的独立，还多少是限于消极的。他的独立，多年中是偏于“有所不为”。像我一辈的人，大概可以记着三十年前《申报》署名一个“冷”字的社评，在当时、在今天终觉得他过于“冷”一点。有一次景韩先生对我讲一段故事，那是前清末年在《时报》时代的事，他说那时他在《时报》做总编辑兼写社论。社论的文章是极其锋芒的。有一次《时报》主人狄楚青先生给他看一封信，责备他写的文章，竟像革命党写的。后来看了信末署名是康有为。狄楚青是康的门生，他把康有为的信给陈先生看，意思是嫌他写的社论过于激烈。从这一个故事，可见陈先生在当年为文章是“冷”的。抗战中间，陈先生始终没有离开上海，胜利后我一到上海就去看他，问他何以自全。他说：“我很少出去，即出去也没有人认识我。”我当时默念，做新闻记者，做到没有人认识是太难了。景韩先生的行己立身是极严正的，认识事理更绝对清楚，他的立场坚定明朗，是毫无疑问的。可是他那种风格，是无法效法的。

其次讲到张季鸾先生，他的智慧，他的热诚，真是令人尊佩。《大公报》与张季鸾先生，是近代中国报纸与报人中最幸运的。它们是“九一八”以后时代的宠儿。季鸾先生少年孤露，中年坎坷，晚年真是交大运。他晚运好，死运更好。个人与事业，其成败得失，努力一半，命运还占一半。古今中外的历史，都是如此。季鸾先生当过陇海铁路会办。民国十七年北伐军渡河北上，蒋总统与冯玉祥在郑州会面，随着冯玉祥到郑州的是季鸾先生，据说这是季鸾先生与蒋总统第一次正式见面。从清末到“九一八”，季鸾先生真是经过了“战国纵横”的时期。民国十五年后，他与胡、吴两位先生专心办《大公报》，这是一个文人理想的归宿。我与季鸾先生，曾经有过长时期的接触。抗战时期在重庆，我们还在一所房子同住过一个时期。有一天于先生、季鸾先生和我同在庭院散步，季鸾先生忽而喟然说：“我们三个人，代表了三个时代的中国记者，可说是三代的记者。”三个时代的记者，陈现了三个不同的时代，三个时代记者不同的命运！我对季鸾先生，具有公私无限之爱慕与敬仰。但我也始终觉得季鸾先生带着浓厚的纵横家气味。这是时代环境所造成的。关于独立精神这一点，在陈、张、成三位先生中，我总觉得舍我先生是超过他们之上的。舍我先生半生在纵横的时代中，但他没有半点纵横之气，也不带半点纵横家的手法。舍我先生办报的地点，多半不在租界，而且专择首都去办报，这一股冲锋陷阵的独立精神，知人论世者是不可不体会而认识清楚的。他真是近代中国记者的“云中一鹤”。他是正规民主国家一个独立的记者。他的命运是与国运连在一起的。舍我先生恐怕不是受着任何人的宠眷，而是全国的民意崇奉他。

十八世纪英国一位印刷商兼办报刊的人，名叫阿尔蒙约翰（John Almon）。他有几句沉痛的话："生了儿子，与其使他做印刷生意或办刊物，不如叫他做学习修补铁锅的匠人。因为铁的法则是可以懂的，而诽谤的法律是不成文的，不确定的，也是没有解释的。有时候国王或王后爱怎么办，有时候大臣爱怎么办，有时候检察长爱怎么办，便怎么办。"看了这几句话，再看今天英国的新闻事业，知道人家新闻事业的发达，与新闻自由的树立，原不是容易的。英国在十八世纪，办印刷事业或办报，使当时从业人员为此头痛，可知新闻事业在外国，即在英国，当初也是被有权者所竭力压迫而摧残的。英美两国的新闻事业，所以获得今天的成就，中间正赖无数志士仁人无量的奋斗与牺牲，也经过多少从事新闻事业者之积极创造与建设。中国新闻事业，历史还不及百年，这一百年来中国经过长期的混乱，新闻记者的命运是可以预定的。所以在此百年混乱中，中国新闻记者命运上的困顿潦倒是常道，飞黄腾达是例外。在世界新闻史上，飞黄腾达的新闻记者毕竟是无不（令人）欣羡称道的，受着权力当局特达之知的新闻记者，在新闻史上也并不是一种神话。新闻记者最重要的条件既如上面所说，是独立的精神，而一个独立记者的最重要修养，是为多数大众培养权力，而自己本身决不攘夺此种属于公众之权力，更不矜夸本不属于自己的权力。伦敦《泰晤士报》从华尔陀第二接办以后，编辑新闻上的重要信条之一，为办报人决不利用报纸作本人或团体之宣传。此与中国旧时史家的传统信条相仿佛。记事论事，虽父子骨肉，必用第三者立场；褒贬抑扬，纯采客观与独立的态度。拜恩斯（Thomas Barnes）是英国十九世纪一位大报人，在《泰晤士报》担任主笔达二十五年之久，拜恩斯死后（一八四一年五月八日），《泰晤士报》新闻栏中并没有一字的记载，而仅在"出生·结婚·死亡"报告栏中有两行半的普通记载。英国《泰晤士报》这一优良传统，一直保存到现在，如果我们一回想我们国内的报纸，对于本身的宣传是何等努力，真是报界所应惕厉改革的。因此我再想到舍我先生，在他四十余年的记者生涯中，在自己三十余年经手所办各报中，从来没有看见他为自身作任何宣传，这是现代记者极重要的修养，今天应当为全国报业郑重提出检讨的。

最后，我想再谈一点舍我先生的个人修养，做本文的结束。一般人对舍我先生的评价，说他是一位坚苦卓绝的事业家，他创造事业与维持事业的能力，这是新闻界所公认的。中国五十年来新闻事业中尽见杰出的人才，但像舍我先生那样的无所不能、无所不精，实在是少见的。在营业方面，他对材料、成本、发行、广告等无一件不精通；在技术方面，他对印刷、排字都时时研究且有新的发明；在编辑方面，从校对、采访、编排乃至写专文评论，亦无一不能，无一不好：他真是一位新闻专业的全才。我曾说，舍我先生的学问文章，每被他的事业所掩盖，他是北京大学文学系毕业的，所以他的国文根底十分深厚。二十余年前，我们同去欧洲，那时候他的外国文不能说好。然而经过二十余年不断的努力，他对英文阅读与听的能力，已十分完备。他读《时代》周刊，七八年来每期自编索引。读中国书更做札记，《资治通鉴》是他熟读的书，他早年喜治词曲，至今还喜唱昆曲，这一点与张季鸾先生相像。到台湾后，他对书法忽感兴趣，两年临池，他的书法亦改观了。舍我先生对治学的自强不息，真使人叹服。他于外国文字，英文以外，尚懂日文。他写的文章，不但犀利，而且浩涵。他生平有多篇文章，必为将来历史上的重要文献，尤为新闻学史上的宝贵资料。他的文名被他的事业所掩盖，其实他的文笔，在现代自由中国，是不易寻出的一枝笔。而最可钦佩是他对自己的一切技能，不但不稍显露，惟恐藏之不密。我对舍我先生，追随订交，至今恰将三十年。中经无数忧患，然而我对他的敬爱，久而弥笃。我惊觉，面对他，自己觉得过于渺小了。不说他经营事业之才，我不及他百分之一，便是谈学问写文章，我也跟不上他。他现在的年力，正如日方中，希望他继续为其使命而努力。更望自由中国、自由世界，珍重维护这一位独立的记者。

（署名“程沧波”，原载1957年8月14日出版的《自由人》杂志）

成舍我先生编年事辑

(1898—1991)

刘家林

1898 —1899 年（清光绪二十四年—二十五年） 1~2 岁 南京

成舍我，原名“希箕”，又名“国勋”、“平”（进北京大学时的学名），笔名“舍我”（语出《孟子·公孙丑下》，“当今之世，舍我其谁也”；一说，“舍小我，成全大我”）、“丁一”、“一丁”、“小白”、“百忧”、“成则王”、“戊戌生”、“蓴”、“大哀”等。以笔名“舍我”行于世。1898 年 8 月 28 日（清光绪二十四年七月十二日）出生于南京下关。祖籍湖南湘乡，世居虞塘何家埠土地堂。

家世背景：成舍我的祖父成策达（1860—1896），曾任湘军曾国荃（沅甫，曾国藩之弟）麾下幕僚，后携眷宦居南京。成舍我的父亲名成璧，字心白，亦为人司笔札。1896 年，成策达病殁，家庭的重担落到成心白的肩上，生计艰难。在祖父去世两年后的 1898 年，成舍我出生，排行第四。

1900 —1906 年（清光绪二十六年—三十二年） 3~9 岁 安庆

1900 年（光绪二十六年），成璧以九品候补官位从南京到安徽候缺，遂举家移居安庆（当时是安徽省城）。在安庆居住 6 年。成舍我 5 岁时，从父读书识字，开始，念《三字经》、《百家姓》、《千字文》等，继之读“四书”、“五经”，到10岁时，已打下了一定的旧学根基。然因家庭经济拮据，一直未能进正规学堂读书。

据张友鸾《报人成舍我》一文云：“他（成舍我——引者注）是湖南湘乡人，从小随家到安庆，在安庆长大。他完全是怀宁口音，见到湖南朋友也能说湖南话。父亲是个九品的小官，家境不好，住在湖南人流寓的‘曾公祠’大杂院里。少年时期的朋友都是安庆人。后来他创办报纸时，很拉扯这班朋友。吴范寰和他共事时间最久，从合办新知书店起，一直做了十多年的《世界日报》经理……”（该文原载香港《大成杂志》第120期，后收入《世界日报兴衰史》一书，重庆出版社1982年出版）

1906—1908年（光绪三十二年—三十四年） 9～11岁 舒城

1906年（光绪三十二年），成璧被委派为安徽舒城县狱典史（相当于今监狱长），于是又举家迁居舒城。在舒城前后两年多时间。

1908年（光绪三十四年），舒城县狱监犯暴动，数十名重犯结伙破狱而逃。成璧拼死搏斗，被殴致重伤。知县陆某，为减轻自身行政责任计，改“反狱”（即囚犯暴动破狱，属狱政上问题，其责任在知县）为“越狱”（即囚犯穴墙而逃，属看守人员疏于防范，其责任在典史），呈报上级。并以纹银2000两，贿赂成璧，欲成为其顶罪。此举遭成璧峻拒。“陆乃贿上海某报驻安庆访员，徇陆意发布新闻，归罪于成璧不尽职，以与陆捏词呈报相互配合，璧因被撤职查办，将发严谴。”（吴相湘《成舍我为新闻自由奋斗》，载《民国百人传》第四册，台北传记文学出版社1971年版，第269页）

1909—1911年（清宣统元年—宣统三年） 12～14岁 安庆凤台

1909年，成璧携眷回安庆，向主管机关面陈实情，举证反击，借伸冤屈。与此同时，因友人之介绍，得识上海《神州日报》驻安庆访员方石荪（亦系湖南人）。方仗义执言，撰一长文详述事实真相。该文在《神州日报》发表后，影响很大，案亦随之平反。此事在少年成舍我心中留下很深的印记，深感报纸有“旋转乾坤”之力，对社会影响巨大，这为其后当新闻记者埋下了最早的种子。

同年（1909 年），成舍我才得以进入安庆“湖南旅皖第四公学”（该校系旅皖湖南人专为同乡子弟而办）就读。该校分初小三年、高小二年。成入学时，插班进初小二年级，因其刻苦勤学，一学期后，跳级升入高小一年级。到高小二年级时，又因成绩优秀，可以直升初中。升到初中后，因家中无力缴纳学费、制服费、书籍费等项而辍学。适其父成璧受任凤台县警察局长，乃随之由安庆往凤台任所。

1911 年，辛亥革命爆发，凤台很快光复，成璧解职，遂携家眷冒险犯难回到安庆。据成舍我晚年回忆：“当时革命军占领的地方，很多县长都被杀了，我父亲是警察局长，居然被放走了。因为他的为人不错，在地方上做的很好，也没与人结怨，否则也会被杀的……我父亲决定先回安庆，那时候地方治安很差，听说到处都有土匪，如果人少，携带的行李财物，一路上一定被劫光。因此，我们是联合很多人，集结几十条船，一块儿走的，比较安全。因皖北淮河流域，在清末时，本来就不太平，革命军把清军打垮之后，很多清兵都做了土匪，他们都有枪，到处杀人掠货。我们一路上，果然多次遇到土匪劫船。船行在河中心，两岸都有土匪，对着我们的船开枪，叫停。船上也有很多人有枪，就对着岸上开枪，就这样停停打打，打打停停，逃到一个津浦路的车站，大概是在蚌埠。记得当时还有火车，我们就乘火车到了南京。当时正是革命军攻打南京的时候，我们就住在下关，眼见炮火连天，大人小孩，莫不怵目惊心。我们稍作停留，就搭民船逃到安庆，那时安庆，也已经被革命军光复了。这回我们全家，才总算是安全到达目的地了。回想这一路的情境，真如做了一场噩梦，梦见死里逃生了。”（成舍我谈话录音，见马之骕《新闻界三老兵——曾虚白、成舍我、马星野奋斗历程》，台北经世书局

1986年版，第二篇第137~138页）

安庆光复后，革命党成立青年军，号召爱国青年积极参加，以期早日推翻满清王朝。成舍我抢先报名投军。据其晚年回忆说：

那时候我才14岁，是个小孩子嘛，大概是心理上所感受的，觉得当时社会上的坏人坏事太多了，觉得只要参加革命，就能铲除“坏人”、“坏事”。所以我就去投考了。记得他们是招考三个队，每队500人，总共1 500人，我是考取了第一队。在考取时，军监韩衍对我们几位成绩最好的人，都说：“你们的成绩很好，我各送你们一本书吧。”于是他就拿来几本《华盛顿传》给我们。他说：“你们很不错，希望你们做未来的华盛顿。”因为那时候提倡革命时，都提倡崇拜美国华盛顿。

我入伍时个子很小，发给我一枝枪和我的人一般高。现在回想，那时青年军也是胡闹，他叫我们去找汉奸，因革命党刚把满清打倒，但许多人想做汉奸，再把满清恢复起来，所以要抓他们。我们要轮班巡夜，查旅馆，有时从晚上搞到天亮。还有几次指说某人是汉奸，去把他打掉；我们还算好，没有派到过这种任务。后来，连都督都管不了他们了。

那时候的都督是柏烈武，柏烈武是国民党的重要人物，一直到袁世凯做总统，柏烈武仍做都督。他来之后，就先叫青年军改编，而韩衍不答应，不久，韩衍被人暗杀了。据说就是柏烈武派人杀的，因为这1 000多人，都有武器。后来青年军就被解散了。那时，革命军把南京光复了，黄兴做留守府的留守，他组织了一个入伍生队，柏烈武就获得黄的同意，把一部分青年军，送到南京入伍生队里去，我就自愿参加了。但当我已上船就要开走时，被我父亲知道了，他及时赶到船上，把我抓下船来，硬是不让我去，说现在就做军人，年纪太小，还得好好读书，所以就没有去成，不然的话，我就变成职业军人了。后来，把入伍生队的一部分人，送到保定军校去了。这是民国元年的事。既然没有去南京，就在安庆待下来，没事就写稿。由于向《民碞报》投稿，结果，就被《民碞报》聘为记者。我的新闻记者生涯，就是从这时候开始的，这年我是16岁。（成舍我谈话录音，见马之骕：《新闻界三老兵——曾虚白、成舍我、马星野奋斗历程》，台北经世书局1986年版，第二篇第138～139页）

1912年（民国元年） 15岁 安庆

4月，成舍我经编选入伍生队，将登船往南京时，为其父成璧所阻而留在安庆。同年夏，成投考私立江淮大学，被录取，又因缴不起学费而未入学。辍学在家，便开始撰文向报馆投稿，体裁包括新闻、小说及杂文等。

同年，加入国民党（理事长为孙中山先生，后由宋教仁代理）。

1913年（民国二年） 16岁 安庆

1913年秋，成舍我被安庆《民碞报》正式聘为外勤记者，时年16岁，从此开始其新闻记者及职业报人的生涯。此后，他以新闻事业为神圣使命，终生以之；他怀抱“民主”、“自由”的理想，秉持“富贵不能淫、贫贱不能移、威武不能屈”的高尚节操，主持正义，含辛茹苦地办报、从事新闻教育事业；他独立不倚，成为我国现代新闻史上杰出的报人。从1913年起，直至1991年逝世，他前后从事新闻事业（包括办报、兴学）达78年之久，在中外新闻史上，是“工龄”最长的报人、新闻战线上名副其实的“老兵”。

1914—1917年（民国三年—六年） 17～20岁 安庆、沈阳、安庆、上海

从1913年秋起，在《民碞报》工作一年多后，因对报馆宗旨及编辑方针不满意，遂辞职。

1914年（民国三年）夏，与同仁王理堂等商议，筹办《长江日报》。因成曾参加国民党，并在“二次革命”前后参加过反袁秘密活动，被北洋军阀政府的地方当局所注目，禁止出版。因此之故，办报之事“胎死腹中”。

1915年（民国四年），安徽督军倪嗣冲大肆逮捕国民党人。成因友人介绍，避走辽宁奉天（沈阳），任《健报》的副刊主编，兼总校对。《健报》是由革命党人创办的一张反袁报纸。该报主人张复生也是革命党人。总编辑为王新命，其晚年曾作自传《新闻圈里四十年》（台北海天出版社1957年9月出版，上、下册）。成舍我在为该书所作序文中云：

回忆我与新命先生相识，远在民国四年，那时我由安庆到奉天，为奉天《健报》任校对、编副刊。新命先生是《健报》总编辑，我以17岁青年，做新命先生部下，屈指迄今（指1957年——引者注），也已40多年。就眼前……的朋友说，我或许是新命先生最老的朋友，新命先生也或许是我在报业中，惟一仅存的上司。（王新命生于1891年，1961年5月13日在台北逝世，得年70）

1916年（民国五年）1月，国内讨袁运动高涨起来，成因同志之约，自沈阳回到安庆，计议创办一份反袁报纸，旋即被安徽督军倪嗣冲派人逮捕，幸友人恳托倪之秘书长裴景福保出。成于关押3日后获释。2月，乃东下上海，暂住在安徽革命党人设的讨袁总部中，在此得识陈独秀（仲甫）。由于一时找不到工作，成乃以向各报投稿为生。因投稿关系与《民国日报》社长兼总编辑叶楚伧（小凤）相识，被叶聘为该报编辑，主编要闻版及副刊。由于该报经济拮据，仅供伙食，成舍我编余时间便卖文为生。

是年春，王新命因在《健报》上写文章强烈反袁，遭张作霖派人追捕，也从沈阳逃到上海，卖文为生。王因商务印书馆高梦旦（凤谦）的赏识，专为该馆所出《小说月报》（主编恽铁樵）编文章、写小说。成遂又搬到王新命处，与其同住，两人先住在《小说月报》的副编辑李润生家，后在法租界南阳路租到一所双开间的小房子同住，并一同卖文为生。以后，由《中华新报》副刊编辑陈白虚之介绍，长沙的向恺然（即“平江不肖生”，《留东外史》的作者）也加入王、成的行列，一起卖文为生。后王新命戏称其三人为“卖文公司”（详见王新命《新闻圈里四十年》）。在此期间还结识了刘半侬（后改“侬”为“农”），与其合译小说。

同年（1916年）6月，袁世凯病死，讨袁运动随之结束；同月，加入“南社”（南社于1907年开始酝酿、筹备，1909年11月13日，即清宣统元年己酉十月一日正式成立，在苏州虎丘举行第一次“雅集”。发起人为柳亚子、陈巢南、高天梅等。1916年6月4日，南社在上海“愚园”举行第14次“雅集”时，成舍我列名第53：“成舍我，名平，湖南湘乡人。”1917年4月第16次“徐园”“雅集”，成仍列名其中）。后因南社领袖人物柳亚子与朱鸳雏为论诗观点不同而引起纠纷，成倾向于朱，遂被柳亚子连带开除出南社。以后，柳亚子著文深自忏悔。（详见柳亚子《南社纪略·我和朱鸳雏的公案》及柳亚子《我和南社的关系》两文）

1917年春，商务印书馆不再采用王新命及成舍我等的小说，成仍任《民国日报》编务。旋因叶楚伧偏袒柳亚子，成愤然而离《民国日报》。在此期间，得以结识李大钊。李曾面劝成趁年轻入正规学校读书深造，但成为生计所迫，只得应李剑农之聘，担任《太平洋》杂志的助理编辑。

同年（1917年），成舍我与王钝根（时为《新申报》副刊编辑）发起组织“上海记者俱乐部”。加入者有《中华新报》的吴稚晖、曹松翘、陈白虚、王新命，《民国日报》的叶楚伧及作家王西神、刘豁公、张冥飞等二十余人。这些人后成为1919年4月15日成立的“全国报界联合会”的中坚份子。（详见王新命《新闻圈里四十年》）

1918年（国民七年） 21岁 北京

1917年，北京大学校长蔡元培特聘陈独秀为文科学长、李大钊为图书馆主任，这便勾起成舍我想进大学深造的念头。

1918年初，先后辞去《民国日报》、《太平洋》杂志编务后，欲到北京，因无川资，当即译成西洋短篇小说3篇，投稿《大共和日报》，得稿酬100元，毅然乘轮北上。抵京后，拟入北京大学就读，由于无中学文凭，不能报考，辗转思量，立草万言书，致书北大校长蔡元培先生，自述向学之殷，请校长予以通融办法，俾得有所成就。蔡阅信后，觉其文笔流畅，深予同情，准以同等学力资格报考旁听生，但考试得等到暑假才进行。从此，成舍我开始了在北京大学4年的学生生涯。

1918年5月，因北大图书馆主任李大钊之介绍，担任北京《益世报》总编辑（后主动辞去职务，由潘云超任总编辑）。《益世报》于1915年11月10日创刊，创办人为比利时天主教神父雷鸣远（雷于1877年8月19日生于比利时冈城。6岁随家人从冈城到巴黎读小学，3年后返比国。1901年到中国，1906年9月任天津总堂区总司铎，1915年11月10日创办《益世报》。后《益世报》分为天津版和北京版，都是京津著名大报。雷原籍比利时，后入中国籍，1940年6月24日病逝于重庆歌乐山中央医院。其生平详见香港《掌故》月刊第39期第27页所载刘荣琼《雷鸣远的烽火钟声》及《雷鸣远传》）。北京版《益世报》社长为杜竹萱。成虽名为总编辑，其实总编辑以外的工作也做，集写社论、编副刊、看大样于一身，工作量相当繁重。据当年为成舍我“打下手”的张恨水回忆：

成舍我在《益世报》，想找一个人打下手，问我去不去。我正好在下午和晚上没有事，很愿意兼个差事。从这时起，我就认识了成舍我，他又介绍了经理杜竹萱。……《益世报》当时在新华街南口，除了总编辑成舍我外，有吴范寰、盛世弼、管窥天和我几个编辑，还有两个校对。另有主笔一人，每天做一篇社论。社址有三进房屋，前面一排是营业所，有两个人收广告、管财务；中进是排字房，有20几位工人，还有两架平版机和一架小机器，两侧是堆纸的屋子；经理室、编辑部、厨房全在后进，新闻和副刊全在这里编。

要说是每天出两张大报，这点房子真不算多。尤其是比起今天的报社来，就会让人笑掉大牙。但是当时其他的报，往往是租一所小小的房子，门口挂一个木牌，就算报社了，报纸大半是找印刷所代印的。

我在北京《益世报》大约干了一年，因为我在业余时间朗读英文，同院住的经理的新太太嫌吵，就把我调任天津《益世报》的驻京记者，每两天写一篇通讯，这样就离开北京益世报馆，到后期我的月薪加到70元一月。（张恨水《我的生活和创作》，载香港《明报月刊》1976年12月号，总第132期，第74页）

1918年8月，考取北京大学预科国文门旁听生（同时考取旁听生的还有孙伏园，成、孙成为北大有名的两位“旁听生”），开始其艰苦的半工半读求学生涯。成舍我当时注册用的名字是“成平”。1918年9月7日《北京大学日刊》（第二百零四号）第一版“本校布告”栏在《文科布告》所列58名“选科学生”中，列有“成平”。“成平”为“预科新生”。当时北大规定：旁听生第一学年的成绩，若平均达80分以上者，第二学年方可转为正式生。为达到80分线，成每天不缺课。晚上到报馆上班，看过大样，已是凌晨4点钟，只能打个盹就去学校上课。成舍我在回忆这段往事时说：

我是民国七年一月去北京的，目的是入北京大学读书，但是要等到暑假才能考学，所以就请李大钊介绍到《益世报》工作。我一进《益世报》，就做总编辑，写社论、编副刊、看大样，都是我一个人。暑假到了，我以同等学力的资格，考取北大做旁听生，按照规定旁听生的成绩如在第一学年，平均到80分以上时，就改为正式生。但如果这一年都不缺课的话，可以加3分。我为了争取“全勤”加分，每天都不敢缺课。但报馆的工作等看过大样之后，一定要到凌晨4点钟。而报馆离学校很远，每天早晨都是打个盹，就去学校上课，太累了身体实在吃不消。一学期过去了，成绩考的还不错，看情形升“正式生”是没问题了，所以向杜社长说明工作太累，请准辞掉总编辑的职务，改为主笔名义，除写社论外，还跑新闻，薪水照旧。一切先得杜的谅解，就这样决定了。之后，他请了潘云超做总编辑。（成舍我谈话录音，见马之骕：《新闻界三老兵——曾虚白、成舍我、马星野奋斗历程》第二篇第二章，第150页）

1918年冬季，李大钊和一些进步人士在北京大学建立了“马克思主义研究小组”，第一次集会是在沙滩红楼北大图书馆主任办公室举行的。成舍我也去参加了这一次集会，在天色傍晚时散会。（吴范寰：《成舍我与北平〈世界日报〉》）

成舍我初到北京时生活艰困之至，张友鸾《报人成舍我》（1979年）一文回忆说：

他小时家里太苦了，简直饔飧不继，十四五岁就出外谋生；18岁在上海，啃烧饼度日；20岁到北京，起初靠陈独秀照顾，勉强够吃饭读书而已。有人说他在北京大学“东斋吃饭，西斋洗脸”，是指他自己一无所有，“逐水草而居”。

1919年（民国八年）　22岁　北京

1919年1月1日，《新潮》杂志创刊。该刊是北京大学由学生创办的最早的杂志，由北大学生组织“新潮社”主办。成舍我也是新潮社之重要成员。（见《新潮》创刊号四月再版本所载新潮社社员名单，成名列第二）

在紧张的工读生活中，成舍我继续进行文学创作活动，如1919年4月4日、4月5日的《晨报》副刊版第七版《小说》栏下连载发表署名“舍我”的小说《吾友》，4月6日《晨报》第七版《小说》栏下又登“舍我”所写《车夫》。

“五四”运动爆发后，成以职务之便，经常撰文支持学生运动。

5 月 23 日，当天北京版《益世报》因登载成舍我写的《安福与强盗》一文及转载了上海《新闻报》的“山东第五师全体士兵敬告全国同胞电”一则消息，遭北京政府（时国务总理为钱能训）所忌，京师警察厅（时总监为吴炳湘）即奉令禁止该报销行。5 月 24 日凌晨 2 时，京师警备总司令部（时总司令为段芝贵）右二区警署会同侦缉队包围了南新华街《益世报》北京馆。以“煽动军队、鼓荡风潮”罪，查封《益世报》，并逮捕了刚刚从通县家中乘车返回报馆的该报总编潘云超（蕴巢）。天津《益世报》1919 年 5 月 25 日第二版所载《本馆特别启事》云：“本报京馆前夜被京师警察厅封禁，所有经过情形俟交涉了结后当完全宣布，想同胞对此，自有良心上评判。约法尚在，不难解决，先此布告……”成舍我晚年回忆：

我是住在北大的学生宿舍里，“五四”事件发生后，我到报馆来问“社论”写什么。结果恰巧杜竹萱回家去了，不在报馆，代理他的人，就说：“老板不在，你随便写吧。”我就想了《安福与强盗》这个题目。本来杜社长很谨慎，我写社论他都亲自看过的，他认为言论过于激烈的地方，就删改几个字，这次他刚好不在报馆。没想到这篇文章就惹了“大乱子”。文章发表的当天警察就来了，查封报馆，抓走了总编辑……（成舍我谈话录音，见马之骕：《新闻界三老兵——曾虚白、成舍我、马星野奋斗历程》第二篇第二章，第 150 页）

由于《益世报》是雷鸣远神甫主办，并在美国注册，故美国教会组织向北京政府提出抗议，使《益世报》仅被封三日便于 27 日复刊。但总编潘云超却仍被判处徒刑一年。成舍我虽然闯了祸，却未受到社长杜竹萱的责怪和解聘，或许是《益世报》销量骤增（由二千多份增至二万多份）的缘故，杜反而请成代行总编辑职务，直到潘云超刑满出狱为止。（天津《益世报》是民国时期北方著名大报之一，创刊于 1915 年 10 月 1 日；1916 年 2 月 8 日，

《益世报》又创刊北京版）

同年9月，成舍我由旁听生转为北京大学中国文学系正式生。

同年9月，以北大中国文学系学生成平为社长的新知编译社成立。（详见1919年10月2日出版的《北京大学日刊》上刊载的《新知编译社成立记》一文）

1920—1921年（国民九年—十年） 23~24岁 北京

1920年初，"他邀集一批同学，如文科的易家钺，法科的罗敦伟、郭梦良、陈顾远，理科的杨钟健、姚文林、吴范寰等在校内组织'新知编译社'，专以翻译外文名著为宗旨，由校长蔡元培批准成立。先后译出的一些书稿，自己无力出版，上海的出版商人又百般刁难。于是成舍我决定另找出路，在1921年初，发起组织'北京大学新知书社'，采取有限股份公司办法，以北大教职员和同学作对象，进行公开招股，定五元为一股，分托同学进行招募。结果，从校长蔡元培起，到稍有资力的同学，都被拉入股，总共募到五千余元"。1921年4月，租赁干面胡同三号作社址，经过股东大会产生董事会，选出成舍我为董事长兼总经理。社内组织规模很小，分设总务、编译、印刷、营业等部门，并在南池子三号设立门市部。印刷设备有两部对开平版印刷机和铸字、排字车间等。由于资金少，生产力弱，营业无计划，不几月就无法支持；虽曾向上海的一些资本家进行增资活动，结果一无所成，在是年冬间便宣告停业。"成舍我在书社失败后，迁居弓弦胡同，先利用残余的资产创办了一个四开小报，取名《真报》。由于缺乏资金和人力，不久就无法支持下去。"（吴范寰：《成舍我与北平〈世界日报〉》，载《文史资料选辑》第43辑，第231~261页）

1921年5月间，"新知书社"成立不久，内部即因一篇报载文章（《京报》5月13日刊登的《呜呼苏梅》）引起纠纷，该社编辑委员及编辑员瞿世英、周长宪、杨树达、郭梦良、罗敦伟、黎锦辉等7人在《晨报》刊登"紧要启事”，宣布“脱离该社”。（详见《成舍我特别启事》、《瞿世英、周长宪、杨树达、郭梦良、罗敦伟、黎锦辉紧要启事》，俱载1921年5月19日北京《晨报》第二版）

1921年6月，他在《新青年》杂志第九卷二号发表译文《无产阶级政治》（列宁著）；夏，大学毕业。

1921年，成舍我与杨璠女士在北京结婚。杨璠又名杨致殊，湖南长沙人。经长沙周南女校保送就读于北京女子高等师范学校。她在“五四”运动时期是个活跃人物，曾加入共产主义青年团。她与胡适、李大钊都有接触及书信来往。如1920年5月5日，杨璠曾致胡适一信（当时杨璠她们开展勤工俭学活动，组织了一个“工读互助团”，学缝纫。买缝纫机需钱，杨致信胡借钱。详见《胡适遗稿及秘藏书信》第38卷第1页）。杨璠早年颇受其二兄、我国著名经济学家杨端六影响。（杨端六为武汉大学教授，曾担任武大经济学院院长、教务长。其夫人袁昌英也是武大教授，著名西洋文学研究专家、剧作家和散文作家。其妹杨润余早年在长沙参加“新民学会”并留学法国。回国后曾主编上海商务印书馆出版的《妇女杂志》，并在广州中山大学等校教授法语。）杨璠于1975年在北京逝世，享年80岁。

杨璠与成婚后协助成办“世界”三报，生两女。长女成之凡（稚璠）1923年出生于北京。自幼学钢琴，后进入上海国立音专。曾在香港和法国等地多次开演奏会，并创作乐曲多种。1951年旅居法国，随后与法国建筑工程师贝尔覃（Philippe Bertrand）结婚，又从事绘画、举办画展，并进行道家学说等中华文化的研究和传播。1981年、1988年、1995年和2002年，曾四度参加法国总统竞选。1983年首次应邀回国，曾在北京举行音乐会。（参阅杨允达：《成之凡和她的三重阁》，载《新闻天地》总第1604期）次女成幼殊，1924年出生于北京。1942年秋考入上海圣约翰大学英国文学系。1945年曾为新四军第七师做交通工作，同年加入中国共产党。1946年冬进《新民晚报》当见习外勤记者，并先后在香港《华商报》等处从事新闻工作。1953年初由广州《南方日报》调外交部，成为职业外交官。现已离休，居北京。成幼殊也是著名诗人，已出版的诗集有《幸存的一粟》(2004 年 12 月获第三届鲁迅文学奖优秀诗歌奖)、《成幼殊短诗选》(中英对照)、《成幼殊世纪诗选》、《成幼殊自选集》等。

1922—1923 年（民国十一年—十二年） 25～26 岁 北京

“1922 年春，成经北大教授沈溯明（兼任北京市立师范学校教务主任，原系新知书社股东）介绍入北京师范学校任国文教员，不久又回到北京《益世报》恢复编辑工作。1923 年秋间加入李次山所办的北京联合通讯社任编辑。那时正值旧国会在北京复会，记者采访新闻的目标集中于议员俱乐部。成舍我因联合通讯社采访新闻的关系结识了不少议员，如众议院议长吴景濂和议员陈策等。1924 年即由吴的关系入众议院任一等秘书，又因和彭允彝的关系，当过教育部的秘书，其后结识了外交界的宋发祥等，由宋介绍给当时的财政总长王正廷，当上了华威银行监理官。”（吴范寰：《成舍我与〈北京世界日报〉》，载《文史资料选辑》第 43 辑）

1924—1926 年（民国十三年—十五年） 27～29 岁 北京

1924 年 4 月，辞去《益世报》职务，以最后几个月薪俸二百元大洋，独立创办《世界晚报》。该报于 4 月 16 日创刊，每日下午出四开一张。社址在西单牌楼手帕胡同成舍我家。成自任社长，请安徽籍众议院议员陈策当名义上的经理兼发行人，以作政治上的“挡箭牌”。创办初期，报馆工作仅由三人支撑：龚德柏任总编辑，张恨水编副刊，“成舍我任外勤记者。晚报完全靠当天的特别消息，所以外勤记者是最重要的任务”（龚德柏：《龚德柏回忆录》第七章《世界晚报时代》，台北龙文出版社 1989 年版，第 113 页）。实际上，成集社长、经理、主笔、编辑、采访于一身。

同年 10 月，直奉之战起，直系援军总司令张福来由开封到北京，《世界晚报》因头条标题《前敌总司令张福来今早出发》，将“福”误排为“祸”而被封。据龚德柏回忆：“这时候张福来是吴佩孚的河南督军。他于某天到京，我们的新闻大题，是‘张福来到京’；但排字工人，则把‘福’字排成‘祸’字，校对未校出，而我亲自到印刷厂看大样，也未看出。所以《世界晚报》所印的，是‘张祸来到京’。这乱子已闯得够大了，但没有即刻的反响。”“10 月 10 日，吴佩孚赴山海关督师，我们把它摆头条地位。到将要上版的时候，警察厅来电话，不准登载吴帅赴山海关的消息。成舍我要另登别的消息。我说：就以空白地位发行，并于空白处以二号字声明：‘此处系登某项重要消息，因临上版时，奉警厅电谕，禁止登载，改排他项消息不及，故留空白于此。’这天的报发出后，满城风雨，《世界晚报》电话由五时左右至深夜止，响个不止，都是问这项空白是什么？吴佩孚被刺吗？山海关崩溃了吗？于此证明空白之扰乱人心，较任何新闻为甚。报纸上留空白，后来叫‘开天窗’，似是我发明的。”（引自龚德柏：《龚德柏回忆录》第七章《世界晚报时代》，第 117～118 页）这样，到 10 月 18 日晚，《世界晚报》终于被警察厅封闭。

同月，北京政变起，直系第三军司令冯玉祥倒戈，总统曹锟被囚，冯任“中华民国国民军”总司令，《世界晚报》在被封 5 日后（10 月 23 日）即复刊。复刊之日，因“祸”得“福”，由原销二三千份跃增至万份以上。“《世界晚报》因此次战争，在北京已成为极重要之报纸。”（龚德柏：《龚德柏回忆录》第七章《世界晚报时代》，第 122 页）

1925 年 2 月 10 日，成舍我又创刊《世界日报》。该报初创时日出对开四版，两个月后增至对开八版。社址由西单手帕胡同迁到石驸马大街甲 90 号。成自任社长，仍由龚德柏任总编辑（龚在《世界日报》出版一个多月后，因与成发生矛盾、纠纷，辞去《世界晚报》、《世界日报》一切职务，而自己独立另行创办《大同晚报》去了）。龚离开后，吴范寰任经理（吴任《世界日报》经理达 15 年，直至该报最后停刊）。张恨水除编晚报副刊《夜光》外，兼编日报副刊《明珠》。以后，先后担任日、晚报总编辑的有罗介邱、张恨水、黄少谷、成济安、盛世强、陶镕青、张友鸾、张友渔、左笑鸿等，先后担任编辑的有罗敦伟、刘半农、万枚子、陈大悲等。《世界日报》副刊《明珠》曾连载发表张恨水的长篇小说《金粉世家》（自1927年2月14日起到1932年5月22日结束，前后历时5年多时间）。《世界日报》扩版后，增出《世界日报副刊》，由刘半农主编，约请许多学者名家撰稿，如鲁迅的《马上支日记》等。

为了同当时北京著名的日报《晨报》、《益世报》、《京报》、《北京日报》，还有日本人办的《顺天时报》竞争，《世界日报》创刊不久就增张扩版，由初创时的对开一大张四版，自4月起，改为对开两大张八版。

1925年10月1日，成舍我又将《世界日报》第五版的“画报”版独立出来，创刊了《世界画报》（周刊，逢星期日出版，四开一张），主编褚保衡。这样，就初步形成了“日”、“晚”、“画”三报同出的“世界报系”。此后，由于成舍我殚精竭虑，注重报纸版面内容、发行及经营管理，《世界日报》发行量达三万五千多份，“在北平占大报中销路第一位”（成舍我：《“小型报”的远景》上篇，载《新闻天地》杂志第228期，第10页）。

1926年奉系及直鲁联军占据北京时期，有些报纸的言论、记载对军阀敢批逆鳞，间作冷嘲热讽之词，尤其愤恨以张宗昌为首领的直鲁联军。这样，直鲁联军总司令张宗昌因潘复等的怂恿，决定对报人实行残酷的镇压。4月26日，《京报》社长邵振青（飘萍）以“宣传赤化”的罪名，被张宗昌命宪兵司令王琦枪杀。3个多月后，8月6日凌晨，《社会日报》社长林白水又被张宗昌、潘复以“通敌有据”的罪名枪杀。当天上午，成舍我“决定将这一不幸消息，以第一条大字标题，加黑边，刊登在下午出版的《世界晚报》上”（成舍我：《〈林白水传〉序》）。

第二天（8月7日）深夜，王琦奉张宗昌之命到《世界日报》社将成舍我逮捕，拟予枪毙。成的夫人杨璠找到成的把兄弟孙用时，孙用时领着杨璠跪在其父孙宝琦（曾当过国务总理，与张宗昌有旧）面前求情，请予营救。孙宝琦当即亲自赶到石老娘胡同张宅向张宗昌说情，方使成舍我被系狱3日后于8月10日获释。成被捕期间，《世界日报》仍在出版，这是因为当时军阀们有一残暴、荒谬的说法，即只杀报人，不封报馆；“杀报人而不封报馆，不算摧残舆论”。成幸免于难后，旋离京赴沪。

对1926年8月7日成舍我被捕一事，上海《申报》曾予连续报道。（详见1926年8月11日《申报》第九版所载消息：《北京又有两报社罹祸　民立晚报被封　世界日报经理被押》。8月12日《申报》第五版引“路透社十一日北京电”云：“世界日报记者成舍我，昨夜仍被拘禁，今日或可释出。”）

1927—1929年（民国十六年—十八年）　30～32岁　南京、北平

1927年初，成舍我携妻子及两个女儿（成之凡、成幼殊），由北平到南京办报。据成幼殊晚年回忆：“我三岁时随父母和四岁的姐姐一起，从当年的北平到天津塘沽，乘船去上海转赴南京。”（成幼殊：《幸存的一粟》，山东画报出版社2003年版，第252页注释）

1927年4月18日，南京“国民政府”正式成立。据成舍我回忆：“我于国府定都南京后的六个月（十月十六）开始创办了一个后来被人们称为‘大报小型’的《民生报》，作为尝试。”到1934年7月23日，《民生报》因揭露国民政府行政院官员彭学沛的贪污行为，而“被某先生（指时任行政院长汪精卫——引者注）以绝对非法手段与暴力，勒令停刊”；成氏“自己且尝了四十天牢狱之灾”（详见成舍我：《上海〈立报〉奋斗的经过》，载1938年11月24日《香港立报》第二版；又见成舍我：《南京〈民生报〉停刊经过如此!!! 敬请全国国民公判》，连载于1934年6月1日北平《世界日报》第二版、第三版、第五版）。《民生报》社址设在汉西门石桥街公字40号。由成自任社长，起初日出四开一张小报型，以后增加到日出两张。先后担任主编的有张友鸾、陶镕青、左笑鸿等。该报由于内容充实、版面生动，发行量大增，销数超过了南京的首位大报《中央日报》。

是年，国民党南京市党部通令党员必须重新登记，成舍我“以办报不应

受到任何党派之约束，不往登记，自动放弃（国民党）党籍”（关国煊：《锲而不舍的新闻界老兵成舍我》，载台湾《传记文学》第58卷第5期）。

1928年1月，由李石曾（煜瀛）向南京司法院（院长王宠惠）司法行政部长魏道明举荐，畀成以司法行政部简任秘书职，成未到任。

1928年6月，北伐完成，成重回北平（时国民革命军进占北京，张作霖逃回关外，被日军阴谋炸车身死，北京改称“北平”），继续主持《世界日报》、《世界晚报》和《世界画报》，并受聘为李石曾创办的“北平大学区”、“国立北平大学”（校长李石曾）教授兼秘书长［1928年11月12日，成舍我开始担任北平大学秘书长。鲁迅在1928年11月28日《致章廷谦》信中提及：“成公舍我，为大学秘书长，校事可知。”详见《鲁迅全集》（人民文学出版社，1981年版）第11卷第643页］。“公余，成常至中山公园来今雨轩饮茶，夏季某日偶遇张宗昌，谈及往事，张连声道歉，成则狂笑——成自述称‘这一次的笑是其生命史上出自心坎最真诚和永不会忘记之一笑’。因为张已是失意军人而成仍是自由自在的经营他手创的报纸。”（《成舍我为新闻自由奋斗》，载吴相湘：《民国百人传》第四册，台湾传记文学出版社1971年版）

此后，成往返于南京、北平间，主持两地报馆工作。

1929年夏，辞去北平大学教职。同年，与夫人杨璠离异，但仍维持友谊和交往。

1930—1931年（民国十九年—二十年）　33～34岁 赴欧美考察、游历

1930年初夏，偕程沧波（中行）赴欧美考察游历。翌年春（1931年2月19日）离欧经美回国，历时10个月。

赴欧美前夕，成舍我于1930年4月16日，发表《告别北平报界书》，以未来中国新闻业巨头自许。

1930年6月14日正午，成舍我由沪乘法轮安得来朋号，“向马赛出航”，

考察欧美新闻事业。张竹平、戈公振及北平各报驻沪记者到码头送行，并由《申报画刊》（周刊）记者摄影多幅。同行者有赴比利时履新之中华民国驻比利时使馆代办谢寿康及出席万国刑法会议中国代表刘克携等（详见《世界日报》1930 年 6 月 22 日第 3 版）。旅欧沿途发回“通信”，在《世界日报》连载。6 月 20 日自安南西贡发回《欧游通信·第一次》（详见成舍我《欧游通信·第一次》，载 1930 年 7 月 13 日《世界日报》第三版）。

“1930 年初，成舍我和李石曾商量找出国机会，李允由北平研究院委以赴欧美接洽学术文化的名义，便道考察各国新闻事业，费用由魏道明支付秘书薪金一年并由中法教育事业费内津助一部分。是年 4 月 16 日成舍我离北平出国，临行时兴致甚豪，发表《告别北平报界书》，以未来的中国新闻业巨头自许。……在告别同业书中有‘……今后经营新闻事业无论其主张与立场如何，必将由各个奋斗而趋于互助合作，大规模新闻事业不难实现’等语。后在伦敦、巴黎等地各停留数月参观报馆和通讯社。年底到比利时的布鲁塞尔，在报界公会演说……1931 年 3 月离欧经过美国回国。”（吴范寰：《成舍我与北京〈世界日报〉》，载《文史资料选辑》第 43 辑，第 239 页）关于成舍我出国考察的时间，邓俊《我所认识的成舍我先生》一文（载香港《新闻天地》第 1021 期，第 7 页）作 1929 年，云：

民国十八年，我在上海复旦大学新闻系读书，系主任是《中国报学史》的作者、当时《申报》名记者戈公振先生。有一天，戈先生下课后到杨树浦码头送他的一位朋友，出国作环球旅行，要带我同去。戈先生说：“那就是名报人成舍我先生，你不妨借此机会去认识这位报界的前辈，我可替你介绍。”……记得成先生搭的是法国邮船安得来朋号，我们赶到杨树浦码头的时候，轮船已准备起锚出港，戈先生将我介绍给成舍我先生，寒暄几句，便握别下船……

丁作韶《“兹收到成舍我一名”》一文亦作 1929 年，云：“远在民国十八年，我还在法国巴黎的时候，我同他就认识了。当时同他一块的，尚有程沧波兄。……”

在欧美期间，成舍我仔细考察各国著名报纸。另外，在英时，同程沧波一起到伦敦大学政治经济学院听课；在美时，应美国密苏里大学新闻学院院长威廉博士之邀，访问该院。

据当年在巴黎的丁作韶回忆：“他们两位（成舍我、程沧波——引者注）到巴黎，去参观报馆，由我陪着他们，曾看过《无敌报》、《日报》、《小巴黎人报》、《巴黎晚报》、《论坛报》，还有别的很多家。舍我之看，并不是走马看花之看，而是细细的看，从排字开始，而编辑而发行，无一不看，不但看，且研究，而且比较；他们彼此间之比较，他们同中国报纸之比较。有点不明了的，他必问，反复的问，不厌其详的问。”（丁作韶：《“兹收到成舍我一名”》，载香港《新闻天地》总第500期，第24页）

1931年6月24日，成舍我父亲心白公逝世，终年72岁（生卒年1860.10.8—1931.6.24）。成璧，字心白，清咸丰十年八月二十四日（公元1860年10月8日）出生。其先籍江西吉安，宋末迁湖南湘乡，世代务农。太平天国之役，成璧之父春池公参加湘军曾国荃部，做幕僚；打到南京后，历官江浙。成璧与妻欧阳氏，“育希谟、忝、希周、平及女二。希谟及女一早夭，尚余子女四（即男希忝、希周、平，及女剑霞）”。后，希周亦“遘疾”而卒，余成忝、成平二子及女剑霞。（据刊登在1931年9月4、5日《世界日报》上的成舍我所撰《先考行状》）

1932—1933年（民国二十一—二十二年）　35～36岁　北平

从欧、美考察回国后，成舍我根据自己的办报实践，借鉴外国的先进经验，对报业实行科学化的经营管理。他雄心勃勃，曾想成立“中国新闻公司”，拟设总部于南京，在全国各大城市各办一份日报，组成一庞大的、兼具影响力的报业集团。

1932 年，与留学法国归国的萧宗让女士结婚（成大萧 7 岁）。婚后生一男二女。长男成思危，1935 年 5 月 10 日出生于北京。1951 年 16 岁时由香港返回大陆，华东化工学院毕业，后成为著名的化工专家、高级工程师、教授。1981—1984 年入美国加州大学洛杉矶分校进修工商管理学硕士学位。回国后先后任化工部科技局总工程师、化工部科学技术总院副院长兼总工程师、化工部副总工程师。1994—1997 年任化工部副部长，1996 年 12 月当选为中国民主建国会中央委员会主席。1998 年 3 月九届全国人大当选为常委会副委员长。（见 1992 年《中国人物年鉴》第 71 页，1998 年 3 月 17 日《人民日报·海外版》第三版）三女成嘉玲，1937 年 9 月 17 日出生于天津，台湾大学毕业，曾留学美国，获夏威夷大学经济学博士学位。回台后，曾任东吴大学商学院院长。现任世新大学校长，台湾“中国新闻学会”理事长，台湾私立大学院校协进会理事长，与大陆、港澳同行常有交往。四女成露茜，1939 年 2 月 11 日出生于香港。1959 年离台赴美留学，在美国夏威夷大学毕业，获美国加州大学洛杉矶分校社会学博士学位，任教该校多年，受聘为终身教授，1972 年首次自美回中国大陆探亲。1975 年再度回国，曾受到周恩来总理的接见。1979 年 9 月在成露茜的精心筹划下，成家一家五口在美国洛杉矶露茜家中团聚（当时成思危在美国访问，其二姐成幼殊在纽约联合国总部工作，其大妹妹成嘉玲陪父亲成舍我从台湾赶到洛杉矶与子女见面。只有成思危的大姐成之凡在法国没有来）（参见 2009 年 6 月 20 日《南方日报》第四版整版刊登的对成思危的专访文章）。1989 年从美国回到台湾，协助其父办世界新闻学院。1991 年，成露茜在父亲成舍我逝世后，接掌《台湾立报》，担任该报发行人暨总编辑，其后创立台湾第一份免费刊物《破报》（1993 年创刊，随《立报》发行。1994 年独立出售，1997 年休刊。1998 年又以免费报形式复刊，在咖啡店、书店、唱片行及地下乐团等青少年流连场所免费发行）。她也是台湾著名的文史杂志《传记文学》月刊社的负责人（《传记文学》于 1962 年 6 月 1 日创刊，由刘绍唐创办。刘去世后，成露茜接办《传记文学》）。2006 年，成露茜在世新大学创办了“舍我纪念馆”。2010 年 1 月 27

日，成露茜博士因患癌症而逝世，享年71岁（1939. 2. 11—2010. 1. 27）。（以上参考林秀姿：《灿烂时光：Lucie（成露茜）的人生探索》，台北天下杂志社2011年版）

萧宗让夫人于1964年1月，因癌症病逝于台北，终年60岁。

1932年，成舍我在北平石驸马大街甲90号《世界日报》旧址创办“北平新闻专科学校”（简称“北平新专”，后迁西长安街），提出了“德智兼修、手脑并用”的校训。成自任校长，副校长吴范寰。翌年2月开始招生，开学伊始，报名踊跃，据《北洋画报》1933年3月4日出版的第902期第二版所载《成舍我新闻专科学校》一文介绍：

北平最近最有号召能力之学校，厥为《世界日报》社长成舍我创办之新闻专科学校。该校现招职业班新生，原定只取40名，结果报名者达600人，盖以该校不收学费，且可担保异日有事可做也。其招考年龄，限制极严，最高不得过十八，竟有两鬓花白，仍称只十八岁而来投考者。至于程度，原只希望初中资格，但竟有高中、大学生亦来投考。……足证其号召力之大矣……该校之口号为“手脑并用”，意即又能排字又能编稿……现该校校长为成舍我，事实上负责者，为《世界日报》经理吴范寰。教务长则为《世界日报》教育栏编者虞肄三。平日教课者，为《世界日报》明珠、夜光编者左笑鸿等云。

1933年4月8日，“北平新专”举行开学典礼。当时在开学典礼上“训话者有蒋梦麟、徐诵明、陈石泉、刘复、李麟玉、管翼贤及校长成舍我等人”（见1933年4月11日《世界日报》第七版《教育界》专版）。另据贺逸文《成舍我创办新闻专科学校》（载《新闻研究资料》1981年第4期）记载：“北平新专”初创时叫“新闻专科学校”，校长成舍我，副校长吴范寰，教务主任虞建中，教员有张友渔、左笑鸿、萨空了、赵家骅、原景信等。第一届初级职业班于1933年4月8日上午在西城成方街本校举行开学典礼，除全体师生参加外，来宾有北京大学校长蒋梦麟、北平大学校长徐诵明、中法大学校长李麟玉、北平《晨报》社长陈博生、《实报》社长管翼贤及国民党北平市党部委员陈石泉等。首由校长成舍我致辞，题为《如何使报纸向民间去》。到1935年4月，第一届初级职业班毕业，这时，校址已由成方街迁到西四丰盛胡同。新教务主任由《世界日报》名记者贺逸文兼任。（贺逸文是成舍我手下一员得力干将。1935年1月起，《世界日报》在该报第七版《教育界》专版开辟"学人访问记"专栏，负责该栏目采编的记者是贺逸文。从1935年1月到1937年7月的两年半中，贺逸文先后访问了56位有成就的各方面学者，并以"茜频"的笔名在"学人访问记"专栏发表了70万字的文章，在当时的学界、教育界产生过非常大的影响）1935年7月7日，"新闻专科学校"由西四丰盛胡同迁到石驸马大街《世界日报》旧址。1937年6月，正式改名为"北平新闻专科学校"。

该校起初只有初级班，到1935年又办高级班，1937年开办本科。"七七"事变后，北平沦陷，学校遂于当年8月10日停办。

1933年，成舍我购入天津《大公报》出让之轮转印报机一部，使报纸销数迅速上升。时天津《大公报》（社长吴鼎昌、总经理胡政之、总编辑张季鸾）斥巨资购置新型高速轮转机一部，其原有之轮转机由胡政之经手，以八千块银元廉让与《世界日报》（由一万元减至八千）。张季鸾笑着对成舍我说："《大公报》是靠这部机器起家的，盼望你今后更能报运兴隆。"后来果如其言。成氏云："《世界日报》在改用这部轮转机后，出报时间提早，销路加促上涨。"（成舍我：《我所接触的季鸾先生》，载台湾《传记文学》第30卷第6期，1977年6月出版）

1933年12月14日，《世界日报》在当天第十三版创刊《新闻学周刊》（以后经常刊登在第十二版上，一般每周四刊出）。《新闻学周刊》系我国报纸上开辟较早的新闻学术研究专栏（版）之一，由成舍我亲自主编。该刊从1933年12月14日创刊起，一直延续到1937年7月8日，总共刊出182期。创刊号上发表成舍我撰写的发刊词《我们的两个目的》及张友渔写的《由消息的真伪谈到天津〈益世报〉的失败》等重要文章。据不完全统计，从1933年12月14日起，至1935年11月14日的近两年时间里，成舍我在该刊先后发表有关新闻学术研究文章达15篇。[详见张友渔：《我与〈世界日报〉》(1981年3月)，载《张友渔文选》上卷，法律出版社1997年版，第692、693页；李磊：《成舍我北平〈世界日报〉副刊〈新闻学周刊〉扫描》，载李磊：《报人成舍我研究》，中国传媒大学出版社2011年版，第73页]

1934年（民国二十三年） 37岁 南京

1934年5月，《民生报》因揭露汪精卫的部下、行政院政务处长彭学沛贪污舞弊等事，引起轩然大波。汪精卫令南京警察厅罚令《民生报》停刊三天。7月20日，《民生报》又刊登海通社所发的一条关于军事的消息，宪兵司令部便以此为借口，于7月23日以“泄露军情”罪将成逮捕。由于各方营救，成在被关押40天后，于9月1日获释。当局责令《民生报》永远停刊，并不许成在南京用其他名义再办报。成只得离开当时的“首都”南京，前往上海。

关于此次事件，当事人回忆颇详。成舍我在《我有过三次值得追忆的“笑”》一文中云：

民国二十三年，我所主办的南京《民生报》，因为揭发行政院政务处长彭学沛经手建筑行政院官署，贪污舞弊，汪（兆铭）是行政院长，不料竟认为这是对他的一种重大冒犯。虽然铁证如山，他仍不顾一切，以最大压力，将《民生报》非法封闭，将我非法拘禁了40天，并永远不许我在南京办报。此在当时，曾为一轰动全国之巨案。我出狱以后，他叫人示意，如果我向他低头，则一切不难和解。那位居间奔走的朋友劝我，新闻记者和行政院长碰，结果总要头破血流的。我曾执拗地答称：“我的看法，与你恰恰相反。我相信我和汪碰，最后胜利，必属于我。因为我可以做一辈子新闻记者，汪不能

做一辈子行政院长。”其后我又在上海创办《立报》……（原载成舍我：《报学杂著》，1956年版）

当年《民生报》总编辑张友鸾《报人成舍我》一文云：

1934年5月，我再次任《民生报》总编辑时，有位记者采访到一条新闻：“行政院”盖大楼，建筑商贿买“政务处长”彭学沛，给他修了一座私人住宅小洋房，以致在主体建筑上偷工减料，而且屡次追加预算，超过原来计划一倍以上。我曾听说彭和成是亲戚，有些踌躇，拿着稿子去问他，他却说：“既然确有其事，为什么不刊登！”新闻一经发表，彭就向法院控告成“妨害名誉”。当时有程沧波、端木恺、萧同兹、俞新武等人，从中调停，要他登一个更正启事，彭愿撤回诉讼。他因事实俱在，为了报社信誉，坚决拒绝。后来法院提起公诉，他出庭答辩，侃侃而谈，滔滔不绝，把法官驳得哑口无言。……9月1日，我坐汽车到宪兵司令部，从“优待室”里把他接出来。……（原载香港《大成杂志》第120期，后收入《世界日报兴衰史》一书，重庆出版社1982年版）

1934年7月27日《申报》第十版载《营救成舍我》消息云：“……顷据（南京）《民生报》社声称，该报本月20日，因刊载蒋委员长电汪、于调解的两院新闻，为当局所误会，23日遂由警备司令部勒令停刊，并将社长成舍我君传去问话，至今未释。”上海记者公会曾致电“中央宣传委员会”、“首都警备司令部”，要求释放。

1935—1936年（民国二十四—二十五年） 38~39岁 上海

1935年9月20日，成与友人合资在上海创刊《立报》。《立报》为小型报，初创时为四开一张，后改为四开一张半。《立报》创刊号报眉署“馆址：

上海九江路第二八九号”。第一版首载发刊词《我们的宣言》；第二版创刊了小评论专栏《言林》副刊，首载谢六逸撰写的《开场白》；第三版创刊了《花果山》副刊；第四版创刊了《点心》副刊，首载秋尘写的《“点心”上市》发刊词（《点心》后来改名为《小茶馆》)。成自任社长兼总经理，董事长萧同兹。聘张友鸾为总编辑（不久改为萨空了)，编辑有恽逸群、谢六逸、张恨水等。办报宗旨：对内督促政治民主、严惩贪污，对外争取国家主权独立、驱除敌寇。不到半年，上海《立报》销数就超过了10万份。到1937年，发行量超过了20万份，创我国有日报以来的最高发行纪录，成为中国现代新闻史上最杰出的小型报。成舍我办《立报》、办“小型报”经验很多。总括起来，不外乎两大方面：一是抓报纸内容和版面，坚持“内容第一、编辑至上”的原则，重视言论、新闻及副刊；二是重视经营管理，讲求经营之道，形成了著名的“成氏体系”。1953年前后，成舍我对自己办“小型报”及《立报》的经验，作了全面、系统的总结，详见于《“小型报”的远景——想起十年前手创的立报（上)》、《从上海到香港——想起十年前手创的立报（下)》两文。(该两文原连载于香港《新闻天地》杂志第228、229期，1952年6月28日及7月5日出版；1955年3月，应台湾《报学》杂志之约，成氏又将该两文“略加整理”，改题为《由“小型报”谈到〈立报〉的创刊》，发表于1955年4月出版的《报学》第一卷第7期）以后，探讨成氏报业经营之道的文章极夥，其中数包天笑、曹聚仁、萨空了三氏之文章最为精刻和亲切有味。(详见包天笑：《钏影楼回忆录续编·记上海〈立报〉》，香港大华出版社1973年版；曹聚仁：《我与我的世界·〈立报〉》，人民文学出版社1983年版；萨空了：《我与〈立报〉》，载《新闻研究资料》第25辑，第1页。)

关于《立报》创办缘起，成舍我后来回忆：

记得那是民国二十三年十月某日的一个正午，亡友吴中一先生，同情我在南京这一场灾难，特于黄浦江边水上饭店，为我设宴，表示欢迎。同席的有八九位上海同业，他们知道汪精卫对我的禁令，不能再在南京办报。于是，吴先生以开玩笑的口吻提议：“那么，你为什么不来上海办?”不过他接着就说，上海能不能办小型报？如办大报，则在申新两大报高压之下，没有百万以上资本，恐怕是不容易和他们竞争的。我当时同意他没有巨资难办大报的意见。我说，像我们这种职业报人的经济力量，在上海，只有创办小型报，或能打开一条成功的途径。我除强调这张报必须“立场坚定、态度公正”外，并从编辑、采访、发行、印刷各方面，指出了若干与当时上海一般报纸不同的作法。我的要点，虽然办一张小型报，但所有规模，必须力求完备。重要新闻，决不能比大报少，且每天更有几条任何大报没有的特讯。地点必在报馆中心区，有整栋房屋，足以容纳营业、印刷、编辑等部分，俾能精神贯注，集中管理。印刷部分，最少应自置两部轮转机，每小时可出报十万份，在报馆销数未达到十万份以前，拒登任何广告。我认为，报馆走向成功的三部曲，只有先以全力弄好版面，才可以争取读者，扩展发行；发行扩展，然后各种广告，自能不招而至。不幸多数的报馆创业者，总往往倒果为因，他们先运用各色各样的人事关系，去招揽广告，再运用种种不正当方法，贿赂报贩，减价倾销，而对于一份报纸最基本的问题——言论、编辑、采访、排版，反粗制滥造、不肯注意，这种作法，结果必十之九归于失败。所以我特别指出，小型报篇幅极少，内容要精，在上海，以一张四开报，与日出八大张，即等于日出十六张四开的申新两报抢销路，一比十六，可想见制胜工作的艰巨。而此四开小型报，其每一方寸地位，应如何加倍宝贵，如果给付价极低、意义恶劣的“五淋白浊”、“花柳杨梅”等下流广告，占去一部分，那对于读者，一定印象极坏。所以我坚决主张，不能日销十万份，不增加张数，也就不刊登广告。我这些话，本只是信口闲谈，但吴先生和同座的各位同业朋友，都非常感觉兴趣。水上饭店一顿午饭，足足吃了四小时，他们还要我再谈下去，于是大家同到我住的新亚酒店，由空泛的理论，进入具体的行动。就在那天决定了集资十万元，由在座诸人，量力分担，如难足额，再增邀其他友好，但必以从事新闻事业者为限。我们并反复要约，决不招半份官股，决不请一文津贴，以便出版后对于“立场坚定、态度公正”的最高原则，得以确切信守，不为任何政治关系所影响。立报就在这许多朋友热情激励之下，经过一年筹备，到二十四年九月，在上海出版。……

1935年，北平《世界日报》设总管理处，下分设各业务单位，并建立会计、管理、考核等制度。

上海《立报》创刊“甫及半年”，又于1936年3月16日起，增出《立报晚刊》（实为一张8开小型晚报）。其编辑方针与《立报》早刊相同，即刊登“当天的”、“重要的”新闻，并采取“精编主义”。同时对版面进行调整：将《立报》的《花果山》副刊移到晚刊；《立报》早刊将腾出的版面刊登广告（此前《立报》不登广告）。

1936年元月，北平和天津的新闻业界同仁经过一年之筹备，在北京南河沿欧美同学会成立平津新闻学会，成舍我被推举任主席。1937年一月，成被再次推为常务理事主席，会所设在北京新闻专科学校。1937年5月16日起，《世界日报》第九版刊行《报学半月刊》（每月一日、十六日出版），作为平津新闻学会会刊出版。该刊出至七月十六日，共出五期而止。（详见贺逸文《平津新闻学会史料》，载《新闻研究资源》总第6辑，新闻出版社1981年版）

1935年、1936年间，成舍我绝大部分时间在上海，因其“被同仁约定，非到报馆经济基础确实巩固、销路已超过预定标准，不能离开，即在必要情形下，必须回平料理《世界日报》，亦只许以两星期为度”［成舍我：《从上海到香港——想起十年前手创的立报（下）》］。

1937年（民国二十六年）　40岁　北平、上海

1937年“七七事变”后，抗战全面爆发，成舍我适在北平。8月8日日军正式进入北平城，北平沦陷，成即将《世界日报》、《世界晚报》两报停

刊；10 日召集新闻学校学生讲话，宣称不愿做亡国奴，学校同时停办，成翌日即前往天津。不久即由海道去上海。8 月 15 日，北平《世界日报》被日伪警察“接收”，其资产被日寇劫夺，随即复刊出版，由日本浪人武田南阳担任社长。第一年仍用《世界日报》名义出版。日伪组织“新民会”成立后，又把《世界日报》与《华北日报》合并，改名为《新民报》，作为“新民会”的机关报。1944 年，《新民报》又与日伪各报合并，改名为《华北新报》。直至 1945 年抗战胜利时，《世界日报》才得以复刊。

1937 年，上海“八一三事变”发生后，在淞沪战争期间，《立报》发行量在 20 万份以上，打破我国自有日报以来的最高纪录。11 月 13 日，上海撤守。11 月 24 日，当天的《立报》出版最后一期。11 月 25 日，《立报》自动停刊。成舍我主持的上海《立报》前后办了“两年又六十六天”（1935. 9. 20 —1937. 11. 24）。恰在此时，美国人办的《大美晚报》正欲“招兵买马”，扩展业务，便将《立报》从总编辑褚保衡以下的全班人马，接收过去。成舍我自己则从上海，经南京到汉口，任国民党军委会政治部设计委员，与陈诚发生关系。1938 年夏由汉口赴香港。

1938 —1941 年（民国二十七—三十年） 41~44 岁 香港

1938 年 4 月 1 日，由萨空了具体擘划、由中共香港办事处（廖承志、潘汉年在港主持）出资三千元港币创办的《香港立报》正式创刊。馆址：香港皇后大道中 175 号。总编辑、经理都由萨空了担任，连“发行人”也是他（按照香港惯例，“萨空了”名字每天都印在该报纸的报头下）。《香港立报》仍继承上海《立报》“三多”的传统特色，即副刊多（二版下半版是《言林》，由茅盾主编；三版下半版是《花果山》，由萨空了兼编；四版下半版是《小茶馆》，仍由萨空了主编）、专栏多、小品文及杂文多。《香港立报》创刊时，成舍我尚在汉口。据萨空了回忆：成舍我对萨空了“用共产党的钱办起《香港立报》这一情况并不知道。而他在汉口和国民党的关系进一步密切，我也不知道。及至成舍我来到香港以后，我们两人一交谈，才发现，我们两人各自向不同的方向前进”。(萨空了:《我与〈立报〉》)

由于政治倾向及报道思想上的分歧越来越大，萨空了在征得成舍我同意后，于1938年8月底离开《香港立报》，一些较进步的报人也陆续离开。接替萨空了的是成舍我《世界日报》的老同事、老同学吴范寰。副刊中，卜少夫主编《小茶馆》，王敬我主编《花果山》。

6月，国民党设立“国民参政会”，成舍我以“社会贤达”身份任第一届国民参政会参政员。后因开会，常来往于香港、重庆两地间。从1938年6月至1948年3月间的四届国民参政会中，成舍我连续四届都是“国民参政会参政员”。如1938年6月21日国民政府公布《第一届国民参政会参政员名单》(原载《国民政府公报》渝字第59号)中有“成舍我”。嗣后，《第二届国民参政会参政员名单》(见1940年12月24日重庆《新华日报》)、《第三届国民参政会参政员名单》(原载《国民政府公报》渝字第487号)、《第四届国民参政会参政员名单》(见1945年4月24日重庆《新华日报》)中都有成舍我的名字。[参阅《参政员简介》，载《国民参政会纪实》(续编)(1938—1948年；武汉、重庆、南京)第312页，重庆出版社1987版]

1940年2月，任第二届国民参政会参政员。

1941年12月8日，日本偷袭珍珠港，日、美之间爆发了太平洋战争，香港沦陷。同月，《立报》也随之被迫停刊。(《立报》在香港办了3年多时间)当时，成舍我适去重庆出席国民参政会未归，家眷便由港撤退至桂林。旋即，成也由渝赶到桂林。

1942—1944年(民国三十一—三十三年)　45~47岁　桂林

1941年冬，太平洋战争爆发，香港沦陷，当时战斗在那里的文化人及新闻工作者，除有些去了重庆或延安等抗日根据地外，绝大部分人内迁到了桂林。桂林遂成为抗战后期著名的“文化城”。

1942 年春，成挈眷居于桂林。经广西省教育厅核准立案，创办“私立北平新闻专科学校桂林分校”（又称“桂林世界新闻专科学校”，简称“桂林世新”），成任校长，借用原广西省政府干训班校址与校舍。该校学制仍沿用“北平新专”旧制，分初级班、高级班、本科班，学员以流亡学生为主。

同年 7 月，任第三届国民参政会参政员。

1944 年夏，日军进攻衡阳，“桂林世新”在大撤退中停办。

同年 8 月 7 日，衡阳失守，日军沿湘桂路向广西推进；9 月初，直逼桂林，桂林全城实行“大撤退”、“大疏散”，文化人、报人们又踏上了茫茫的流亡之道。1944 年 11 月 11 日，桂林沦陷。

1945 年（民国三十四年） 48 岁 重庆、南京、上海、北平

桂林沦陷后，成挈眷迁居重庆，于 1945 年 5 月 1 日招股出版重庆版《世界日报》。成自任常务董事兼社长，聘程沧波为总主笔，日出对开一大张。重庆版《世界日报》由“中国新闻公司”经办，成舍我主持重庆版《世界日报》四个月后，抗战胜利，他便返回北平复刊北平版《世界日报》。1945 年 9 月 1 日以后，重庆版《世界日报》改由陈云阁接办（陈为“中国新闻公司”常委兼总经理），至 1949 年 7 月 25 日夜，该报被国民党政府重庆当局查封。重庆版《世界日报》前后出版四年零三个月（1945 年 5 月 1 日至 1949 年 7 月 25 日）。（参见陈云阁《我与成舍我和重庆《世界日报》）

1945 年 8 月抗战胜利后，成于 9 月 5 日自重庆白市驿机场，坐飞机飞回南京；9 月 9 日，以记者身份参加受降典礼仪式。9 月 10 日，战后南京《中央日报》复刊，成舍我为当天的《中央日报》写了第一篇社论。旋到上海，接收《立报》的资产。10 月 1 日，上海《立报》复刊，发行人严服周、社长陆京士，实际上已成为 CC 系潘公展的报纸而非成氏所有了。成办完转让手续即飞回北平，在国民党接收人员张明炜的支持下，“很快地就把以前《世界日报》的房屋资产接收到手。印刷设备除接收了一部轮转机和十六部平版

机以外，还多了一部凹版印刷机，另外还抢到大批卷筒纸”。（吴范寰:《成舍我与北平〈世界日报〉》）成赶紧组织人力，于1945年11月20日复刊北平版《世界日报》。初出四开一张，后改为对开一张，直到1949年2月25日被封闭为止。

1946—1949年（民国三十五—三十八年） 49~52岁 北平、南京

1946年元月一日恢复记日记。

成舍我一生有写日记的习惯，从1920年起始，一直到抗战后期（约1944年）才中辍。1946年元旦又恢复记日记的习惯。其自述原因云:

“中华民国三十五年一月一日（阴历十二月口日）（当为阴历十一月廿九日——引者注），雪　从民国九年起，日记从〔未〕间断，到二十六年‘七七’之变，全部均遗留北平，日寇掠夺《世界日报》，当已被当烂纸秤斤售去。以后日记，毁于香港之变，再毁于桂林之变（1944年9月初，日军直逼桂林，桂林实行大撤退——引者注），自此中断。今为民国三十五年元旦，余年四十有九，虽仍昕夕辛劳，但胜利到临，国运昌隆，自念当不致再遭沦丧，因决自今日起，继续记写。并拟以将每日读书心得，或友朋侈谈，足资追忆者，概为摘录。撰述、讲演，亦以附入，借自体念，亦以供将来之整理也。”（转引自《舍我先生志节文萃》，第15页）

1946年11月，国民党当局在南京召开“国民大会”，成以“国民参政员”及“社会贤达”的身份，当“国大”代表，参加“制宪”会议。

1947年，国民党政府举行“行宪后第一届立法委员选举”，成在北平当选为第一届立法委员。

1948年7月间，离北平南下，到南京出席第一次立法会议。12月，人民解放军包围平、津，交通断绝。12月14日，成适从上海坐船到天津，原拟即日转车回北平，因平、津间交通断绝，18日从天津乘飞机到上海。

1949年1月，北平和平解放。2月25日，北平《世界日报》、《世界晚

报》、《世界画报》的两处资产——西长安街的两层洋楼及西单石驸马大街的四合院，均被中共北平市军事管制委员会接管。至此，北平“世界”报系结束了它前后17个年头的历史（1924—1937年、1945—1949年）。同年6月16日，《光明日报》在《世界日报》原址出版，其总管理处设在西长安街原《世界日报》两层洋楼内、其编辑部和印刷厂设在西单石驸马大街原《世界日报》馆四合院内。[参见《光明日报四十年（1949—1989）》（光明日报出版社1989年版）]《光明日报》初创时为“民盟”机关报；1952年11月29日起，改由各民主党派和无党派人士共同主办。1949年2月25日，中国人民解放军北平军事管制委员会查封北平《世界日报》。陕北广播电台于26日广播这一消息，上海各报于2月27日予以转载（原文详见成舍我：《报学杂著》，第176页）。3月1日，成舍我在上海《申报》、《新闻报》等报章对此发表声明，敌视中共。（见1949年3月1日《申报》第二版所载消息：《对北平世界日报被封事 成舍我发表声明》）

1949年4月成挈眷寓香港。

1949年7月25日，重庆版《世界日报》也停刊。

1950—1951年　53~54岁　香港

1950年冬，在香港与王云五、卜少夫、程沧波、陈训悆、陶百川、左舜生、阮毅成、徐复观、刘百闵、雷啸岑、许孝炎等筹办《自由人》三日刊，任社长兼总编辑。（董事长左舜生，总经理卜少夫）

1951年3月7日，《自由人》创刊，以“反共”、争“自由民主”为宗旨，发刊词系由程沧波撰写（详见《沧波文存》成舍我“序”）。1959年9月13日，《自由人》主要因经济不支而停刊，时成早已离港。

1951年7月，成舍我毅然让其16岁的独子成思危从香港回到祖国（大陆），投向“新中国”的怀抱。据台湾地区有关传记资料记载：“一九五一年成家住在香港，广州解放后，奉派南下的中共干部不会讲广东话，而广州人又不会讲普通话，中共当局因而想动员香港人回内地做群众工作。当时成思危才高中二年级，他向往投身新中国的建设，于是和母亲商量。萧宗让这下慌了，不但自己劝儿子读完高中再说，还积极找了许多人帮忙，要全力拦下成思危。”“当时要从香港到中国（大陆），必须从九龙搭乘火车到广州，成思危尚未成年，搭火车必须经过父亲同意，否则警察不会准许。因此，成思危能不能顺心回中国（大陆），成舍我是‘关键人物’。萧宗让见儿子意志坚定，便把阻止儿子离家的希望，寄托在成舍我身上，一心期待丈夫能够断然劝阻儿子回中国（大陆）。”“那晚，成舍我把成思危叫进书房里，先问成思危为什么要回中国（大陆）。成思危讲了一套建设新中国的想法，成舍我再问：‘那你想清楚了吗？’成思危说‘想清楚了’。于是，成舍我走出书房，跟萧宗让说：‘他已经想清楚了，就让他去吧，他自己负责。’萧宗让哭喊道：‘才十六岁的小孩，要他怎么负责？’接着，成舍我把自己十六岁就开创事业的历程再讲一遍，他自认一辈子顶天立地，自己为自己的选择负责。思危是他的儿子，也应当如此。成舍我对子女向来抱持三不政策：不干涉子女的政治选择，不干涉子女的职业，也不干涉子女的婚姻。他认为，想干涉也干涉不了，只是伤感情而已。因此，成舍我潇洒地答应了独子的要求，让他走过罗湖桥，迈向‘新中国’。”［引自林秀姿：《灿烂时光：Lucie（成露茜）的人生探索》，台北天下杂志社 2011 年版，第 48～49 页。］

1952—1954 年　55～57 岁　台北

1952 年冬，举家由香港迁台湾定居。本拟在台复刊《世界日报》，但由于国民党政府实行“报禁”，办报计划搁浅。成舍我说：从 1952 年到 1954 年，“这几年中，我就断绝了办报念头，一面教书，一面写点评论或专栏之类的文章”。（见成舍我在“世新”成立二十周年大会上的演讲，原载《世新廿年特刊》第 12 页，转引自马之骕：《新闻界三老兵——曾虚白、成舍我、马星野奋斗历程》，第 309 页）

1953年5月23日，应台北编辑人协会之邀，发表专题讲演《如何办好一张报?》（原载《台湾新生报》1953年5月29日，又见《舍我先生志节文萃》，第30～39页），其中不乏精辟的见解和宝贵的经验，如他强调，报纸工作“编辑至上，内容第一”，“版面重于一切”。此外，他认为“办报还应有三种看法，第一，要把办报看作开机器，马达固然重要，小螺丝钉也不能忽视。编辑人纵然绝顶天才，如果配上一些缺乏能力、不大负责的校对，时常将……‘大使’错成‘大便’，‘伦敦’错成‘敦伦’，那么，这张报仍将难以博取读者良好的印象。由编辑方面推而至于其他部门，报差不按时送报，信差不按时取稿，工人不按时出版，其对于报纸的能否办好，当然都影响很大。第二要把办报看作指挥一支作战的军队。新闻工作，虽被称为自由职业，但为增强工作的效率，一个报馆的组织和纪律，却绝对不能松懈。指定的发稿时间，一定不许迟误，指定的采访任务，一定需要达成。印刷部延时出版，一定要追究责任，校对房错字连篇，一定要依章处罚。尤其重要的，即对于参加这支报馆军的每一分子，必须随时随地充分鼓舞他们的战斗精神。一个标题不如人，编辑先生应该感觉羞愧；一条新闻不如人，外勤先生应该吃不下饭。人人要争取胜利，但这胜利的有效期限，永远只是一天。今天胜利了，明天仍需要胜利，并不能因为今天努力奋斗，有声有色，明天即可高枕而卧，敷衍了事。第三要把办报看作主妇管家，应该节省时，粒米寸布，不许浪费；不应该节省时，子女教育，或急病开刀，几千几万，也毫无吝惜。……”

这几年，除出席立法院的会议外，并在成功大学、台湾师范大学、政治大学、东海大学兼课。

1955年　58岁　台北

3月4日，以“立法委员”身份，在“立法院”第15次会议、第5次公开会议上，以“人权保障与言论自由”为题作长篇发言，向当时的“行政院长”俞鸿钧提出质询：为“失踪5年”的龚德柏和被捕三年的马乘风鸣不平，提出何以“不审？不判？不杀？不放？”发言并质问：“新办报纸杂志何以不许登记?”（成舍我：《“人权保障”与“言论自由”》，载《自由中国》半月刊第12卷第6期，又见《舍我先生志节文萃》第14~73页）

2~7月间，发起酝酿、筹备“世界新闻职业学校”，他“以自宅（在台北信义路丽水街）向银行抵押的贷款，加上亲朋好友的借款，一共30万元”为创校基金，择定台北木栅沟子口为校址，购买土地一万余坪，鸠工兴建校舍。

“世界新闻职业学校”发起人共19人，他们是：于右任、王云五、萧同兹、林柏寿、成舍我、黄少谷、李中襄、端木恺、程沧波、陈训悆、阮毅成、张明炜、游弥坚、郭骥、谢然之、阎奉璋、辜振甫、辜伟甫、叶明勋。（叶明勋：《敬悼成舍我先生》，载台湾《传记文学》第58卷第5期）于1955年7月21日举行第一次发起人会议，签名出席者共13人，成舍我被公推为筹备主任（成舍我：《我如何创办“世新”》）。

1956年　59岁　台北

5月，“世界新闻职业学校”在台北木栅沟子口筹备完成，成被推为董事长兼校长。学校下设编采、管理、印刷、广播四组。9月开始招生，10月15日正式开学上课。时仅有高、初级班各一，共有学生63人。（见王斌：《成舍我埋首培植新闻人才》，载香港《新闻天地》第十二年二十一号，1956年5月26日出版；又见成舍我：《我如何创办“世新”》，载1976年10月15日台北《联合报》）

同年11月，出版《报学杂著》（由台北中央文物供应社出版）。

1957—1959年　60~62岁　台北

1957年创办一份八开报纸型的《小世界》周报，专供学生作为实习的园地。该周报发行人为许孝炎，不对外发行（“世界新闻职业学校”改制为“世界新闻专科学校”后，该周报方于 1965 年元月 2 日起改版对外发行）。对于这份小小的报纸，成氏倾注了大量心血。对每期《小世界》的小样，他都逐字逐句仔细阅读，并时作详细修改、补充，或作眉批，发交学生改正后付印。

同年，作《六十自寿》诗一首，其中有“半生苦辣酸甜味，万里东西南北人”句。（寿诞按虚龄计，下同——编者注）

1958 年 5 月创办“世新广播电台”，供学生实习之用。9 月 1 日正式开播。

1960—1963 年　63～66 岁　台北

1960 年，私立“世界新闻职业学校”正式改制为私立“世界新闻专科学校”。因按当局规定，董事长和校长不能由同一人担任，经董事会决定，改推萧同兹为董事长，成舍我专任校长。

同年访美，对美国新闻事业进行调查研究和交流活动。

从 1962 年起，“世界新专”规模逐渐扩大，陆续设置报业行政、编辑采访、广播电视、电影制作、图书资料、观光宣传等八科。（到 1978 年 6 月，先后毕业学生达一万二千多人。1983 年达一万九千四百三十五人。毕业生遍布台湾各大报社、通讯社、广播电视台及图书馆等单位）

1964 年　67 岁　台北

1 月 11 日，夫人萧宗让因癌症病逝于台北，终年 60 岁（1905—1964）。成“悲痛欲绝”，自撰挽联一副慨叹结缡三十年所历艰难，骨肉分离，比翼寻亲之愿未偿而天人永隔。（见《舍我先生志节文萃》第 67 页）

先生与夫人伉俪情深。1943 年，先生之岳父母 70 双庆，先生举家赴江西永新祝嘏。因工作放不下，迅即只身由渝返桂。夫妻小别，信件频繁，字里行间，备诉相思之苦。“宗让爱鉴：回渝半月，未接来信，距我所收到第七号信（上月十六日发）计已一月，虽明知此系交通关系，但心中总觉不安。人到中年，思家倍切，深愿今后长相欢聚，胜过功名富贵万万也……”（转引自《舍我先生志节文萃》，第21页）

1965—1968年　68~71岁　台北

1965年元月2日，《小世界》周报改版刊行，并正式对外发行，仍由许孝炎任发行人。同年，“世新广播电视中心”大厦落成启用。

同年，获准筹办学院。（后因当局“对专校、学院之新设，严加限制”，升格为“学院”不果）

1966年7月3日，由李石曾先生手中接掌世界书局董事长，直至去世。

1967年8月17日，即当年农历7月12日，是成七十寿辰，台湾新闻界朋友以公宴方式予以祝贺。香港《新闻天地》第1021期（1967年9月出版）特辟祝寿专栏，登载卜少夫《只对工作有兴趣的人》、萧同兹《老兵不老的成舍我先生》、邓俊《我所认识的成舍我先生》、台北“世界新专”学生集体记述《师门沐恩记——我们敬记成舍我先生的训诲》等文。

1969—1976年　72~79岁　台北

1969年3月29日，与台北中兴大学教授韩镜良女士结婚（时成年72岁、韩54岁）。这是成舍我先生的第三度婚姻。

11月，在台湾《传记文学》第15卷第5期发表《〈林白水传〉序》。

1971年10月15日，举行“世新”创校15周年纪念会。

1973年11月11日，萧同兹病逝，“世新”董事长职务由成舍我暂行兼代。

1975年8月，“世新”董事会正式改选成为董事长（因“私立学校法”之规定而辞校长职，另聘洪为溥为校长）。

1977—1985年　80~88岁　台北

1977年6月，在台湾《传记文学》第30卷第6期发表《我所接触的季鸾先生》一文。

同年8月26日，即当年农历7月12日，是先生80诞辰，而先生提前即偕夫人韩镜良女士访美探亲、游历，离台避寿，香港《新闻天地》总第154期（1977年8月出版）特载胡汉君《贺成舍老八十大庆》一文。该文前编者提要云：“民国六十六年八月二十六日是老报人成舍我先生八十大庆的寿日，他的故旧门生曾准备为他作盛大的庆祝，他为了避免铺张，于8月19日去了美国，作为期一月的考察。虽扫了大家的兴，也反映了此老甘于淡泊的性情。”

先生则有《八十自寿》诗一首吟赠故旧：

八十到头终强项，敢持庭训报先亲；
生逢战乱伤离散，老盼菁英致太平。
壮志未随双鬓白，孤忠永共万山青；
隔洋此日劳垂念，硕健差堪告故人。

1983年7月，在台湾《传记文学》第43卷第1期发表《如何塑造一个独立记者的典型——从〈沧波文存〉中可获得三项珍贵启示》一文。文中提及：“世界新闻专科学校的毕业同学到今年六月十九日毕业典礼止，已达一万九千四百三十五人。”

1986—1987年 89~90岁 台北

1986年10月，“世界新专”举行校庆。特出版《世新三十年》纪念册一本，内重载先生《我如何创办“世新”》一文云：

“过去三十年中，最初二年，可真是苦不堪言。高、初级各一班，第一学期总共只六十余人，所幸学生少，教职员工友连我总共不到十人，每月全部开销仅万余元，有时将我在他校兼课所得钟点费、稿费及其他薪俸，带到学校，抵补开支。”到1986年，“一切规模，逐年扩展，“世新”已无可否认是全世界学生最多、分科最细、最注重专业实习的第一所新闻学校”。“我们毕业校友和在校的同学总数已达二万四千余人……我们七科两组，报业行政、编辑采访、广播电视、公共关系、图书资料、电影制作、印刷摄影，就大众传播说，可算已应有尽有。六十五年（1976年——引者注）增设观光宣导科，拟就早已在深坑购妥的六万多坪土地上兴建文化城。我们有各种实习设备，《小世界》、世新广播电台、彩色和黑白兼备的闭路电视实习台、铅印工厂、彩印工厂、摄影棚等。我们拥有八万多坪土地，建筑物一万多坪，基金和不动产合计约二十亿元以上。”“在过去三十年中（1956—1986年——引者注），我做了十九年校长，十一年董事长，八年兼董事长。”

1988—1989年 91~92岁 台北

1988年1月1日起，台湾当局正式解除长达37年的“报禁”。时年91岁高龄的成舍我先生于当年7月12日创刊《台湾立报》。该报系综合性小型报纸，日出四开4小张16版，1990年9月16日起，扩至四开纸6小张24版。版面内容主要有“多元舆论”、“政治舞台”、“社会脉动”、“大事拾遗”、“寰宇新观”、“健康”、“人文科技”、“教育事业”、“艺文天地”、“教育风云”、“生活”、“新两性”、“南台湾”、“大台北”、“新乡/台中”、“天下事”、“英语教学”等栏目及专版、专刊。《台湾立报》社址设于“台北市木栅路1段17巷世新传播大厦”。1991年4月1日，成舍我病逝，遂由其幼女成露茜接棒继任发行人。到1990年代初，《台湾立报》员工总数已逾二百人。

1989年，台湾立报馆正式落成。

1990年　93岁　台北

2月，因肠梗阻症入院，切除部分大肠，后又感染肺炎，医院曾发病危通知书。诸病并发时，不能发声，每日挣扎用颤抖之手书写“我要说话”四字。这是舍我先生流露出来的心声，也是他毕生志业之写照。所幸3月后居然康复，又返校处理公务及督办《台湾立报》。

同年，独子成思危于1949年后第一次自大陆赴台省亲、探视父病，父子、兄妹喜于台北相逢。

1991年　94岁　台北

年初，“教育部”批准世界新闻专科学校改制升格为“世界新闻传播学院”（从1960年至1991年，“专科”前后办了31年之久）。（1997年8月1日，“世界新闻传播学院”奉准改制为“世新大学”）

2月，以年迈体弱，自动办理立法委员退职，又辞去世界新闻专科学校（时已获批准升格为“世界新闻传播学院”）董事长之职。董事会改选叶明勋继任董事长。三十余年来，“世新”培养了新闻专业人员3万余人，毕业校友遍布台湾、香港各大众传播媒体。“世新”的资产也日益雄厚，有人说：“世新”是台湾私立学校中最富有的一所学校，也是台湾存款最多的一所学校。除固定资产外，“世新”存在银行、邮局、信托公司等金融业中的款项，截至1986年底已高达17亿台币之巨，台湾没有任何一所大专学校，可以望其项背。（见《报界富豪成舍我》一文，载邝碧华编：《台湾富豪列传》第四集，广角镜出版社1988年版）到1991年，“学校总资产已达30亿元，成长相当惊人”。（见台北《中央日报》1991年4月2日第五版载消息《老报人成舍我病逝》及潘大芸《献身新闻七十载 成舍我办报兴学不倦不悔》）

2月18日，病发再度入院，经诊断为肺癌及多种并发症。

4月1日上午6时零5分，因心脏衰竭，病逝于台北市三军总医院。终年94岁。

4月30日，葬于台北县深坑乡墓园。

成舍我逝世后，由董事长叶明勋向董事会提名，经全体一致通过，聘成嘉玲博士为“世界新闻传播学院”首任校长。

1991年4月2日的《中央日报》第5版载消息《老报人成舍我病逝》及潘大芸的通讯《献身新闻七十载 成舍我办报兴学不倦不悔》，对成舍我先生的逝世及其一生事业作了详细报道。

台北出版的台湾《传记文学》杂志第58卷第5期（1991年5月出版）特出《成舍我纪念专辑》，刊载了叶明勋写的《敬悼成舍我先生》、关国煊写的长篇传记资料《锲而不舍的新闻界老兵成舍我》、资深记者陆铿写的《泰山北斗新闻巨人——敬悼老报人成舍我先生》，以及成舍我自述生平的遗作《我有过三次值得追忆的“笑”》（该文原载成舍我《报学杂著》一书）。

成舍我先生逝世后，由其四女成露茜主持，编辑《舍我先生志节文萃》纪念册一册，全书共76页。该书首载《舍我先生年谱辑要》，对成氏一生行藏作了概略之介绍；次载成氏遗文四篇，即《我有过三次值得追忆的“笑”》、《如何办好一张报》、《我如何创办“世新”》、《不审？不判？不杀？不放？——为龚德柏案论人权保障与言论自由》；末附成露茜撰写之“跋”文及大量珍贵照片。

1990年版《中国大百科全书》中的《新闻·出版》卷（中国大百科全书出版社出版）第56～57页列有“成舍我”条目，对成氏一生事功，作了平实、精练的概括，当时成仍在世。

1992 年版的《中国人物年鉴》（华艺出版社 1992 年版）第 71 页“成”字条目下首列“成舍我”传，载入“中国老一代报人、新闻教育家成舍我，1991 年 4 月 1 日在台北病逝，终年 93 岁”。

1998 年系成舍我先生百年诞辰，海峡两岸都举行了盛大的研讨会及纪念活动。事后，有关论文都汇编成书出版，都有很高的史料价值和学术水准。其中一本是由大陆中国人民大学港澳台新闻研究所编的《报海生涯——成舍我百年诞辰纪念文集》（新华出版社，1998 年 8 月出版），另一本是由台北“成舍我先生纪念文丛编辑委员会”编的《成舍我先生纪念文丛——百岁诞辰专辑》（世新大学出版发行，1998 年 8 月出版）。

2006 年，由世新大学舍我纪念馆暨新闻史研究中心编辑的《成舍我先生文集——港台篇（1951—1988）》（总审订：成露茜，主编：唐志宏，世新大学舍我纪念馆 2006 年 10 月版）正式出版。该文集收入成氏 1951—1988 年 38 年中在港台报刊上发表的文章 210 篇，是研究成舍我先生后期活动的重要资料。

（本文原载《报海生涯——成舍我百年诞辰纪念文集》第 273～319 页，现作增补修订转载于此）

编后记

这部《成舍我新闻学术论集》是四位编者花了几年时间，费了很大精力才编成的。其间，曾到北京、上海、广州、香港的一些大的图书馆如上海图书馆、复旦大学图书馆、北京国家图书馆、北京大学图书馆、广州暨南大学图书馆、香港中央图书馆等处查阅当年的一些旧报、旧刊，如北京《世界日报》及《世界日报》的《新闻学周刊》、上海《立报》、《香港立报》、香港《新闻天地》刊物、台湾《传记文学》杂志，以及《新闻学刊全集》、《报学杂志》等刊物。同时，还参考了几部比较重要的成舍我先生文集，包括《报学杂著》（台北中央文物供应社 1956 年版）、《舍我先生志节文萃》（1991 年版）、《报海生涯——成舍我百年诞辰纪念文集》（新华出版社 1998 年 8 月版）、《成舍我先生纪念文丛——百岁诞辰专辑》（世新大学 1998 年 8 月版）、《成舍我文集——港台篇（1951—1988）》（台北世新大学舍我纪念馆暨新闻史研究中心 2006 年 10 月版）、《报人成舍我研究》（李磊著，2011 年 6 月版）等。另外，还参考了与成舍我办报活动关系密切的几个重要人物的文集，如《张友渔新闻论文选》（张友渔著，王迪整理，新华出版社 1988 年版）、《张友渔文集》（上、下卷）（法律出版社 1997 年 2 月版）、《萨空了文集》（祝均宙、萧斌如编，上海科学技术文献出版社 2002 年 5 月版）、《谢六逸文集》（陈江、陈庚初编，商务印书馆 1995 年 1 月版）、《恽逸群同志纪念文集》（上海三联书店 2005 年 1 月版）等。

本文集共分三部分。第一部分是成舍我文选，包括其 60 来篇新闻学术论文及成氏早期作品12篇（其中又包括成氏早期所写的小说、新闻作品、译作及诗作等）。这部分是本文集的主体，从中可以看出成舍我办报理念及新闻思想的精华，也反映出成舍我政治倾向及思想观念变化的轨迹——前期是一个进步的、独立的报人，自由主义者，而后期对中国共产党产生了敌意和偏见。第二部分是当年北平《世界日报》、上海《立报》、《香港立报》几位总编辑、总经理、主笔、副刊主编等骨干、精英所写的无比精彩的短论的汇编。这些都是研究成舍我办报活动及办报理念、新闻思想的宝贵资料，也是研究《世界日报》史、《立报》史以及中国新闻史不可多得的第一手宝贵资料。这些骨干、精英都是当时的一批进步报人及新闻工作者，有的还是中共地下党员。他们是张友渔、张友鸾、萨空了、恽逸群、茅盾、谢六逸、包天笑、张恨水等。平心而论，《世界日报》、《立报》之所以办得成功，并不是成舍我一个人的功劳，而是与上述进步新闻工作者及中共地下党员的努力分不开的，他们甚至起到了举足轻重的作用。如张友渔（1926年6月加入中国共产党）前后办《世界日报》10年（1924—1934年），先后担任过《世界晚报》、《世界日报》编辑、主笔、总主笔，《世界日报》驻东京特约记者，写过大量的社论和评论。他还在《世界日报·新闻学周刊》上发表过上十篇新闻学文章。著名报人张友鸾早期曾先后担任过北平《世界日报》总编辑、南京《民生报》创刊时的总编辑、上海《立报》的第一任总编辑。进步新闻工作者萨空了从1929年起，即兼任北平《世界画报》主编（直至1935年）。1935年9月20日，上海《立报》创刊，成舍我又邀请萨空了赴上海办《立报》。萨先是主编《小茶馆》，一年后担任《立报》总编辑和经理，直至1937年11月25日上海《立报》被迫停刊。嗣后，1938年4月1日，萨空了到香港创办《香港立报》，兼编该报《小茶馆》、《花果山》副刊，直至当年9月离开《立报》。恽逸群早年也是《立报》的台柱子。1935—1937年间，恽逸群负责主编《立报》国际新闻版，写了大量的国际新闻评论。地下党员徐迈进曾主编《立报》的社会新闻版。名教授、复旦大学新闻系主任谢六逸主编副刊《言林》(1935.9.20—1937.11.24)。谢六逸同时还介绍他的复旦大学新闻系学生舒宗桥、熊岳兰等进《立报》工作，他们都是当时《立报》相当活跃的外勤记者。当时于友也是《立报》记者。小说家张恨水主编副刊《花果山》。茅盾主编《香港立报》副刊《言林》。他们都为北平《世界日报》、上海《立报》、《香港立报》立下过汗马功劳。

第三部分为《成舍我先生编年事辑》。该篇是目前最为完备的一份成舍我年谱，为将来写作成舍我传准备了翔实丰富的史料，打下了坚实的基础。

成舍我是我国现代新闻界的一个全才，他一生办报、兴学（从事新闻教育事业），在日理万机、事务繁剧的情况下，还潜心从事新闻学术的研究。其新闻学术研究无论从广度还是深度而言，在同时代的人中都是罕见的。这60余篇论著，虚实并举，从内容上看，既有“学”（新闻理论）的探讨，又有“术”（新闻业务）的研究，还有“史”的阐述。其研究范围之广（涉及国内、国外众多媒体）、题材之丰富、选题之新颖、观点之深刻、文笔之生动传神，在现代新闻传播学术史上都是独树一帜的。

这本新闻学术论集在编选过程中主要遵循以下几条原则：

（1）将成舍我的重要新闻学术论著尽量收齐、收全。成氏新闻学术研究活动历经半个多世纪（1930— 1988），其新闻学术论著发表时间跨度长、发表的报刊多，要想“一网打尽”、“竭泽而渔”，的确相当困难。但我们尽量广泛搜罗，充分发挥强大的“搜索”功能，相信其精华及代表作已囊括无遗。

（2）高度重视第一手资料。所载各篇文章，尽量采自原始出处，即最早刊登的报刊；如系书籍，尽量采用最早、最好的版本。

（3）60来篇文章，基本上按文章发表的时间先后排列。从中可以看出成氏新闻学术研究的历史沿革及路径、发展。